北大版专项汉语教材·报刊教程系列

新闻语言基础教程

肖 立 编著

图书在版编目(CIP)数据

新闻语言基础教程/肖立编著. —北京：北京大学出版社，2017.12
（北大版专项汉语教材·报刊教程系列）
ISBN 978-7-301-16622-2

Ⅰ.①新… Ⅱ.①肖… Ⅲ.①新闻语言—高等学校—教材 Ⅳ.①G210

中国版本图书馆CIP数据核字(2017)第328908号

书　　名	新闻语言基础教程
著作责任者	肖　立　编著
责任编辑	何杰杰　邓晓霞
标准书号	ISBN 978-7-301-16622-2
出版发行	北京大学出版社
地　　址	北京市海淀区成府路205号　100871
网　　址	http://www.pup.cn　新浪微博:@北京大学出版社
电子邮箱	zpup@pup.cn
电　　话	邮购部 62752015　发行部 62750672　编辑部 62752028
印刷者	北京虎彩文化传播有限公司
经销者	新华书店
	787毫米×1092毫米　16开本　25印张　314千字
	2017年12月第1版　2024年6月第2次印刷
定　　价	63.00元

未经许可，不得以任何方式复制或抄袭本书之部分或全部内容。
版权所有，侵权必究
举报电话：010-62752024　电子邮箱：fd@pup.cn
图书如有印装质量问题，请与出版部联系，电话：010-62756370

第一版前言

本教材适用于对外汉语教学初中级阶段。主要用于培养留学生的报刊阅读能力。

教材共30课,每课包括课文、阅读和练习三个部分,其中课文和阅读部分配有生词表,包括英文翻译。为适应自学需要,全书最后附有生词索引和全部练习的答案。

课文和阅读均选自近期公开出版和翻译的国内外报刊、影视、网络资料。在选取材料时,没有过分拘泥于国内知名报刊,而是力求体现当今中国的变化和活力,并且充分考虑了历年教学中所感受到的留学生的阅读兴趣。因教学需要,大部分课文和阅读课文都经过了删改。对于可能影响阅读效果的关键环节和数字,已经尽力核实订正。

本教材难度控制的主要依据是《高等学校外国留学生汉语言专业教学大纲》(北京语言文化大学出版社2002年)的二年级生词表和语法项目部分,并吸收了近年来新出现的词汇及其用法。主课文的篇幅,从最初的800字左右,逐渐向1000字左右过渡,循序渐进,最后达到1500字左右。以上难度控制和篇幅安排,适用于对外汉语本科生二年级一年的学习时间或学力相当者自学的需要。

依照经验,我们建议的使用方法是,每周四个学时,学习一课。前两个学时处理课文和相关的练习,在细读课文的基础上,精讲多练,使学生充分理解中国新闻语言的特点,掌握课文中出现的生词(特别是复现生词)和语法重点。为达此目的,编者在每一课课文后,都设计了大量直接针对课文的练习。后两个学时根据学生水平的不同,可以选取三篇阅读中的部分或全部深入训练,主要目标是提高阅读速度,锻炼一种或几种阅读技巧。为达此目的,几乎所有的阅读一和阅读二都安排了选择和判断题,以检验学生的阅读效果。

本教材充分吸收了近年来阅读理论中的新观点和看法,充分尊重阅读中可能出现的理解分歧,并为此设计了"画线连接相关词语"这样的答案比较灵活的开放性练习。教师宜引导和鼓励学生发现文章中词语和词语的内在关系,并由此了解新闻语言的特点和文章的内在逻辑。编者希望这样的开放性练习有助于提高学生的阅读兴趣和逻辑思维能力。

本教材的编写得到北京语言大学特别是汉语学院的大力支持,教材吸收了白崇乾、王世巽、彭瑞情及刘谦功的经验、智慧。史艳岚承担了生词注音和按音序编排的工作,Steven Daniels 审阅了全部生词的英文翻译。

北京大学出版社郭力、沈浦娜和张弘泓老师为教材的出版耗费了大量时间和心血。

我还希望以这本教材的出版告慰已经故去的朋友徐善强。

我个人对教材中出现的一切不当和错误承担全部责任。

肖立
2005年3月15日
于北京语言大学

第二版前言

　　本教材是北京大学出版社2005年出版的《报刊语言基础教程》(上下册)的第二版。在新闻载体日新月异、快速演进的背景下,与2005年版本相比,本次编写更加重视新闻内容的呈现方式和易用程度,尽可能选用文字、音频、视频内容俱全的新闻内容,以便教师组织多媒体教学。为凸显新版教材的特点,将书名改为《新闻语言基础教程》。

　　新版教材在原版的编排理念和框架下,重新编写了约90%的内容,参照我国主流媒体编排惯例和版面顺序,为学生提供政治、经济、文化、社会等各个方面的新闻内容以及相关生词和练习,以求全面反映最近十余年来中国的发展变化。练习参考答案可通过扫描第391页的二维码获得。

　　史艳岚承担了新版教材的生词注音和编制索引的工作。北京大学出版社何杰杰、张弘泓老师为教材的出版耗费了大量时间和心血。在此一并致谢。

　　我个人对所使用素材中未尽的版权事宜和教材中出现的一切不当和错误承担完全的责任。

肖立
2017年7月15日
于北京语言大学

目　录

第 一 课	伦敦书展的"中国风" ……………………………	1
第 二 课	支教志愿者：到乡村学校书写最美青春 ………	12
第 三 课	英国女孩眼里的春节 ……………………………	23
第 四 课	中国仍为全球投资首要目的地 …………………	35
第 五 课	哈德逊河上的迫降奇迹 …………………………	47
第 六 课	中国女性崛起 ……………………………………	59
第 七 课	中国面对人口老化的挑战 ………………………	70
第 八 课	习近平主席出席二十国集团领导人第八次峰会 …………………………………	81
第 九 课	中国市场的"方便面大战" ………………………	93
第 十 课	我国禁毒国际合作取得明显成效 ………………	105
第 十一 课	孙杨当选世界游泳锦标赛最佳男子运动员 …	117
第 十二 课	政务微博兴起：走到网民中去 …………………	130
第 十三 课	华为突飞猛进的四个秘密 ………………………	142
第 十四 课	杨欣：可可西里的环保斗士 ……………………	155

第 十 五 课	五味的调和	168
第 十 六 课	中国航天员太空授课	180
第 十 七 课	人民还需不需要相声？	192
第 十 八 课	中文版《孤独星球》是怎样写成的？	204
第 十 九 课	我国艾滋病防治取得新进展	216
第 二 十 课	马军：应对中国水危机	228
第二十一课	"德国村"的试验	241
第二十二课	入世十年："中国做对了，世界也做对了"	251
第二十三课	漫长的石油替代道路	264
第二十四课	不同寻常的历史时刻 ——重温邓小平访美历程	276
第二十五课	中国仍是外国人青睐的就业地点	290
第二十六课	中国迈入高铁时代	302
第二十七课	大学生婚恋观调查：男生看重外貌， 女生更愿意一起为生活努力	314
第二十八课	2013年国民经济和社会发展统计公报（节选）	326
第二十九课	阿里巴巴现象	343
第 三 十 课	和平与正义的象征：曼德拉	356

生词索引 …… 371

练习参考答案 …… 391

伦敦书展的"中国风"

新华社 2012年04月19日

《参考消息》驻伦敦记者王亚宏报道 17日早晨的伦敦一直在下雨，大风让气温降到了10℃以下。然而这样的坏天气并没有阻挡住一头白发的迈克尔·霍伊的步伐，他早早就来到伦敦南部，那里正在举办一年一度的伦敦书展。

霍伊是英国利物浦大学副校长，也是利物浦大学孔子学院的院长，他打算在书展上为自己的学生寻找一些介绍中国的书籍。因为今年中国是主角，整个书展上掀起一股"中国风"。

霍伊很快找到了想要的汉语教材《中国好人》。教材讲述了普通工人郭明义努力工作、乐于助人的故事。"以前的汉语教材大多和饮食、旅游有关，而我们的学生更想知道中国人的生活方式"，霍伊说。

新的汉语教材在书展上很受欢迎。如今，能说流利的汉语，在英国成了找工作时候的优势，因为这样可以更加接近越来越多的中国客户。在英国，汉语已经从十五年前处于边缘地位的语言，变成排在法语、西班牙语和德语之后的第四大商务外语，按照目前的趋势，到2020年时，汉语将超过德语。

伦敦书展不仅仅是书籍的展示，还有57位中国作家，包括铁凝、王蒙、莫言，他们来到英国，参加了和英国作家、读者的交流活动。

生 词

1. 书展	shūzhǎn	（名）	book fair
2. 主角	zhǔjué	（名）	leading role
3. 教材	jiàocái	（名）	teaching material
4. 乐于助人	lèyú-zhùrén		to be eager to help people
5. 饮食	yǐnshí	（名）	food and drink
6. 生活方式	shēnghuó fāngshì		life style
7. 流利	liúlì	（形）	fluent
8. 优势	yōushì	（名）	advantage
9. 客户	kèhù	（名）	customer
10. 边缘	biānyuán	（形）	marginal
11. 商务	shāngwù	（名）	business
12. 趋势	qūshì	（名）	trend
13. 展示	zhǎnshì	（动）	to show

专有名词

1. 伦敦	Lúndūn	London, England
2. 利物浦	Lìwùpǔ	Liverpool, England
3. 孔子学院	Kǒngzǐ Xuéyuàn	Confucius Institute

第一课　伦敦书展的"中国风"

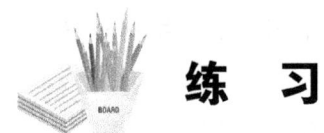　练　习

一、画线连接具有相同特点的词语

例如：黑色　　香蕉
　　　苹果　　喝茶
　　　吃饭　　白色

中国　　　交流
书籍　　　边缘地位
主角　　　德语
汉语　　　英国
展示　　　教材

二、画线搭配动词和名词

例如：参加　　面包
　　　吃　　　考试

举办　　　故事
掀起　　　"中国风"
讲述　　　客户
接近　　　书展

三、连句

例如：A) 霍伊是英国利物浦大学副校长
　　　B) 他打算在书展上为自己的学生寻找一些介绍中国的书籍
　　　C) 也是利物浦大学孔子学院的院长
正确的顺序是（A、C、B）

1. A）然而这样的坏天气并没有阻挡住一头白发的迈克尔·霍伊的步伐
   B）大风让气温降到了10℃以下
   C）17日早晨的伦敦一直在下雨
   正确的顺序是（　　　　　）

2. A）在书展上为自己的学生
   B）他打算
   C）寻找一些介绍中国的书籍
   正确的顺序是（　　　　　）

3. A）变成排在法语、西班牙语和德语之后的第四大商务外语
   B）已经从十五年前处于边缘地位的语言
   C）汉语
   正确的顺序是（　　　　　）

四、判断正误

1. 迈克尔·霍伊2012年4月17日来到伦敦书展，这个书展每年举办一次。　　　　　　　　　　　　　　　　　　（　　）

2. 汉语教材《中国好人》介绍的内容和中国饮食、中国旅游有关，受到霍伊的欢迎。　　　　　　　　　　　　　　（　　）

3. 按照目前的发展方向和发展速度，到2020年时，在全世界，汉语的地位将超过德语。　　　　　　　　　　　（　　）

4. 在伦敦书展当中，英国作家、读者看到了中国作家的书籍，也得到了和中国作家交流的机会。　　　　　　　　（　　）

 快速阅读

北京电视剧交易会成为国际化交易市场

http://www.broadcast.hc360.com 2013年05月07日

中国不仅是全球最大的电视剧生产国,而且也是主要的电视剧交易市场。2012年,国产电视剧1.7万多部,居全球第一位;电视剧占收视市场30%以上,广告收入50%以上。2012年,各电视台购买电视剧的金额达到145亿元。其中,通过国际化的"北京电视剧交易会"交易的占70%。

 阅读一

北京语言大学举行50周年校庆

中新网 2012年09月10日

中新网北京2012年09月10日电(记者马海燕)有着"小联合国"之称的北京语言大学9日举行50周年校庆。

50年来,北京语言大学以"推广汉语,弘扬中华文化"为办学宗旨,培养了一大批中外文化交流使者和友好人士,为促进中国走向世界和让世界了解中国做出了积极贡献。

北京语言大学创办于1962年,主要任务是对留学生进行汉语教育和中华文化教育。50年来,为176个国家和地区培养了15万余名留学生,还培养了3万余名中国学生和4万余名出国留

学人员。

联合国副秘书长托卡耶夫、哈萨克斯坦总理马西莫夫、法国驻华大使白林、德国汉学家顾彬、澳门特别行政区行政法务司司长陈丽敏、中国外交部新闻发言人洪磊都是该校校友。

来自103个国家和地区的150多位外国使节出席了当天的校庆。

 生 词

1. 周年	zhōunián	（名）	anniversary
2. 校庆	xiàoqìng	（名）	anniversary of the founding of a school
3. 推广	tuīguǎng	（动）	to spread
4. 弘扬	hóngyáng	（动）	to promote
5. 宗旨	zōngzhǐ	（名）	purpose
6. 使者	shǐzhě	（名）	messenger
7. 副秘书长	fùmìshūzhǎng	（名）	deputy secretary-general; vice general secretary
8. 总理	zǒnglǐ	（名）	prime minister
9. 大使	dàshǐ	（名）	ambassador
10. 汉学家	hànxuéjiā	（名）	Sinologist
11. 司长	sīzhǎng	（名）	director
12. 新闻发言人	xīnwén fāyánrén		spokesman
13. 校友	xiàoyǒu	（名）	schoolfellow; alumni
14. 使节	shǐjié	（名）	envoy

第一课　伦敦书展的"中国风"

 **专有名词**

1. 联合国　　　　Liánhéguó　　　　the United Nations, U.N.
2. 澳门特别　　　Àomén Tèbié　　　Macau Secretariat for
   行政区　　　　Xíngzhèngqū　　　Administration and Justice
   行政法务司　　Xíngzhèng Fǎwù Sī

判断正误

1. 北京语言大学被称为"小联合国",意思是,这里的学生来自全世界很多国家。　　　　　　　　　　　　　　　　　　　　（　　）
2. 50年来,虽然培养了很多留学生,北京语言大学培养的中国学生和出国留学人员更多。　　　　　　　　　　　　　　（　　）
3. 这里提到名字的校友分别来自联合国、哈萨克斯坦、法国、德国和中国。　　　　　　　　　　　　　　　　　　　　（　　）

 阅读二

韩国掀起中国留学热

华尔街日报中文网 2013年10月03日

　　中国成为韩国重要的贸易伙伴,去年中韩两国贸易额达2150亿美元,中国是韩国最大的出口目的地,吸收了韩国约四分之一的出口产品,同时也吸引了韩国超过四分之一的留学生。

韩国是全球继中国和印度之后的第三大留学生输出国。韩国教育部说，去年在中国大学的韩国留学生数量比2003年的18267人增长两倍多，达到62855人，占出国留学韩国学生总数的26%，仅次于在美国读大学的韩国留学生人数，美国占韩国留学生总数的31%。

韩国公司对于有中国经历的毕业生需求量越来越大，比如三星公司两年前说，拥有汉语能力的求职者会得到特别的加分。然而，语言并不是韩国学生到中国留学的主要目标。在韩国竞争相当激烈的就业市场，拥有海外学历意味着具有全球经验，因此被看作一个优势。

韩国国内学生对中国的兴趣日益增长。韩国大型私人语言培训机构YBM表示，今年前七个月选择YBM中文课的学生数量比上年同期增长了40%。

生　词

1. 贸易	màoyì	（名）	trade
2. 贸易额	màoyì'é	（名）	volume of trade
3. 吸收	xīshōu	（动）	to absorb
4. 求职者	qiúzhízhě	（名）	job seeker
5. 海外	hǎiwài	（名）	overseas
6. 学历	xuélì	（名）	educational background
7. 培训	péixùn	（动）	to train

第一课 伦敦书展的"中国风"

 **专有名词**

| 教育部 | Jiàoyù Bù | Ministry of Education |

选择正确答案

1. "吸收了韩国约四分之一的出口产品",可以替换这句话里边"吸收"的词是：

   1) 收到　　　2) 进口　　　3) 买卖　　　4) 出口

2. 向其他国家输出留学生最多的国家是：

   1) 美国　　　2) 韩国　　　3) 印度　　　4) 中国

3. 本文中介绍的韩国留学生数量和留学国家的信息,来自：

   1) 韩国教育部

   2) 三星公司

   3) 韩国大型私人语言培训机构YBM

   4) 文中没有提到

4. 韩国学生到中国留学的主要目标是：

   1) 可以练习说英语

   2) 可以进入三星公司工作

   3) 能说流利的汉语

   4) 拥有海外学历,也就是具有全球经验

 阅读三

贝宁汉语水平考试人数创新高

中新网 2013年05月14日

据国家汉办网站消息,HSK是"汉语水平考试"的简称,每月举行一次。今年5月12日是全球统一的HSK考试日,贝宁阿波美卡拉维大学孔子学院组织考生参加了HSK一级、二级、三级和四级考试,报考人数达到76人,成为历年之最。以往考生多数报考一级和二级,只需两个考场,此次考场达到五个。从考生来源看,除了贝宁以外,还有来自意大利、尼日利亚和多哥的考生。年龄最大的为52岁,最小的才17岁。

52岁的珍妮·法郎德是贝宁文化部的一名政府官员,一直热爱中国文化。她的女儿曾在阿波美卡拉维大学孔子学院学习汉语,去年获得中国政府奖学金,如今在北京语言大学留学。去年9月份,她报名到孔子学院学习汉语,从未迟到缺席,学习非常认真。这次,她报名参加了HSK二级考试,并且很有信心地说:"老师,我能通过。"

 生　词

| 1. 创 | chuàng | （动） | to create |
| 2. 新高 | xīn gāo | | new record |

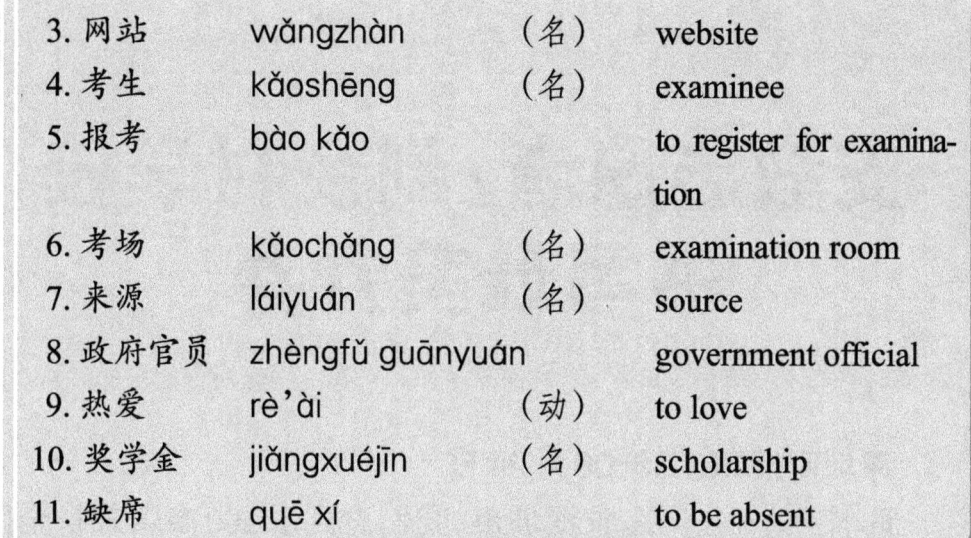

3. 网站	wǎngzhàn	（名）	website
4. 考生	kǎoshēng	（名）	examinee
5. 报考	bào kǎo		to register for examination
6. 考场	kǎochǎng	（名）	examination room
7. 来源	láiyuán	（名）	source
8. 政府官员	zhèngfǔ guānyuán		government official
9. 热爱	rè'ài	（动）	to love
10. 奖学金	jiǎngxuéjīn	（名）	scholarship
11. 缺席	quē xí		to be absent

 专有名词

1. 贝宁	Bèiníng	Benin
2. 意大利	Yìdàlì	Italy
3. 尼日利亚	Nírìlìyà	Nigeria
4. 多哥	Duōgē	Togo
5. 文化部	Wénhuà Bù	Ministry of Culture

简要回答

1. 汉语水平考试多长时间举行一次？可以在中国以外的国家或者地区参加吗？
2. 其他国家的考生，可以参加在贝宁举行的汉语水平考试吗？
3. 珍妮·法郎德现在是不是和自己的女儿一起学习汉语？

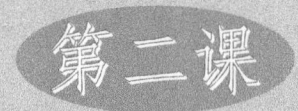

支教志愿者：到乡村学校书写最美青春

深圳商报 2012年08月24日

　　昨日上午，在广东省深圳市，我们看到了100多名来自全国的大学生，他们都是准备参加支教志愿者面试的。

　　江西女孩邝娟手里拿着小纸板，上面都是漫画。"这是我的课件，本来我想制作PPT的，后来知道，乡村学校没有电教设备，所以我前天制作了这一套纸质的课件。"

　　来自吉林延边的朝鲜族女孩金美兰在韩国建国大学留学，前天是她的毕业典礼。"毕业典礼结束直接从韩国飞到深圳。"金美兰的心愿是，到新疆的塔什库尔干去支教。"和我一起去过那里的留学生也想去那里支教。"

　　来自成都的兰秋昉刚从西安翻译学院毕业一年，在一家跨国公司西南区总部工作。为了参加这次支教行动，兰秋昉辞职了。面对大家的疑问，兰秋昉只是微微一笑。"其实我认为公益活动应该是每个人生活的一部分。"

　　今年三十岁出头的谭兴明曾经在美国伊利诺伊大学芝加哥分校留学三年，目前在深圳工作。谭兴明说，她是从农村走出来的，"没有社会的帮助，我也走不到今天这一步。我要到山区做一名乡村英语教师，帮助那里的孩子"。

　　最终，共有80名大学生通过面试，成为新一批支教志愿者。他们将于本月底前往乡村学校,支教一个学期,书写最美的青春。

生　词

1. 支教	zhī jiào		to support the local education, especially in poverty-stricken area
2. 志愿者	zhìyuànzhě	（名）	volunteer
3. 乡村	xiāngcūn	（名）	countryside
4. 书写	shūxiě	（动）	to write
5. 青春	qīngchūn	（名）	youth
6. 面试	miànshì	（名）	interview
7. 纸板	zhǐbǎn	（名）	cardboard
8. 漫画	mànhuà	（名）	cartoon
9. 课件	kèjiàn	（名）	courseware
10. 电教	diànjiào	（名）	multi-media teaching
11. 设备	shèbèi	（名）	equipment
12. 典礼	diǎnlǐ	（名）	ceremony
13. 心愿	xīnyuàn	（名）	wish
14. 跨国公司	kuàguó gōngsī		transnational corporation
15. 总部	zǒngbù	（名）	headquarter
16. 辞职	cí zhí		to resign

17. 公益	gōngyì	（名）	charity; public welfare
18. 前往	qiánwǎng	（动）	to go to

 ## 专有名词

1. 广东省深圳市	Guǎngdōng Shěng Shēnzhèn Shì	Shenzhen, Guangdong Province
2. 江西	Jiāngxī	Jiangxi Province
3. 吉林延边	Jílín Yánbiān	Yanbian, Jilin Province
4. 建国大学	Jiànguó Dàxué	Konkuk University
5. 新疆	Xīnjiāng	Xinjiang Uygur Autonomous Region
6. 塔什库尔干	Tǎshíkù'ěrgān	Tajik Autonomous County of Taxkorgan, Xinjiang
7. 西安翻译学院	Xī'ān Fānyì Xuéyuàn	Xi'an Fanyi University
8. 伊利诺伊大学芝加哥分校	Yīlìnuòyī Dàxué Zhījiāgē Fēnxiào	University of Illinois at Chicago

第二课　支教志愿者：到乡村学校书写最美青春

练　习

一、画线连接具有相同特点的词语

志愿者　　　　伊利诺伊大学芝加哥分校
课件　　　　　辞职
留学　　　　　公益活动
工作　　　　　毕业典礼
建国大学　　　电教设备

二、画线搭配动词和名词

参加　　　　孩子
制作　　　　学校
帮助　　　　面试
前往　　　　课件

三、指出画线动词的宾语中心词

例如：他们都是准备参加支教志愿者面试的。
　　　　画线动词"参加"的宾语中心词是"面试"
1. 所以我前天制作了这一套纸质的课件。
2. 其实我认为公益活动应该是每个人生活的一部分。
3. 我要到山区做一名乡村英语教师。

四、选择正确答案

1. 课文中提到的100多名大学生,来到广东省深圳市的原因是:
   1)参加面试　　　　　2)支教
   3)参加毕业典礼　　　4)找工作

2. 课文中提到的志愿者当中,来自深圳本地的是:
   1)邝娟　　　　　　　2)金美兰
   3)兰秋昉　　　　　　4)谭兴明

3. 朝鲜族女孩金美兰希望去以下哪个地方支教:
   1)没有电教设备的学校　2)一个新疆的学校
   3)中国西南部的学校　　4)需要英语老师的学校

4. 兰秋昉为了参加这次支教行动,作了什么准备:
   1)制作了课件　　　　　2)没有参加毕业典礼
   3)放弃了原来的工作　　4)放弃了在国外留学的机会

快速阅读

台湾志愿者甘肃支教活动圆满结束

中国台湾网 2013年07月30日

　　今年,台湾38位志愿者,再一次自费来到甘肃支教。志愿者的游戏教学方法调动了孩子们的学习兴趣,课堂气氛轻松。孩子们说:"台湾老师上的课真有意思,既能学到知识,又不觉得累,一节课的时间过得真快。"

　　志愿者们目睹了大陆的发展变化,看到了大陆师生真实的学习生活。他们表示,当地人热情豪爽,孩子们不畏艰苦,自强不息,让他们深受感动。

阅读一

张轶超和农民工的孩子们

南方人物周刊 2013 年 05 月 28 日

在复旦大学读书的时候,张轶超第一次见到了农民工的孩子们上学的地方:简单的设备,乱七八糟的课堂,只有很少的孩子在听课……他想为这些孩子做些事情。

2002 年,支教点选择在复旦大学旁边。这个 1977 年出生的大男孩变成了张老师。

第一次成功的事情是,他组织了合唱队,练习了两个月,孩子们的表演受到欢迎,获得了捐助,也吸引了更多的志愿者。

有时,他会谈到学校在经济上的困难,比如房租。不过,他还是鼓励学生把捐助的用不完的运动器材,捐给更贫困的山区孩子,因为,他要让这些农民工的孩子找到机会去帮助别人。有一个孩子成功动员了自己做理发师的爸爸和爸爸的同事,给老人们免费理发,这让张轶超很骄傲。

支教点的条件不如上海的其他学校。生活给了这些农民工的孩子们不一样的条件。张轶超说:"人生不在于手里拿了什么样的牌,而在于怎么打这副牌。"他希望帮助这些孩子打好这副牌。

# 生 词

1.	农民工	nóngmíngōng	（名）	migrant workers
2.	课堂	kètáng	（名）	classroom
3.	支教点	zhījiàodiǎn		supporting education spot
4.	合唱队	héchàngduì	（名）	chorus
5.	捐助	juānzhù	（动）	to donate
6.	房租	fángzū	（名）	rent for a house, flat, etc.
7.	器材	qìcái	（名）	equipment
8.	动员	dòngyuán	（动）	to mobilize
9.	理发师	lǐfàshī	（名）	hairdresser
10.	同事	tóngshì	（名）	colleague
11.	骄傲	jiāo'ào	（形）	to be proud of
12.	牌	pái	（名）	cards

# 专有名词

复旦大学	Fùdàn Dàxué	Fudan University

判断正误

1. 张轶超第一次见到农民工的孩子们上学的地方,觉得条件很不好,那时他自己还是一名大学生。（ ）
2. 开始支教以后,第一次成功的事情是,他请来了一支合唱队,为孩子们表演,受到孩子们欢迎。（ ）
3. 张轶超的支教点经济条件不错,所以,他鼓励学生把捐助的用不完的运动器材,捐给更贫困的山区孩子。（ ）
4. 他要让这些农民工的孩子找到机会去帮助别人。有一个孩子给老人们免费理发,这让张轶超很骄傲。（ ）
5. "人生不在于手里拿了什么样的牌,而在于怎么打这副牌。"这句话的意思是每个人的条件不一样,只要努力,一样可以成功。（ ）

2014年西部支教志愿者招募计划

http://www.ourfreesky.org/　2013年11月20日

　　"我们的自由天空"公益助学项目组是非营利性的志愿者组织,网站是 www.ourfreesky.org,创立于2006年3月,至今已有2万多名会员。我们每学期(半年)向西部农村学校输送一次志愿者,长期、连续支教。支教点主要分布在湖南、云南、四川的山区,支教学校为这些地区的中小学校。目前,已经派出支教志愿者300多人。

　　我们的主要工作有:1. 讲授语文、数学、英语、体育、音乐、美术;2. 讲授小学三年级以上的阅读课程(我方提供教材);3. 班主任工作;4.教学研究活动。我们主要通过网络www.ourfreesky.org发布招募信息。对通过面试的志愿者做培训,费用由我方承担。欢迎大家报名参与!

  2014年春季学期支教志愿者申请截止日期:2014年2月9日。

 生　词

1. 招募	zhāomù	(动)	to recruit
2. 非营利性	fēiyínglìxìng	(形)	non-profit
3. 语文	yǔwén	(名)	Chinese
4. 数学	shùxué	(名)	mathematics
5. 体育	tǐyù	(名)	physical education, P. E.
6. 音乐	yīnyuè	(名)	music
7. 美术	měishù	(名)	fine arts
8. 截止	jiézhǐ	(动)	by the end of

判断正误

1. "我们的自由天空"公益助学项目组已经派出支教志愿者2万多人。　　　　　　　　　　　　　　　　　　　　　　　　(　)
2. "我们的自由天空"公益助学项目组每学期(半年)向全国农村学校输送一次志愿者。　　　　　　　　　　　　　　　(　)

3. 志愿者只是去小学和中学支教。 （　）
4. "我们的自由天空"公益助学项目组为小学三年级以上的阅读课程提供教材。 （　）
5. 通过面试的志愿者,将会得到免费的培训机会。 （　）

保定学院近百毕业生扎根边疆

长城网 2014年02月02日

长城网保定2014年02月02日电（记者李艮春、孟捷）2000年,苏普、侯朝茹等15名保定学院毕业生参加新疆支教,一干就是14年。

在师兄师姐带动下,2002年,保定学院毕业生徐健旺、贾振海与另外8名同学赴西藏支教。当时,苏普支教的决定没有得到家人支持,临行前十几天,妈妈去世,苏普心情沉重。贾振海告诉记者,语言不通,让工作很困难。徐健旺用汉语听说较好的学生当翻译,把教学内容翻译给其他同学。

在采访中,苏普说:"现在,我已将在西部工作看成自己的责任。"侯朝茹说:"爱你所选择的,选择你所爱的,所以我从没后悔过。"徐健旺说:"我们做的事其实很普通。看着自己教过的孩子,都懂事了,成长了,我们也感受到自己工作的价值。"

据了解,截至2013年,保定学院有近百名毕业生赴新疆、西藏、四川、贵州、重庆工作,其中部分学生完成1至3年的服务工作后回到了故乡,也有数十人选择扎根西部。

生词

1. 扎根	zhā gēn		to take root; rooted in a place
2. 边疆	biānjiāng	（名）	frontier
3. 干	gàn	（动）	to work
4. 带动	dàidòng	（动）	to lead
5. 赴	fù	（动）	to go to
6. 临行	lín xíng		before leaving
7. 去世	qùshì	（动）	to pass away
8. 责任	zérèn	（名）	responsibility
9. 后悔	hòuhuǐ	（动）	to regret
10. 故乡	gùxiāng	（名）	homeland

专有名词

1. 保定学院	Bǎodìng Xuéyuàn	Baoding University
2. 西藏	Xīzàng	Tibet Autonomous Region

简要回答

1. 文章介绍的毕业生是不是来自同一所学校、同一年？
2. 贾振海遇到的主要困难是什么？

英国女孩眼里的春节

http://www.bbc.co.uk/ukchina/simp/　　2014年01月23日

　　最近几年,英国人对中国春节越来越感兴趣。今年,为马年春节(2014年)发行了纪念币。

　　林琳去年从英国利兹大学毕业,专业是汉语。她介绍了自己对春节的感受。

　　去中国之前,我总是把春节与邻居家一位华人老太太联系在一起。我当时只有15岁。每逢春节,这位老太太就会请我们全家过去品尝过年的美味佳肴。

　　2006年是我第一次在中国过年,在一个中国学生的家里。除夕,家里的气氛变得很热烈,老人开始发红包。红包里装满了钱,我感到很意外。那天晚上,我没有准备什么礼物,感到很不好意思。不过让我高兴的是,在中国,只有单身或者没有工作的人才会收到红包。我开玩笑说:"那我要晚一点结婚!"

　　包饺子是我最喜欢的。我惊喜地发现,中国人有在饺子里边放硬币的习惯,与英国人往圣诞布丁中放硬币的习惯是一样的。我包过几次饺子,但是我包的饺子形状各异。我朋友的妈妈说,我包的饺子是"联合国",我不知道这是好还是不好。

　　我在这个家庭的最后一天,是祭祀祖先。这座城市平时紧张繁忙,但是在春节期间,家人团聚,祭祀祖先。他们不只是考虑物质生活,还想到精神生活,这一点真好!

 生 词

1. 马年	mǎ nián		Year of Horse
2. 纪念币	jìniànbì	（名）	commemorative coin
3. 华人	huárén	（名）	Chinese people who live abroad
4. 品尝	pǐncháng	（动）	to taste
5. 美味佳肴	měiwèi jiāyáo		delicious food
6. 气氛	qìfēn	（名）	atmosphere
7. 红包	hóngbāo	（名）	red paper bag containing money as a gift
8. 单身	dānshēn	（形）	single
9. 硬币	yìngbì	（名）	coin
10. 布丁	bùdīng	（名）	pudding
11. 祭祀	jìsì	（动）	to offer sacrifices to gods or ancestors
12. 祖先	zǔxiān	（名）	ancestor
13. 繁忙	fánmáng	（形）	busy
14. 团聚	tuánjù	（动）	to reunite
15. 物质	wùzhì	（名）	material
16. 精神	jīngshén	（名）	spirit

第三课　英国女孩眼里的春节

 **专有名词**

1. 利兹大学　Lìzī Dàxué　University of Leeds
2. 除夕　　　Chúxī　　　Chinese New Year's Eve
3. 圣诞　　　Shèngdàn　 Christmas

 练　习

一、画线连接具有相同特点的词语

春节　　　　　精神生活
红包　　　　　布丁
单身　　　　　除夕
饺子　　　　　结婚
物质生活　　　礼物

二、画线搭配动词和名词

感　　　　　美味佳肴
发行　　　　祖先
品尝　　　　兴趣
发　　　　　饺子
包　　　　　红包
祭祀　　　　纪念币

25

三、指出画线动词的宾语中心词

1. 她<u>介绍</u>了自己对春节的感受。
2. 这位老太太就会请我们全家过去<u>品尝</u>过年的美味佳肴。
3. 那天晚上,我没有<u>准备</u>什么送给他们的礼物。
4. 他们不只是<u>考虑</u>物质生活,还想到精神生活,这一点真好。

四、比较A、B两句的意思是否相同

1. A) 林琳去年从英国利兹大学毕业,专业是汉语,她介绍了自己对春节的感受。

   B) 林琳从去年开始在英国利兹大学学习汉语,她介绍了自己对春节的感受。（　　）

2. A) 我当时只有15岁。每逢春节,这位老太太就会请我们全家过去品尝过年的美味佳肴。

   B) 只有在我15岁的那一年,春节的时候,这位老太太请我们全家过去品尝了过年的美味佳肴。（　　）

3. A) 在中国,只有单身或者没有工作的人才会收到红包。我开玩笑说:"那我要晚一点结婚!"

   B) 我开玩笑说:"我要晚一点结婚,这样才可以拿到更多红包。"（　　）

4. A) 我朋友的妈妈说,我包的饺子是"联合国"。

   B) 我朋友的妈妈说,我包的饺子全世界的人都会喜欢。（　　）

5. A) 他们不只是考虑物质生活,还想到精神生活,这一点真好。

   B) 他们考虑吃什么、穿什么和用什么,也考虑生活的价值和意义,这很好。（　　）

 **快速阅读**

澳大利亚庆祝中国新年

新华视点 2014年02月02日

2014年2月2日晚,南半球的澳大利亚悉尼市开展了中国农历新年庆祝活动——悉尼花灯大巡游,32辆漂亮的花车和2700多名中外表演者上演了一场"中国文化秀",把澳洲人过年的气氛推向高潮。中国驻澳大利亚大使马朝旭和悉尼市长摩尔在现场接受了媒体采访。

 **阅读一**

蒙古留学生热尔博在北京过春节

国际在线专稿 2013年06月02日

今年我第一次在北京过春节,了解了中国的许多习俗,比如包饺子、放爆竹、贴春联、拜年,可以说跟中国人又走近了一步。

我们很多不回家的留学生在国际交流中心包饺子的时候,老师们也来了。尽管很多人都闹了笑话,最后吃到自己做的饺子还是觉得很好吃。春节期间的大街多么漂亮啊!晚上我们几个朋友一起放了很多爆竹。

蒙古的春节和中国的春节有一些共同点。我初一早上给爸爸妈妈打电话拜年后，按照蒙古传统走出房间，看着新年初升的太阳，心里祝福全家人健康和幸福。

　　春节期间，北京街上人比较少，因为上学的也好、打工的也好，都回家了，中国人喜欢说："有钱没钱，回家过年。"我觉得说得非常好。

　　我今年在这里过年时渐渐地发现了家人是最可亲的，过年时能跟家人在一起才是最有乐趣的。我知道了过年其实就是一家人欢聚一堂，明年春节时我一定要回家，好好儿陪陪我亲爱的爸爸妈妈。

 生　词

1.	习俗	xísú	（名）	custom
2.	爆竹	bàozhú	（名）	firecracker
3.	贴	tiē	（动）	to paste
4.	春联	chūnlián	（名）	Spring Festival couplets pasted on gate posts or door panels
5.	拜年	bài nián		to wish sb. a happy Chinese New year
6.	传统	chuántǒng	（名）	tradition
7.	渐渐	jiànjiàn	（副）	gradually
8.	乐趣	lèqù	（名）	pleasure
9.	欢聚一堂	huānjù yìtáng		to enjoy a happy get-together
10.	陪	péi	（动）	to accompany

 **专有名词**

| 蒙古 | Měnggǔ | Mongolia |

选择正确答案

1. 在包饺子、放爆竹、贴春联、拜年这几件事情当中,热尔博今年没有做哪一件:

   1）包饺子 2）放爆竹

   3）贴春联 4）拜年

2. 尽管很多人都闹了笑话,最后吃到自己做的饺子还是觉得很好吃。"闹笑话"可能是因为:

   1）不会包饺子

   2）没有找到包饺子的地方——国际交流中心

   3）见到老师们很紧张

   4）在北京过春节很高兴

3. 在介绍热尔博初一的活动的时候,以下哪个方面是不正确的:

   1）给爸爸妈妈拜年 2）走出房间看太阳

   3）祝福全家人健康和幸福 4）起床比较晚

4. 热尔博在北京过春节以后,最重要的感受是什么:

   1）虽然还不了解中国的很多习俗,但可以说已经跟中国人又走近了一步

   2）虽然自己没有放爆竹的机会,但是看到其他中国朋友放爆竹,很高兴

   3）明年春节回蒙古和爸爸妈妈一起过节

   4）课文中没有提到

 阅读二

中国农历新年活动在赫尔辛基深入人心

新华网 2014年02月02日

新华网赫尔辛基2月2日电(记者李骥志、张璇)在中国农历马年到来的时候,芬兰首都赫尔辛基举办了春节庙会,中央舞台连续四个小时举办表演。广场大屏幕现场直播中央电视台春节联欢晚会。现场还搭起30多个小帐篷,出售中国小吃和特色商品。

据记者了解,今年的庙会吸引了超过4万名观众,其中95%以上是芬兰人,有些还是从赫尔辛基周边乘火车特意赶来的。今年舞台主角是来自北京体育大学的武术表演队,他们的表演引得台下的孩子们争相模仿。

赫尔辛基市长帕尤宁说,芬兰冬季黑夜漫长,人们渴望看到欢快的场面,参加热闹的活动。而中国的春节都在一二月份,恰好能给芬兰人带来欢乐祥和的气氛。中国农历新年不仅仅是华人的节日,对当地民众来说也是必不可少的欢乐时刻。他说,当了这么多年市长,"最高兴的一件事就是每年能过两次新年,一次是芬兰新年,一次是中国新年"。

第三课 英国女孩眼里的春节

 生　词

1. 深入人心	shēnrù rénxīn		to capture the hearts of the people
2. 庙会	miàohuì	（名）	temple fair
3. 中央	zhōngyāng	（名）	center
4. 舞台	wǔtái	（名）	stage
5. 广场	guǎngchǎng	（名）	square
6. 屏幕	píngmù	（名）	screen
7. 直播	zhíbō	（动）	live broadcast
8. 联欢晚会	liánhuān wǎnhuì		Spring Festival Gala
9. 帐篷	zhàngpeng	（名）	tent
10. 小吃	xiǎochī	（名）	snacks
11. 周边	zhōubiān	（名）	surrounding areas
12. 模仿	mófǎng	（动）	to imitate
13. 冬季	dōngjì	（名）	winter
14. 漫长	màncháng	（形）	very long
15. 渴望	kěwàng	（动）	to yearn for
16. 恰好	qiàhǎo	（副）	just right

31

 专有名词

1. 赫尔辛基	Hè'ěrxīnjī	Helsinki, Finland
2. 芬兰	Fēnlán	Finland
3. 中央电视台	Zhōngyāng Diànshìtái	China Central Television, CCTV
4. 北京体育大学	Běijīng Tǐyù Dàxué	Beijing Sport University

判断正误

1. 在中国农历马年到来的时候,中国的中央电视台现场直播了芬兰首都赫尔辛基举办的春节庙会。　　　　　　　　　　(　)
2. 有4万多人参加了今年的庙会,其中大部分是芬兰人。　(　)
3. 最重要的舞台表演是北京体育大学带来的武术表演,孩子们对此特别感兴趣。　　　　　　　　　　　　　　　　　(　)
4. 赫尔辛基市长帕尤宁说,中国的春节都在一二月份,给芬兰人带来更多的快乐。因为那时芬兰天气很好,人们非常高兴,热闹的活动也很多。　　　　　　　　　　　　　　　　　　　(　)

阅读三

巴塞罗那足球队将身穿马年球衣庆祝中国新年

http://radiovr.com.cn/news/　2014年01月31日

俄罗斯之声广播电台2014年1月31日讯 巴塞罗那足球俱乐部官方网站发布消息说,巴塞罗那足球队的球员们将在对巴伦西亚的联赛中身穿马年球衣。球衣袖子印有中国汉字"马"的标志,马是1月31日开始的中国农历新年的吉祥物。此外,内马尔、皮克、佩德罗等一线队球员还制作了一个短片,用汉语祝福中国球迷新年快乐。

 生　词

1. 俱乐部	jùlèbù	(名)	club
2. 联赛	liánsài	(名)	league tournament
3. 球衣	qiúyī	(名)	jersey; polo shirt; Ace shirts
4. 袖子	xiùzi	(名)	sleeve
5. 标志	biāozhì	(名)	symbol
6. 吉祥物	jíxiángwù	(名)	mascot
7. 一线队	yīxiànduì	(名)	first-ranked team
8. 短片	duǎnpiàn	(名)	video clip

 **专有名词**

1. 巴塞罗那足球俱乐部 Bāsàiluónà Zúqiú Jùlèbù   Fútbol Club Barcelona
2. 巴伦西亚   Bālúnxīyà   Valencia Club de Fútbol
3. 内马尔   Nèimǎ'ěr   Neymar da Silva Santos Júnior (1992-)
4. 皮克   Píkè   Gerard Pique (1987-)
5. 佩德罗   Pèidéluó   Pedro Rodriguez Ledesma (1987-)

简要回答

1. 巴塞罗那足球队准备怎样庆祝中国新年？
2. 内马尔、皮克、佩德罗等一线队球员制作了短片,他们在短片中做了什么？

第四课

中国仍为全球投资首要目的地

第一财经日报 2013年03月25日

世界著名会计师事务所普华永道(PWC)此前对227位首席执行官进行调查显示,中国仍为全球投资的首要目的地。

普华永道3月23日发布的2013年中国发展高层论坛调查报告——《选择中国:跨国公司对投资环境的认识》中显示,在包括巴西、俄罗斯、印度和美国在内的所有国家中,56%的跨国公司首席执行官把中国视为2013年全球最主要的经济增长市场,并将其列为首选投资目标。

"中国经济成功的一个主要因素就在于能够吸引海外投资。"普华永道全球主席戴瑞礼(Dennis M. Nally)称,"2012年,中国吸引全球外商直接投资约1120亿美元。"

报告显示,58%的首席执行官认为,中国国内消费、工业产品制造和服务企业为他们提供了最好的投资前景。但是在科技企业和金融业方面,巴西得到了首席执行官们更多的青睐。"新兴市场吸引外国投资的竞争力日趋增强,这就为企业在全球范围内投资提供了更多选择,中国将面临新的挑战和压力。"戴瑞礼称。

不过,中国政府正在积极回应这种挑战。报告中首席执行官们强调,中国政府提出的"采取措施刺激国内消费,加强外汇和利率改革,到2020年实现人均收入翻番"的目标,将促进他们的企业发展。这些措施和目标显然会提高中国作为长期投资目的地的吸引力,70%以上的首席执行官计划在未来五年内增加其在华的投资规模。

生　词

1. 全球	quánqiú	（形）	global
2. 投资	tóu zī		to invest
3. 目的地	mùdìdì	（名）	destination
4. 会计师事务所	kuàijìshī shìwùsuǒ		accounting firm
5. 首席执行官	shǒuxí zhíxíngguān		chief executive officer, CEO
6. 论坛	lùntán	（名）	forum
7. 视为	shìwéi	（动）	to regard as
8. 外商直接投资	wàishāng zhíjiē tóuzī		foreign direct investment, FDI
9. 消费	xiāofèi	（动）	to consume
10. 企业	qǐyè	（名）	enterprise
11. 金融	jīnróng	（名）	finance
12. 青睐	qīnglài	（动）	to win sb's favor
13. 刺激	cìjī	（动）	to stimulate
14. 外汇	wàihuì	（名）	foreign currency

第四课　中国仍为全球投资首要目的地

| 15. 利率 | lìlǜ | （名） | interest rate |
| 16. 翻番 | fān fān | | to double |

 **专有名词**

1. 第一财经日报　Dì-yī Cáijīng Rìbào　China Business News
2. 普华永道　　　Pǔhuáyǒngdào　　Price Waterhouse Coopers Consulting, PWC
3. 华　　　　　　Huá　　　　　　　China

 **练　习**

一、画线连接具有相同特点的词语

中国　　　　　　　挑战
吸引　　　　　　　青睐
竞争力　　　　　　巴西

二、指出画线动词的宾语中心词
1. 中国仍<u>为</u>全球投资的首要目的地。
2. 56%的跨国公司首席执行官把中国<u>视为</u>2013年全球最主要的经济增长市场。
3. 巴西<u>得到</u>了首席执行官们更多的青睐。

4. 中国将面临新的挑战和压力。

5. 这些措施和目标显然会提高中国作为长期投资目的地的吸引力。

三、选择正确答案

1. "此前"在课文中的意思是：
   1）这篇新闻发表以前 2）在这里
   3）长时间地 4）今天

2. "中国仍为全球投资的首要目的地"的意思是：
   1）中国第一次成为全球投资的首要目的地
   2）和大家想的一样，中国成为全球投资的首要目的地
   3）中国最有可能成为全球投资的首要目的地
   4）中国还是全球投资的首要目的地

3. "在包括巴西、俄罗斯、印度和美国在内的所有国家中，56%的跨国公司首席执行官把中国视为2013年全球最主要的经济增长市场，列为首选投资目标"的意思是：
   1）和巴西、俄罗斯、印度和美国比较起来，大部分跨国公司首席执行官把中国当作首选投资目标
   2）和全世界所有国家比较起来，超过一半的跨国公司首席执行官把中国当作首选投资目标
   3）如果不算巴西、俄罗斯、印度和美国，中国是2013年全球最主要的经济增长市场、首选投资目标
   4）56%的巴西、俄罗斯、印度、美国的跨国公司首席执行官把中国视为2013年全球最主要的经济增长市场，列为首选投资目标

4. 从第四段来看，58%的首席执行官认为：
   1）巴西的国内消费、工业产品制造和服务企业，中国的科技企业、金融业，都是很好的投资方向

2）现在还不应该投资中国的国内消费、工业产品制造和服务企业方面，也许以后可以。巴西的科技企业和金融业，是很好的投资方向

3）应该投资中国的国内消费、工业产品制造和服务企业方面，也应该投资巴西的科技企业和金融业

4）应该把目前在中国国内消费、工业产品制造和服务企业方面的投资，转移到巴西的科技企业和金融业那里去

5. 中国政府怎样回应新兴市场的挑战，请指出课文没有提到的答案：

1）增加对其他国家的投资

2）采取措施刺激国内消费

3）加强外汇和利率改革

4）到2020年实现人均收入翻番

6. "投资规模"的意思是：

1）投资的时间　　　　2）投资的多少

3）投资人　　　　　　4）投资的地方

快速阅读

中国成全球最大外商直接投资(FDI)目的地

路透社 2012年10月29日

路透社北京10月29日电 10月23日，联合国发布的最新一期《全球投资趋势报告》显示，今年上半年中国吸收外商直接投资591亿美元，虽然下降3%，但仍然超过美国，成为全球最大外商直接投资目的地。对此，中国商务部周一表示，在当前全球经济复苏缓慢的情况下，中国吸收外资仍然保持了较强的竞争力。

"达沃斯论坛"上的中国

《环球》杂志第3期 2014年02月05日

讨论世界经济问题的2014年冬季"达沃斯论坛"日前在瑞士召开。作为世界第二的经济大国,中国始终是论坛的主角。直接讨论中国问题的会议就有八个,座无虚席,大部分听众来自中国以外的国家。论坛关注的重点包括:中国经济增速回落,中国发展趋势和结构转型。

大部分人认为,中国经济将进入一个更稳定的增长阶段,仍然是世界经济重要的推动力量,是欧洲、美国、日本这些发达国家重要的贸易合作伙伴,是跨国公司的重要市场。

中国领导人和企业对上述问题有清醒的认识。李克强总理在给本次论坛的来信中说:"今年中国经济政策的基调是稳中求进、改革创新。"中国银监会前主席刘明康在论坛上说:中国下调增长的速度,可以让中国逐步调整不合理的经济增长模式,包括削减重工业过剩的生产能力、减少地方债务、改变总体经济增长模式(出口导向转为内需拉动)。

世界银行行长金墉表示,中国的改革将在中长期给中国和全世界带来好处。经济合作与发展组织秘书长古里亚认为,中国新一轮改革将惠及世界其他地区。

第四课　中国仍为全球投资首要目的地

 生　词

1. 座无虚席	zuòwúxūxí			all seats are occupied
2. 增速	zēngsù	（名）		growth rate
3. 结构	jiégòu	（名）		structure
4. 转型	zhuǎnxíng	（动）		to transform
5. 基调	jīdiào	（名）		keynote
6. 下调	xiàtiáo	（动）		to lower
7. 模式	móshì	（名）		pattern
8. 削减	xuējiǎn	（动）		to reduce
9. 重工业	zhònggōngyè	（名）		heavy industry
10. 过剩	guòshèng	（形）		surplus
11. 债务	zhàiwù	（名）		debt
12. 导向	dǎoxiàng	（动）		to orient
13. 行长	hángzhǎng	（名）		president of a bank
14. 秘书长	mìshūzhǎng	（名）		secretary-general
15. 惠及	huìjí	（动）		to bring benefit to

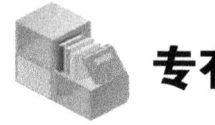 专有名词

1. 达沃斯论坛	Dáwòsī Lùntán	Davos Forum

2. 中国银监会	Zhōngguó Yínjiānhuì	China Banking Regulatory Commission, CBRC
3. 世界银行	Shìjiè Yínháng	World Bank
4. 经济合作与发展组织	Jīngjì Hézuò yǔ Fāzhǎn Zǔzhī	Organization for Economic Cooperation and Development, OECD

判断正误

1. 2014年冬季"达沃斯论坛"是在中国召开的,所以中国得到的关注最多。（　　）

2. 直接讨论中国问题的会议有八个,有的会议参加的人很多,有的很少,大部分听众来自中国以外的国家。（　　）

3. 中国经济增速回落的意思是,中国经济还在增长,但是增长得没有以前那么快。（　　）

4. 李克强总理在来信中说,中国将在稳定增长的基础上改革和创新。（　　）

5. 世界银行和经济合作与发展组织认为,中国的改革将给中国带来好处,对全世界的影响,还不清楚。（　　）

第四课 中国仍为全球投资首要目的地

研究机构眼中的中国经济

中国网 2014年02月05日

中国上一轮大规模的经济改革还是1998年推出的,改革的结果是,中国经济在此后十年内保持了每年两位数的增长。

展望2014年,在全球经济复苏的背景下,中国经济将不再追求单纯的高速增长,将在平稳增长的同时推动经济改革,未来数年可能都会如此。主要券商对2014年GDP增速的预测介于7.2%—7.8%之间。

国泰君安证券表示,预计2014年GDP增长为7.5%,而且政府将更关注经济增长的质量而不是速度。中金公司认为,2014年中国将呈现增长平稳、消费快速上升的迹象。消费增速将提升,并超过投资成为经济增长的最大推动力。中信证券认为2014年推动GDP增长的主要动力来自消费,消费将推动GDP增长3.8%。

对于2014年投资和消费对经济的推动作用,海通证券持不同观点,他们认为,如果政府能下调经济增长目标,不需要刺激投资,利率下降,转型行业将获得足够的资金,走上转型的道路。

生 词

1. 机构	jīgòu	（名）	institution
2. 两位数	liǎng wèi shù		double digit
3. 展望	zhǎnwàng	（动）	to outlook
4. 复苏	fùsū	（动）	to recover
5. 券商	quànshāng	（名）	broker
6. 证券	zhèngquàn	（名）	securities
7. 预测	yùcè	（动）	to forecast
8. 持	chí	（动）	to hold
9. 资金	zījīn	（名）	capital

专有名词

1. 国泰君安证券	Guótài Jūn'ān Zhèngquàn	Guotai Junan Securities
2. 中金公司	Zhōngjīn Gōngsī	China International Capital Corporation Limited (CICC)
3. 中信证券	Zhōngxìn Zhèngquàn	CITIC Securities Co., Ltd. (CITICS)
4. 海通证券	Hǎitōng Zhèngquàn	Haitong Securities

第四课 中国仍为全球投资首要目的地

判断正误

1. 中国经济在1998年以后的十年内,保持了每年10%或者10%以上的增长速度。（　　）
2. 主要券商对2014年国内生产总值增长速度的看法是,最慢增长7.2%,最快7.8%。（　　）
3. 中金公司认为,在2014年,对中国经济推动最大的是投资,而不是消费。（　　）
4. 海通证券和国泰君安证券、中金公司、中信证券的看法非常接近。（　　）

 阅读三

2013年1至7月全球对华投资增长7%

日经中文网 2013年08月23日

中国商务部23日公布,1月至7月中国实际使用外资金额713.92亿美元,同比增长7%。香港、台湾等亚洲十个地区和国家的投资同比增加7.7%,支撑着这一数据。中国以往每年实际利用外资增长率达两位数的情况,没有再出现。

从投资国别看,来自日本的投资增加了9.5%。这表现了日本企业仍然重视中国市场的态度。来自韩国的投资增加了55.2%,格外引人注目。

分类别看,服务业投资增加15.7%。电气机械修理业、广告电影业也有增加,弥补了制造业减少2.4%的影响。

7月当月,中国实际使用外资金额94.08亿美元,同比增长24.1%。和6月份同比增加20.1%比较来看,显示了增速加快的趋势。

生 词

1. 国别	guóbié	（名）	name of a country (in a registration form)
2. 服务业	fúwùyè	（名）	service industry
3. 电气	diànqì	（名）	electric
4. 机械	jīxiè	（名）	machinery
5. 弥补	míbǔ	（动）	to cover the loss

专有名词

日经中文网	Rìjīng Zhōngwén Wǎng	Nikkei Business Daily

简要回答

1. 和2012年1月至7月比较的话，2013年1月至7月，中国实际使用外资金额上升还是下降了？
2. 哪个国家对中国的投资增加得比较多？
3. 中国哪些方面得到的外来直接投资增加了，哪些方面减少了？

哈德逊河上的迫降奇迹

新浪网 2013年01月15日

新浪航空讯 2009年1月15日下午3时30分，全美航空公司一架空中客车A320在起飞后不久迫降在纽约哈德逊河，这个事件被称为"哈德逊河奇迹"。

这架飞机于下午3时26分从纽约拉瓜迪亚机场起飞，刚起飞就遭遇密集鸟群，两台发动机吸入飞鸟，停止工作，飞机完全失去动力，客舱内满是焦煳味道，而附近是大片居民区……

机长萨伦伯格向机场报告，要求立即返回机场。机场方面同意返回，但机长发现飞机无法掉头。于是，他准备飞往最近的另外一个机场——新泽西州泰特伯勒机场，然而，在查看了飞机高度和下降速度以后，机长知道，他们已经来不及飞到泰特伯勒机场。最终，机长决定在哈德逊河上紧急迫降。

机长操纵飞机，以滑翔方式缓缓下降。飞机机尾首先接触水面，随后，机腹接触水面。飞机在水上滑行，飞机左侧的一号引擎在滑行期间掉进河底。最后，飞机终于停止滑行，机身大致保持完整。

飞机停止滑行以后，乘客们服从机组引导，先妇孺、后男子，有序撤离，停留在机翼和滑梯上等待救援。

机长萨伦伯格虽已受伤，仍然从容地两次巡视机舱，最后一个撤离。

最终，155名乘客和机组人员无一遇难。机长萨伦伯格、机组和乘客的表现，感动了全国。

 生　词

1.	迫降	pòjiàng	（动）	emergency landing
2.	奇迹	qíjì	（名）	miracle
3.	遭遇	zāoyù	（动）	to meet with; to encounter
4.	鸟群	niǎoqún	（名）	flocks of birds
5.	发动机	fādòngjī	（名）	engine
6.	动力	dònglì	（名）	driving force
7.	客舱	kècāng	（名）	passenger cabin
8.	焦糊	jiāohú	（形）	burnt; charred
9.	机长	jīzhǎng	（名）	captain of a plane
10.	掉头	diào tóu		to make a U-turn
11.	操纵	cāozòng	（动）	to operate
12.	滑翔	huáxiáng	（动）	to glide
13.	机尾	jīwěi	（名）	tail of an aircraft
14.	机腹	jīfù	（名）	belly of an aircraft
15.	完整	wánzhěng	（形）	complete
16.	机组	jīzǔ	（名）	aircrew
17.	妇孺	fùrú	（名）	women and children
18.	有序	yǒuxù	（形）	orderly
19.	机翼	jīyì	（名）	wing of an aircraft
20.	滑梯	huátī	（名）	slide

第五课　哈德逊河上的迫降奇迹

21. 从容	cóngróng	（形）	calm
22. 巡视	xúnshì	（动）	to make an inspection tour
23. 遇难	yù nàn		to die in an accident
24. 感动	gǎndòng	（动）	to move; touching

专有名词

1. 哈德逊河	Hādéxùn Hé	Hudson River, N.Y.
2. 全美航空公司	Quánměi Hángkōng Gōngsī	U.S. Airways Group, Inc.
3. 纽约	Niǔyuē	New York, U.S.
4. 新泽西州	Xīnzéxī Zhōu	New Jersey, U.S.

练　习

一、画线连接具有相同特点的词语

乘客　　　　　　爬升
起飞　　　　　　机组人员
发动机　　　　　机腹
从容　　　　　　引擎
机尾　　　　　　有序

二、画线搭配动词和名词

上演　　　　　鸟群
吸入　　　　　机舱
巡视　　　　　素质
展示　　　　　奇迹

三、比较A、B两句的意思是否相同

1. A）机长操纵飞机，以滑翔方式缓缓下降。飞机机尾首先接触水面，随后机腹接触水面。

   B）机长控制飞机，用很慢的速度下降。飞机最后的部分首先接触水面，然后飞机中间的部分碰到水面。（　）

2. A）飞机停止滑行以后，乘客们服从机组引导，先妇孺、后男子，有序撤离，停留在机翼和滑梯上等待救援。

   B）飞机停止滑行，机组人员引导男人、女人和孩子一起走出机舱，在机翼和滑梯上等待救援。（　）

3. A）机长萨伦伯格虽已受伤，仍然从容地两次巡视机舱，最后一个撤离。

   B）机长萨伦伯格虽然差一点受伤，但是，他很平静，两次检查了机舱，最后一个离开飞机。（　）

4. A）最终，155名乘客和机组人员无一遇难。机长萨伦伯格、机组和乘客的表现，感动了全国。

   B）最后，155名乘客和机组人员没有一个人觉得自己遇到困难，大家顺利离开飞机，感动了全国。（　）

四、判断正误

1. 这架全美航空公司空中客车A320飞机在起飞不久,机舱就碰到鸟群,使飞机失去了动力。（　　）
2. 飞机碰到鸟群以后,机场方面首先指示飞机降落在附近的另一个机场。（　　）
3. 这是一次完全成功的迫降,保住了全体人员的生命,飞机也没有受到任何损伤。（　　）
4. 这个事件被称为"哈德逊河奇迹"的原因是,谁也没有想到,事件虽然危险,但是结果这么好。（　　）

雨雪天气,京广铁路列车减速运行

楚天都市报 2014年02月09日

昨日,受雨雪天气影响,京广铁路列车实行减速运行,导致部分列车晚点,包括北京到武汉的G93、G541、G507次,均晚点40至90分钟。武昌站、汉口站启动雨雪应急预案,开放临时候车区域,武昌站有40余名工作人员,负责引导老、弱、病、残、孕及带小孩的旅客,将他们直接带入临时候车室。武汉铁路局提醒旅客,随时关注车站的最新信息。

中俄合作抗洪救灾

人民日报 2013年08月24日

受持续降水影响,我国黑龙江流域发生严重洪水灾害。俄罗斯远东地区受灾情况也十分严重,是该地区150年来最大洪水灾害,共有五个州宣布进入紧急状态。截至23日上午,俄罗斯受灾人数已超过5万,仅农业方面的损失已近100亿卢布(约合人民币19亿元)。中俄两国边境地区同时受灾,双方迅速展开了积极有效的合作,共同抗洪救灾。

8月22日,中国国务院总理李克强与俄罗斯总理梅德韦杰夫通话,主要就黑龙江流域抗洪救灾问题交换意见。

中国水利部与俄罗斯紧急情况部自8月8日起建立应急沟通渠道,每天相互通报信息。主要内容包括,中方请俄方及时通报黑龙江支流汛情、水库调度信息,中方向俄方及时通报黑龙江流域汛情。

 生　词

1. 抗洪救灾　kàng hóng jiù zāi　to fight the flood and provide disaster relief

第五课 哈德逊河上的迫降奇迹

2. 持续	chíxù	（动）	to continue
3. 降水	jiàngshuǐ	（动）	rainfall
4. 流域	liúyù	（名）	river basin
5. 洪水	hóngshuǐ	（名）	flood
6. 受灾	shòu zāi		disaster-stricken
7. 州	zhōu	（名）	oblast; state
8. 紧急状态	jǐnjí zhuàngtài		state of emergency
9. 农业	nóngyè	（名）	agriculture
10. 损失	sǔnshī	（名）	loss
11. 支流	zhīliú	（名）	the branch of a river
12. 汛情	xùnqíng	（名）	flood situation
13. 水库	shuǐkù	（名）	reservoir

 **专有名词**

1. 黑龙江	Hēilóng Jiāng	Heilongjiang River
2. 远东	Yuǎndōng	Far East
3. 梅德韦杰夫	Méidéwéijiéfū	Dmitry Medvedev (1965-)
4. 水利部	Shuǐlì Bù	Ministry of Water Resources
5. 紧急情况部	Jǐnjí Qíngkuàng Bù	Ministry of Emergenc Situations

选择正确答案

1. "持续降水"在这里的意思是:
   1) 一直在下雨
   2) 继续下雨
   3) 下大雨
   4) 有时下雨,有时没有

2. 课文中,最接近"流域"这个生词意思的是:
   1) 河流
   2) 地区
   3) 支流
   4) 水库

3. 课文介绍俄罗斯受灾情况时,没有提到的方面是什么:
   1) 该地区洪水灾害的历史
   2) 多少人受灾
   3) 农业方面的损失
   4) 损失了多少房子

4. 中国水利部与俄罗斯紧急情况部每天相互通报信息,中国方面希望从俄罗斯了解的信息是:
   1) 俄罗斯边境地区受灾情况
   2) 李克强总理和梅德韦杰夫总理通话内容
   3) 黑龙江支流汛情、水库调度信息
   4) 包括以上全部内容

阅读二

日本首相在中国《人民日报》刊登致谢广告

华商网 2011年04月12日

　　昨天是日本3·11地震过去一个月的日子。在这一个月里,地震、海啸、核泄漏,让全日本人民经受了莫大的考验。世界各国纷纷提供援助。日本首相菅直人在中国《人民日报》刊登了题为《纽带》的广告,向全世界表示感谢。

日本地震发生后,超过130个国家和地区的政府及民间组织提供了援助。中国迅速派出救援队赴日本参加救援,同时向灾区捐赠大量物资。在给中国投放的这份致谢广告中,用汉语写着"患难见真情"。

目前已经刊登这则致谢广告的媒体,除了中国的《人民日报》和《环球时报》,还有美国的《华尔街日报》《国际先驱论坛报》、英国的《金融时报》、法国的《费加罗报》、韩国的《朝鲜日报》、俄罗斯的《生意人报》。

菅直人在广告中表示,各国对灾区的物资支援"给予了我们莫大的勇气",并肯定了国际救援队和医疗队的贡献。

生　词

1.	首相	shǒuxiàng	(名)	prime minister
2.	刊登	kāndēng	(动)	to publish
3.	致谢	zhìxiè	(动)	to express one's thanks
4.	地震	dìzhèn	(名)	earthquake
5.	海啸	hǎixiào	(名)	tsunami
6.	核	hé	(名)	nucleus
7.	泄漏	xièlòu	(动)	to leak
8.	考验	kǎoyàn	(动)	to test
9.	援助	yuánzhù	(动)	to help
10.	纽带	niǔdài	(名)	bond
11.	救援	jiùyuán	(动)	to rescue

12. 投放	tóufàng	（动）	to put in
13. 患难	huànnàn	（名）	adversity
14. 医疗	yīliáo	（名）	medical treatment

 专有名词

1. 菅直人	Jiān Zhírén	Naoto Kan (1946-)
2.《环球时报》	Huánqiú Shíbào	*Global Times*
3.《华尔街日报》	Huá'ěrjiē Rìbào	*Wall Street Journal*
4.《国际先驱论坛报》	Guójì Xiānqū Lùntán Bào	*International Herald Tribune*
5.《金融时报》	Jīnróng Shíbào	*Financial Times*
6.《费加罗报》	Fèijiāluó Bào	*Le Figaro*
7.《朝鲜日报》	Cháoxiǎn Rìbào	*The Chosun Ilbo*
8.《生意人报》	Shēngyìrén Bào	*Kommersant*

判断正误

1. 2011年3月11日的地震，以及随后发生的海啸、核泄漏，给日本人民带来很大的压力。（　　）
2. 日本首相菅直人在中国《人民日报》刊登了广告，题目是《纽带》，向全世界表示感谢。（　　）
3. 为了感谢美国、英国、法国、韩国、俄罗斯，菅直人首相在每个国家刊登了内容完全不同的广告。（　　）

 阅读三

男婴突然发病　警车帮助开道

人民网 2014 年 01 月 15 日

　　日前,刘先生与家人带三个月大的外孙来北京看病,途中孩子情况危急。在北京人生地不熟的刘先生拨打110报警,民警用警车开路,将发病的男婴送到医院。男婴最终脱离生命危险。

　　1月5日下午,刘先生同家人一起带着外孙,开车从天津到北京求医。当他们行驶至磁器口附近时,男婴突然呕吐不止。"这让我一下紧张起来,不知道怎么办才好。在北京,路不熟,我也没什么朋友可以来帮忙。"刘先生这样告诉记者。危急关头,刘先生拨打了110。崇文门派出所迅速出警赶赴现场,此时,距刘先生拨打报警电话仅仅两分钟。

　　民警打开警灯用警车帮刘先生一家开路,用最快速度将刘先生一家送到最近的同仁医院。回想当时的情况,刘先生告诉我们:"医生说,孩子随时可能窒息。如果再晚来几分钟,后果不堪设想。事后,110指挥中心的民警还再次打电话询问孩子的情况。我们全家十分感动。"

 生　词

1. 男婴　　　nányīng　　　(名)　　　baby boy

2. 外孙	wàisūn	（名）	grandson
3. 报警	bào jǐng		to call the police
4. 民警	mínjǐng	（名）	policeman
5. 警车	jǐngchē	（名）	police van
6. 脱离	tuōlí	（动）	to be out of
7. 呕吐	ǒutù	（动）	to throw up
8. 不止	bù zhǐ		not stop
9. 关头	guāntóu	（名）	critical point; moment
10. 出警	chū jǐng		to send out police
11. 现场	xiànchǎng	（名）	scene
12. 警灯	jǐngdēng	（名）	warning lamp
13. 不堪设想	bùkān-shèxiǎng		to dare not imagine

 **专有名词**

| 同仁医院 | Tóngrén Yīyuàn | Tongren Hospital |

简要回答

1. 新闻中介绍的"男婴""外孙"和"孩子"是指同一个人还是不同的人？
2. 如果请你选择一段来代表全篇新闻，你选择第几段？

中国女性崛起

环球时报 2012年07月02日

刘洋成为中国首位进入太空的女性。她代表了当今中国最重要的趋势之一：女性的崛起。她们接受良好教育、雄心勃勃，正在中国经济、社会发展中发挥重要作用。

像张欣、杨澜、张兰这样的中国女性，从普通的背景中成长为具有影响力且富有的女商人。体育方面，中国女运动员在奥运会上夺得的奖牌总数远多于男运动员。她们的故事激励了其他中国女性，让她们相信努力工作和坚持不懈，就能打开成功之门。

那些既非百万富翁也非世界级运动员的年轻中国女性，也能从新机遇中受益。对生活工作在繁荣大城市的人来说，尤其是这样。巴女士接近30岁，在北京一家公关公司上班。她说虽然男性仍然控制大部分权力，但越来越多女性实现升职，追求自己的事业目标，"将来能看到更多女总裁和女经理，比我妈妈那一代多得多"。

但成功也带来新挑战，最明显的就是无法在家庭和事业间找到平衡。和其他国家一样，中国上班族妈妈们很难找到时间照顾孩子、丈夫和老人。一些中国职业女性遭遇过骚扰和性别或婚姻歧视。那些想结婚的女人发现很难对事业放手。很多女人抱怨说，女人越成功、经济越独立，就越难"修成正果"。巴女

士说,一些男人无法接受女人有成就或比他赚得多,回避那些更优秀的女性。

尽管存在新旧挑战,中国女性依然乐观。巴女士说:"越来越多女性拥有自己的事业和理想,这些都将继续。社会和男性将不得不去适应,这是不可逆转的。"

 生　词

1.	女性	nǚxìng	(名)	woman
2.	崛起	juéqǐ	(动)	to rise sharply
3.	太空	tàikōng	(名)	outer space
4.	雄心勃勃	xióngxīn bóbó		to be very ambitious
5.	背景	bèijǐng	(名)	background
6.	影响力	yǐngxiǎnglì	(名)	influence
7.	奖牌	jiǎngpái	(名)	medal
8.	激励	jīlì	(动)	to encourage
9.	坚持不懈	jiānchí bú xiè		to be persistent
10.	百万富翁	bǎiwàn fùwēng		millionaire
11.	机遇	jīyù	(名)	opportunity
12.	繁荣	fánróng	(形)	prosperous
13.	公关	gōngguān	(名)	public relations
14.	权力	quánlì	(名)	power
15.	升职	shēng zhí		to promote
16.	平衡	pínghéng	(形)	balanced
17.	上班族	shàngbānzú	(名)	wage earners

第六课　中国女性崛起

18. 骚扰	sāorǎo	（动）	to harass
19. 歧视	qíshì	（动）	to discriminate
20. 放手	fàng shǒu		to let go
21. 抱怨	bàoyuàn	（动）	to complain
22. 修成正果	xiūchéng zhèngguǒ		to get true love
23. 赚	zhuàn	（动）	to earn
24. 回避	huíbì	（动）	to avoid
25. 逆转	nìzhuǎn	（动）	to reverse

 练　习

一、画线连接具有相同特点的词语

女性　　　　　　适应
崛起　　　　　　男性
总裁　　　　　　经理
家庭　　　　　　成功
接受　　　　　　事业

二、画线搭配动词和名词

进入　　　　　　奖牌
接受　　　　　　教育
具有　　　　　　孩子
夺得　　　　　　太空
照顾　　　　　　影响力

61

三、指出画线动词的宾语中心词

1. 她们<u>接受</u>良好教育、雄心勃勃,正在中国经济、社会发展中<u>发挥</u>重要作用。
2. 她们的故事<u>激励</u>了其他中国女性。
3. 她说虽然男性仍然<u>控制</u>大部分权力。
4. 最明显的就是无法在家庭和事业间<u>找到</u>平衡。
5. 一些中国职业女性<u>遭遇</u>过骚扰和性别或婚姻歧视。

四、判断正误

1. 刘洋代表了中国女性的崛起。（ ）
2. 张欣、杨澜、张兰能够成为成功的商人,除了自己的努力,也和她们出生在非常富有的家庭有关系。（ ）
3. 从成绩来看,中国女运动员在奥运会上的表现超过男运动员。（ ）
4. 只有百万富翁和世界级运动员,可以从中国的新机遇中得到好处。（ ）
5. 生活在繁荣的大城市的中国女性,得到的机会和好处更多。（ ）
6. 在工作中,一些女性因为自己的性别和婚姻状况,受到过歧视。（ ）
7. 很多男人抱怨说,女人越成功、经济越独立,就越难得到自己想要的家庭生活。（ ）

第六课　中国女性崛起

女性的崛起来自对子女家庭和社会的责任

中国青年网 2013年06月06日

中国青年网6月6日北京讯（记者周围围）可口可乐大中华区和韩国区副总裁张华莹发言时表示：女性的崛起来自于对子女家庭和社会的责任。张华莹提到，女性的职业之路越向上越难，但必须坚持自己的看法和声音，才能推动机制的改变。她认为网络和移动办公的出现，改善了女性的工作条件。

中美女航天员在北航与学生交流

科技日报 2013年09月27日

9月26日，北京航空航天大学，美国女航天员桑德拉·马格努斯和中国首位女航天员刘洋与800多名大中小学生分享自己的太空经历。刘洋和观众分享了她在太空中打太极拳的照片。

"作为女航天员，你认为自己的优势在哪里？"来自清华大学的一名女研究生向刘洋提问。"女性更加认真、细腻，非常有利于在太空中做实验工作。女性的亲和力很强，团队合作非常好。"刘洋的回答让现场的很多女同学报以热烈掌声。有的学生问："在太空中你们有没有看到外星人？"刘洋笑着说："很遗憾，没有看到。其实我也希望在

下一次的飞行中能看到他们。"

美国女航天员桑德拉·马格努斯曾进行三次航天飞行,在太空工作134天。她介绍了自己努力成为航天员和三次太空飞行的历程,播放了自己在太空工作生活的视频,特别是在太空做饭的过程,让现场观众大开眼界。

目前,全世界已有58名女航天员进入太空,超过航天员总数的10%。

 生　词

1. 航天员	hángtiānyuán	（名）	astronaut
2. 细腻	xìnì	（形）	delicate; careful
3. 实验	shíyàn	（名）	experiment
4. 亲和力	qīnhélì	（名）	warm feeling
5. 团队	tuánduì	（名）	team
6. 外星人	wàixīngrén	（名）	alien
7. 视频	shìpín	（名）	video
8. 大开眼界	dàkāi-yǎnjiè		to widen one's horizon greatly

判断正误

1. 9月26日,航天员桑德拉·马格努斯和刘洋与北京航空航天大学的学生分享自己的太空经历。　　　　　　　　　　　　　　（　）
2. 刘洋和观众分享了她在太空中运动的照片,桑德拉·马格努斯分享了她在太空中生活的视频。　　　　　　　　　　　　　（　）

3. 刘洋回答学生说,她觉得很遗憾没有机会做饭,希望下次飞行时候可以做饭。（　　）
4. 桑德拉·马格努斯经过三次努力,终于得到机会参加了一次航天飞行,在太空工作了134天。（　　）
5. 在全世界进入过太空的航天员当中,超过10%是女航天员。（　　）

2014全球最具影响力50位商界女性：董明珠与张欣上榜

前瞻网 2014年02月10日

美国当地时间2014年2月6日,《财富》杂志评选出新一年的"全球最具影响力的50位商界女性"。格力电器董事长兼总裁董明珠、SOHO中国首席执行官张欣登上排行榜。

董明珠名列排行榜的第42位。1990年,董明珠作为销售员来到格力电器。现在她已经帮助这家年收入160亿美元的空调制造商进入国际市场。公司的产品几乎出口到世界上所有国家和地区,同时还在中国、巴西、巴基斯坦和越南设有生产基地,在非洲建立工厂的计划已经开始实施。排行榜上第49位的张欣,来自房地产公司SOHO中国。尽管公司经营收入只有25亿美元,规模并不算大,但是她参与开发的项目非常著名。

今年是《财富》杂志首次将美国与其他国家的候选人进行统一排名,今年《财富》着重强调这些商界女性经营活动的国际性,以及她们在全球商界的地位。

 生　词

1. 上榜	shàng bǎng		to be listed
2. 排行榜	páihángbǎng	（名）	ranking list
3. 销售员	xiāoshòuyuán	（名）	salesperson
4. 房地产	fángdìchǎn	（名）	real estate
5. 候选人	hòuxuǎnrén	（名）	candidate
6. 经营	jīngyíng	（动）	to manage and plan

 专有名词

1.《财富》	Cáifù	*Fortune*
2. 格力电器	Gélì Diànqì	Gree Company
3. SOHO 中国	SOHO Zhōngguó	SOHO China

选择正确答案

1.《财富》杂志评选出新一年的"全球最具影响力的50位商界女性"。以下哪个条件，在评选中不太重要：
　　1）是不是商界女性　　　　2）个人财富的多少
　　3）经营活动的国际性　　　4）在全球商界的地位

2. 董明珠登上排行榜的原因可能是：
　　1）在格力电器工作了很长时间，并且提高了公司收入

2）帮助公司出口产品

3）在中国、巴西、巴基斯坦、越南和非洲生产空调

4）帮助格力电器成为国际化公司

3. 在介绍排行榜上第49位的张欣时,没有提到她的什么方面:

1）她的收入　　　　　　2）她的公司名称

3）她的公司经营情况　　4）她的工作内容

4. 看来今年不是《财富》杂志第一次制作这个排行榜,从课文来看,今年的评选有什么特点:

1）有中国女性进入排行榜

2）不考虑这些女性的收入和地位

3）把美国商界女性和其他国家女性放在一起评选

4）更多关注电器公司和房地产公司

电子商务、移动互联网崛起　女性影响力增强

上海商报 2013年03月19日

电子商务、移动互联网的崛起,吸引到更多女性进入这些行业。

在《财富》杂志评选出的全球500强企业中,女性高管所占的比例为14.3%,这一比例还在逐年提高。"前程无忧"公司首席人力资源专家冯丽娟告诉记者,电子商务和移动互联网的崛起推动了女性管理者的增加。更多的女性转向这些行业,企业对女性的重视与日俱增。

冯丽娟认为,由于女性更注重细节。"她们担任高管相对较多的是在财务方面,或者是人力资源方面。"

其次,选择了这些行业,女性就要适应这个行业的快节奏和高强度工作环境。28岁到30岁的女性非常厌恶加班,因为她们作为儿媳、作为妻子、作为母亲,还有很重要的家庭责任。"在这些行业,女性高管并不轻松,她们承受的压力更大,需要付出更多。"

生　词

1. 电子商务	diànzǐ shāngwù		electronic commerse, E-commerce
2. 移动互联网	yídòng hùliánwǎng		mobile internet
3. 高管	gāoguǎn	(名)	top manager; executives
4. 逐年	zhúnián	(副)	year by year
5. 首席	shǒuxí	(形)	chief
6. 人力资源	rénlì zīyuán		human resources
7. 专家	zhuānjiā	(名)	expert
8. 与日俱增	yǔrì-jùzēng		steadily increase
9. 细节	xìjié	(名)	detail
10. 财务	cáiwù	(名)	financial affairs
11. 节奏	jiézòu	(名)	tempo; rhythm
12. 强度	qiángdù	(名)	intensity
13. 厌恶	yànwù	(动)	to hate

| 14. 加班 | jiā bān | | to work overtime |
| 15. 承受 | chéngshòu | （动） | to endure |

 **专有名词**

| 前程无忧 | Qiánchéng Wú Yōu | 51job.com |

简要回答

1. 你认为电子商务、移动互联网这样的技术进步对女性选择工作有什么帮助？
2. 在公司里，哪些工作更适合女性？

中国面对人口老化的挑战

文汇报 2013年01月21日

看起来,中国到2030年还有7.5亿的劳动力,年龄在20岁到59岁,但是,这些劳动力的压力会更大。现在20岁到59岁人口相对于60岁以上人口的比例是5∶1,到2030年,这一比例会下降到2∶1。在二十年以内,中国将由五个劳动力赡养一个老人,变成两个劳动力赡养一个老人。和巴西、俄罗斯、印度这三个"金砖国家"相比,我们的情况最严峻。

中国的人口老化有两个特点。一是速度快。65岁以上老人占总人口的比重从9%增长到25%,中国仅仅用了28年,而美国用了130年,英国是110年,法国是90年,俄罗斯是80年,德国是75年,意大利是70年。二是未富先老。日本和韩国达到中国现在的老化程度时,人均收入水平已经超过我们一倍至两倍。

好消息是,教育的发展为我们提高劳动效率、解决劳动力下降问题提供了出路。过去三十年,中国除了经济腾飞之外,教育发展也是史无前例的。2010年,20岁到25岁年龄的人口中有1/4接受过大学教育,20年前,这个比例只有3%。现在,全国的大学每年可以录取700万人,而每年出生人数只有1000多万,也就是说一多半的人可以进入大学学习。这是巨大的变化,也是历史性的机会。

在过去的100年中,由于健康水平的提高,全世界人口寿命延长了一倍多,从30岁延长到65岁。人口寿命延长是人类进步

第七课　中国面对人口老化的挑战

带来的福音,但同时也给人类社会带来前所未有的挑战。占有世界人口五分之一的中国,面对的挑战更加严峻。

生　词

1. 人口	rénkǒu	(名)	population
2. 老化	lǎohuà	(动)	to become old
3. 劳动力	láodònglì	(名)	labor force
4. 赡养	shànyǎng	(动)	to support; to provide for
5. 严峻	yánjùn	(形)	severe
6. 比重	bǐzhòng	(名)	proportion
7. 效率	xiàolǜ	(名)	efficiency
8. 出路	chūlù	(名)	ways and means for survival or making progress
9. 腾飞	téngfēi	(动)	to develop rapidly
10. 史无前例	shǐwúqiánlì		unprecedented
11. 录取	lùqǔ	(动)	to enroll
12. 历史性	lìshǐxìng	(形)	historical
13. 寿命	shòumìng	(名)	life span
14. 延长	yáncháng	(动)	to extend
15. 福音	fúyīn	(名)	good news

专有名词

| 金砖国家 | Jīnzhuān Guójiā | BRICS (Brazil, Russia, India, China, and South Africa) |

一、画线连接具有相同特点的词语

比例　　　　　　比重
中国　　　　　　挑战
速度快　　　　　未富先老
福音　　　　　　巴西

二、连句

1. A）在二十年以内
   B）变成两个劳动力赡养一个老人
   C）中国将由五个劳动力赡养一个老人

　　正确的顺序是（　　　　　）

2. A）中国仅仅用了28年
   B）而美国用了130年，英国是110年，法国是90年，俄罗斯是80年，德国是75年，意大利是70年
   C）65岁以上老人占总人口的比重从9%增长到25%

　　正确的顺序是（　　　　　）

第七课 中国面对人口老化的挑战

3. A）中国除了经济腾飞之外
   B）教育发展也是史无前例的
   C）过去三十年

   正确的顺序是（　　　　　　）

4. A）是人类进步带来的福音
   B）人口寿命延长
   C）但同时也给人类社会带来前所未有的挑战

   正确的顺序是（　　　　　　）

三、指出画线动词的宾语中心词

1. 变成两个劳动力<u>赡养</u>一个老人。
2. 日本和韩国<u>达到</u>中国现在的老化程度时，人均收入水平已经<u>超过</u>我们一倍至两倍。
3. 教育的发展为我们<u>提高</u>劳动效率、<u>解决</u>劳动力下降问题提供了出路。
4. 同时也给人类社会<u>带来</u>前所未有的挑战。

四、选择正确答案

1. 在介绍2030年中国劳动力情况的时候，课文强调的是：
   1）目前不好预测到2030年时中国劳动力的数量和年龄
   2）20岁到59岁的劳动力相对于60岁以上人口的比例将达到5∶1
   3）劳动力的压力很大，两个劳动力需要赡养一个老人
   4）和巴西、俄罗斯、印度比较起来，中国的劳动力数量最少

2. 谈到中国人口老化的特点时，课文告诉我们：
   1）中国人口老化的速度超过日本和韩国
   2）比较了中国、美国、英国和其他欧洲国家60岁以上老人占总人口的比重上升的速度

3) 比较了中国和韩国、日本的人均收入水平
　　4) 中国人口老化的压力不像其他国家那么大
3. 在介绍中国教育发展时,作者认为:
　　1) 教育的发展使中国在过去三十年实现了经济腾飞
　　2) 中国的人口老化速度和教育发展都是史无前例的
　　3) 作者全面介绍了小学、中学、大学教育的发展
　　4) 接受大学教育的人增加了很多,劳动效率会得到提高
4. 过去的100年中,人口情况的变化有:
　　1) 虽然健康水平没有提高,但是全世界人口寿命还是延长了
　　2) 中国人寿命从30岁延长到65岁
　　3) 人口寿命延长也许是好消息,也许不是
　　4) 中国人口占全世界的五分之一,面对的压力更大

 快速阅读

安徽省人口年龄中位数首次超过40岁

中安在线-江淮时报(合肥) 2014年12月16日

　　记者昨日从省统计局获悉,2013年人口抽样调查显示,我省人口的年龄中位数首次超过40岁,达40.12岁,比2012年提高0.33岁。据介绍,所谓的人口年龄中位数指的是将全体人口按年龄大小排列,位于中点的那个人的年龄。而从老年人口的比重看,2013年我省65岁及以上老年人口占总人口比重为12.24%,比上一年提高了0.16个百分点。"年龄中位数的连续增长和老年人口比重的持续提高,显示出我省人口老龄化程度正在不断加深。"省统计局表示。

第七课　中国面对人口老化的挑战

世界人口老化过快　各国仍未做好准备

http://www.mofcom.gov.cn/article/i/jyjl/m/201310/20131000333237.shtml　2013年10月02日

联合国在10月1日"国际老年人日"发布报告指出,到2050年,全球五分之一人口将达到60岁,首次超过15岁以下的人口。很多国家还没有对人口老化问题做好准备。全球人口老化速度最快的都是发展中国家,其中蒙古与越南在2050年时的老年人口将是目前的三倍。

报告比较了91个国家老年人的生活条件。结果,瑞典登上排行榜第一的位置,挪威、德国、荷兰、加拿大、瑞士、新西兰、美国、冰岛和日本紧随其后。中国排名第35,是日本以外排名最高的亚洲国家。

根据报告,发展中国家中排名最高的是第19位的智利,高于西班牙和意大利这些欧洲国家。乌拉圭排名第23,巴拿马排名第30。金砖国家当中,巴西排名第31、俄罗斯排名第78、印度排名第73、南非排名第65。报告因此认为,经济发展快的国家,不一定能保障老年人的生活,金砖国家在上述报告的排名,不如乌拉圭与巴拿马这些经济不太发达的国家。

 生　词

1.	发展中国家	fāzhǎnzhōng guójiā	developing countries
2.	排名	pái míng	to rank
3.	保障	bǎozhàng （动）	to guarantee

 专有名词

1.	国际老年人日	Guójì Lǎoniánrén Rì	International Day of Older Persons
2.	越南	Yuènán	Vietnam
3.	瑞典	Ruìdiǎn	Sweden
4.	挪威	Nuówēi	Norway
5.	德国	Déguó	Germany
6.	荷兰	Hélán	Netherlands
7.	加拿大	Jiānádà	Canada
8.	新西兰	Xīnxīlán	New Zealand
9.	冰岛	Bīngdǎo	Iceland
10.	智利	Zhìlì	Chile
11.	西班牙	Xībānyá	Spain
12.	乌拉圭	Wūlāguī	Uruguay
13.	巴拿马	Bānámǎ	Panama
14.	南非	Nánfēi	South Africa

第七课　中国面对人口老化的挑战

选择正确答案

1. 联合国在10月1日"国际老年人日"发布报告指出：
   1) 到2050年,全世界50%的人口将达到60岁
   2) 到2050年,全世界60岁以上人口数量,将超过15岁以下人口数量
   3) 全世界已经对"国际老年人日"的到来做好了准备
   4) 全世界所有国家已经对人口老化问题做好准备

2. 报告比较了91个国家的情况,请指出错误的答案：
   1) 人口老化速度最快的都是发展中国家,这些国家老年人的生活条件也最好
   2) 排行榜上前十名的国家,多数是欧洲国家
   3) 在亚洲,老年人生活条件最好的国家是日本和中国
   4) 日本的排名是第10,中国是第35

3. 金砖国家当中,老年人生活条件最好的是：
   1) 巴西　　　　　　　　2) 俄罗斯
   3) 印度　　　　　　　　4) 中国
   5) 南非

4. 哪些发展中国家的老年人生活条件,超过金砖国家：
   1) 蒙古和越南　　　　　2) 西班牙和意大利
   3) 智利、乌拉圭和巴拿马　4) 包括以上所有国家

中国调整计划生育政策 总生育率提升

央视新闻 2017年08月22日

中华人民共和国国家卫生和计划生育委员会昨天(21日)发布《2016年中国卫生和计划生育事业发展统计公报》。《公报》显示,计划生育政策调整放宽以来,全面两孩政策的效果逐步显现,2016年全国新出生婴儿数为1846万人,总生育率提升至1.7以上。

总生育率是指一个国家或地区的妇女在育龄期间,每个妇女平均生育子女数。2016年全国新出生婴儿数为1846万人,比2013年增加200万人,总生育率提升到1.7以上。《公报》显示,全面两孩政策效应正在逐步显示出来。2016年,二孩及以上占出生人口比重超过45%,达到2000年以来的最高水平。全面两孩政策实施情况符合预期,出生人口数量平稳增加,政策实施满足了绝大多数群众的生育意愿。

 生　词

1. 计划生育	jìhuà shēngyù		family planning
2. 生育率	shēngyùlǜ	(名)	fertility rate
3. 放宽	fàngkuān	(动)	to loosen

第七课　中国面对人口老化的挑战

| 4. 婴儿 | yīng'ér | （名） | baby; infant |
| 5. 育龄 | yùlíng | （名） | childbearing age |

判断正误

1. 从课文来看，全面两孩政策是指，不再有特别的限制，任何一对夫妻都可以生两个孩子。（　　）
2. 2016年全国新出生婴儿数为200万人，总生育率提升至1.7以上。（　　）
3. 2016年，二孩及以上占出生人口比重超过45%，达到2000年以来的最高水平。（　　）
4. 从课文来看，全面两孩政策实施情况超过人们的预期，出生人口数量增加过快。（　　）

台湾进入"女多于男"时代　人口加速老化

中新网 2013年12月06日

中新网12月6日电　据台湾《联合报》报道，从今年11月18日开始，台湾社会进入女多于男的新时代。

台湾机构预测，2060年，台湾的"性别比"将降低到93.1，即100名女性相对93.1名男性。台湾大学教授薛承泰也持相同看法，他说，未来五年，台湾人口将加速老化，台湾将长期女多于男，因为女性寿命超过男性。

女多于男的原因,除了1949年大陆来台老兵逐渐去世,还包括卫生部门推动"禁止因性别而堕胎",新时代的台湾人不在乎生男生女,以及男性人口前往大陆经商、大陆新娘和外籍新娘增加等。

台湾12月5日公布的户籍人口统计数据显示,11月底台湾男性人口为1168.3187万人,女性1168.4133万人,女性人口多出946人。

生　词

1.	时代	shídài	(名)	era
2.	性别比	xìngbié bǐ		sex ratio
3.	大陆	dàlù	(名)	mainland China
4.	老兵	lǎobīng	(名)	old soldier
5.	禁止	jìnzhǐ	(动)	to prohibit
6.	堕胎	duò tāi		abortion
7.	在乎	zàihu	(动)	to care
8.	经商	jīng shāng		to engage into business
9.	新娘	xīnniáng	(名)	bride
10.	户籍	hùjí	(名)	household registration

简要回答

1. 台湾什么时候会进入"女多男少"时代,现在还是2060年?
2. 和你的国家比较,台湾"女多男少"有哪些特别的原因?

习近平主席出席二十国集团领导人第八次峰会

新华网 2013年09月07日

新华社圣彼得堡9月6日电（记者李斌、吴黎明、钱彤）二十国集团，代表了全球2/3人口和90%的国内生产总值。9月5日，伴随一架架专机降落，这二十个国家的领导人来到俄罗斯圣彼得堡。应邀前来的还有其他国家和国际组织负责人。

习近平主席9月4日到达圣彼得堡，9月6日离开，在45个小时里，密集参加了各种活动，举行多场双边会见。其中，既包括会见美国、德国、法国、英国等发达国家的领导人，也包括俄罗斯、巴西、印度、墨西哥、阿根廷、韩国等新兴市场国家和发展中国家领导人，还有国际组织负责人。

9月5日下午近5时，在1720年建成的康斯坦丁宫，二十国集团领导人第八次峰会开幕。俄罗斯总统普京举行迎接仪式，欢迎来自各国和国际组织的贵宾。

习近平主席在各国领导人当中第一个发言，发表题为《共同维护和发展开放型世界经济》的重要讲话。

讲话时间只有短短8分钟。习近平主席强调，当前世界经济逐步走出低谷，但是，全球经济复苏依然有很长的路要走。他指出，中国反对贸易保护主义，呼吁"加强国际自由贸易"。二十国集团占全球贸易量的80%，对全球贸易有关键影响和重要责任。

"不久以前,二十国集团成员协调行动避免了全球大衰退,显示了二十国集团的价值。以后,二十国集团将继续在世界经济中发挥关键作用,协调行动、共同努力解决全球问题。"

峰会在发表《二十国集团圣彼得堡峰会领导人宣言》和《二十国集团峰会五周年声明》后闭幕。

生　词

1. 主席	zhǔxí	(名)	president; chairman
2. 出席	chūxí	(动)	to attend
3. 峰会	fēnghuì	(名)	summit
4. 国内生产总值	guónèi shēngchǎn zǒngzhí		gross domestic product, GDP
5. 专机	zhuānjī	(名)	special plane
6. 密集	mìjí	(形)	intensive
7. 双边	shuāngbiān	(形)	bilateral
8. 新兴	xīnxīng	(形)	newly emerging
9. 仪式	yíshì	(名)	ceremony
10. 贵宾	guìbīn	(名)	distinguished guest
11. 逐步	zhúbù	(副)	gradually
12. 低谷	dīgǔ	(名)	bottom
13. 复苏	fùsū	(动)	to revive
14. 贸易保护	màoyì bǎohù		trade protection
15. 关键	guānjiàn	(形)	key; crucial

16. 协调	xiétiáo	（动）	to coordinate
17. 衰退	shuāituì	（动）	to recess
18. 宣言	xuānyán	（名）	manifesto; declaration
19. 声明	shēngmíng	（名）	statement
20. 闭幕	bì mù		to close

 专有名词

1. 二十国集团	Èrshíguó Jítuán	The Group of 20, G20
2. 圣彼得堡	Shèngbǐdébǎo	St. Petersburg, Russia
3. 康斯坦丁宫	Kāngsītǎndīng Gōng	Marble Palace

 练　习

一、画线连接具有相同特点的词语

主席　　　　　　　声明
发达国家　　　　　闭幕
强调　　　　　　　国际自由贸易
贸易保护主义　　　总统
开幕　　　　　　　呼吁
宣言　　　　　　　发展中国家

二、画线搭配动词和名词

到达	问题
举行	圣彼得堡
欢迎	讲话
发表	作用
发挥	贵宾
解决	仪式

三、指出画线动词的宾语中心词

1. 二十国集团,<u>代表</u>了全球2/3人口和90%的国内生产总值。
2. 密集参加了各种活动,<u>举行</u>多场双边会见。
3. <u>发表</u>题为《共同维护和发展开放型世界经济》的重要讲话。
4. 二十国集团成员协调行动<u>避免</u>了全球大衰退。

四、选择正确答案

1. 二十国集团的重要性不包括:
   1) 这二十个国家全部是发达国家
   2) 代表了全球2/3人口
   3) 代表了全球90%的国内生产总值
   4) 占全球贸易量的80%

2. 参加二十国集团领导人第八次峰会的不包括:
   1) 其他国家和国际组织负责人
   2) 各国留学生代表
   3) 美国、德国、法国、英国等发达国家的领导人
   4) 中国、俄罗斯、巴西、印度、墨西哥、阿根廷、韩国等新兴市场国家和发展中国家领导人

第八课 习近平主席出席二十国集团领导人第八次峰会

3. "习近平主席举行多场双边会见",意思是:
   1) 每次会见两个或者更多国家的领导人
   2) 会见双方交流很多,双方都很满意
   3) 习近平主席每次只会见一个国家(或者组织)的领导人
   4) 一共举行了两场、四场或者六场会见

4. 习近平主席对当前世界经济的看法是:
   1) 世界经济情况很不好,还在最糟糕的时期
   2) 世界经济已经走出了糟糕的时期,很快会恢复到最好的水平
   3) 世界经济已经走出了最糟糕的时期,但是完全恢复还需要时间
   4) 世界经济已经恢复到最好的水平,只是我们很多人还没有感觉到

5. 关于国际贸易,习近平主席的态度是:
   1) 中国反对国际自由贸易,支持贸易保护主义
   2) 二十国集团占全球贸易量的80%
   3) 中国对全球贸易有关键影响和重要责任
   4) 中国反对贸易保护主义,希望加强国际自由贸易

习近平将在哈萨克斯坦演讲介绍中国中亚政策

新京报 2013年09月07日

(记者储信艳)昨晚,国家主席习近平抵达阿斯塔纳,开始对哈萨克斯坦进行国事访问,今日将在纳扎尔巴耶夫大学发表

演讲。

哈萨克斯坦面积272.49万平方公里，是中亚最大的国家。中哈贸易额预计2015年将达到400亿美元。中国已经成为哈萨克斯坦第一大贸易伙伴。

李克强在中德工商界午餐会发表演讲

新华网 2013年05月28日

新华网柏林5月27日电（记者明金维、班玮）国务院总理李克强27日在柏林出席中德工商界午餐会并发表演讲。

李克强说，此次访德是我担任中国总理后对欧盟国家的首次访问，表明中国高度重视中德关系和中欧合作。我是为合作而来，为开放而来。两天来，我同德国领导人举行了友好、坦诚的会谈，同企业家代表进行了广泛、深入的交流，就深化中德战略伙伴关系达成新的共识，成果十分丰富。

李克强指出，中德建交以来，两国关系就像长江、莱茵河一样，虽有曲折，但一直奔流向前。两国有着高度的政治互信，双方合作具有很强的互补性，正在成长的中国制造和业已成熟的德国制造将是珠联璧合。

李克强最后说，昨天我与默克尔总理共同宣布"中德语言年"开幕，语言是不同国家和人民进行沟通的媒介，推进两国语言文化交流，将为两国培养更多的"中国通"和"德国通"。相信中德将在相互尊重、更加理解的基础上创造新的辉煌。

第八课 习近平主席出席二十国集团领导人第八次峰会

生　词

1. 工商界	gōngshāngjiè	（名）	industrial and trade circles
2. 午餐会	wǔcānhuì	（名）	lunch meeting
3. 演讲	yǎnjiǎng	（动）	to give a speech
4. 访问	fǎngwèn	（动）	to pay official visit
5. 坦诚	tǎnchéng	（形）	open and sincere
6. 深化	shēnhuà	（动）	to deepen
7. 战略	zhànlüè	（名）	strategy
8. 伙伴	huǒbàn	（名）	friend; partner
9. 共识	gòngshí	（名）	consensus
10. 曲折	qūzhé	（形）	twisting
11. 奔流	bēnliú	（动）	to run all the way
12. 政治	zhèngzhì	（名）	politics
13. 互信	hù xìn		mutual trust
14. 互补	hùbǔ	（动）	mutual complement
15. 珠联璧合	zhūlián-bìhé		a perfect pair
16. 媒介	méijiè	（名）	media
17. 辉煌	huīhuáng	（形）	splendid

专有名词

1. 柏林　　　　Bólín　　　　　Berlin, Germany
2. 欧盟　　　　Ōuméng　　　　European Union, EU
3. 长江　　　　Cháng Jiāng　　Yangtze River
4. 莱茵河　　　Láiyīn Hé　　　Rhine
5. 默克尔　　　Mòkè'ěr　　　　Angela Dorothea Merkel (1954-)

判断正误

1. 李克强总理是在27日晚上发表这次演讲的。　　　　　　　　（　　）
2. 李克强在担任总理以后，第一个访问的欧盟国家是德国。　　（　　）
3. 从他的讲话来看，中德建交以来两国的关系一直很好，没有出现过任何问题。　　　　　　　　　　　　　　　　　　　　　　　　（　　）
4. 在制造业方面，中国还需要向德国学习。　　　　　　　　　（　　）
5. 在这里，"中国通"是指熟悉、了解中国语言文化的德国人。（　　）

习近平会见世界贸易组织总干事阿泽维多

国际在线 2013年09月05日

　　国际在线消息：中国国家主席习近平5日在圣彼得堡会见世界贸易组织总干事阿泽维多。

第八课　习近平主席出席二十国集团领导人第八次峰会

　　习近平强调,以世界贸易组织为核心的多边贸易体制是贸易自由化便利化的基础,是任何区域贸易安排都无法替代的。一个开放、公正、透明的多边贸易体制,符合世界各国共同利益。希望阿泽维多总干事带领世界贸易组织积极推进谈判,坚定反对贸易保护主义,促进全球贸易自由化便利化,维护和加强多边贸易体制。中国是多边贸易体制坚定的支持者,将一如既往作负责任的世界贸易组织成员,积极参与多边贸易体制建设。

　　阿泽维多感谢中国政府对世界贸易组织及其本人工作的大力支持,表示世界贸易组织希望同中方加强合作,推动年底世界贸易组织巴厘会议取得积极进展,反对贸易保护主义,维护多边贸易体制。

生　词

1. 总干事	zǒnggànshi	（名）	Director-General
2. 核心	héxīn	（名）	core
3. 多边	duōbiān	（形）	multilateral
4. 便利化	biànlìhuà	（动）	to make it convenient
5. 区域	qūyù	（名）	region
6. 公正	gōngzhèng	（形）	fair
7. 透明	tòumíng	（形）	transparent
8. 谈判	tánpàn	（动）	to negotiate
9. 一如既往	yìrú-jìwǎng		as always

 专有名词

1. 世界贸易组织	Shìjiè Màoyì Zǔzhī	World Trade Organization, WTO
2. 阿泽维多	Āzéwéiduō	Roberto Azevedo (1957-)
3. 巴厘	Bālí	Bali, Indonesia

判断正误

1. 区域贸易安排也许可以代替多边贸易体制，但是贸易自由化便利化的水平会下降。（   ）
2. 一个开放、公正、透明的多边贸易体制，对世界各国都有好处。（   ）
3. 也许过去不是，但是现在和以后，中国都会是负责任的世界贸易组织成员。（   ）
4. 阿泽维多说，他还没有决定，支持贸易保护主义还是支持多边贸易体制。（   ）

第八课　习近平主席出席二十国集团领导人第八次峰会

《时代》周刊公布2013年全球最有影响力100人名单

新浪网 2013年04月19日

4月18日，《时代》周刊在其官方网站公布了2013年全球100位最有影响力的人物名单，中国国家主席习近平及夫人彭丽媛同时入选。到目前为止，《时代》周刊的这一评选已走过十年。今年的100位人物被分为五个组，分别是：巨人组、领导人组、艺术家组、先锋组和偶像组。习近平与美国总统奥巴马、韩国总统朴槿惠等一同位列领导人组，彭丽媛则与美国第一夫人米歇尔·奥巴马（Michelle Obama）、英国王妃凯特（Kate Middleton）等一起位列偶像组。

进入这个排行榜的中国人，还有网球名将李娜、创新工场董事长李开复、华为公司总裁任正非、2012年普里兹克建筑学奖获得者王澍。

 生　词

| 1. 官方 | guānfāng | （形） | official |
| 2. 夫人 | fūrén | （名） | wife; lady |

3. 巨人	jùrén	（名）	giant
4. 艺术家	yìshùjiā	（名）	artist
5. 先锋	xiānfēng	（名）	pioneer
6. 偶像	ǒuxiàng	（名）	idol
7. 获得	huòdé	（动）	to win; to gain

专有名词

1.《时代》	Shídài	Time
2. 创新工场	Chuàngxīn Gōngchǎng	Innovation Works
3. 华为公司	Huáwéi Gōngsī	Huawei Technologies Co. Ltd
4. 普里兹克建筑学奖	Pǔlǐzīkè Jiànzhùxué Jiǎng	Pritzker Architecture Prize

简要回答

1. 全球最有影响力100人都是国家领导人吗？
2. 彭丽媛与米歇尔·奥巴马、英国王妃凯特有什么共同点吗？
3. 其他进入这个排行榜的人当中，你熟悉哪一位？李娜、李开复、任正非还是王澍？

中国市场的"方便面大战"

路透社 2008年02月24日

路透社台北2008年2月24日电（记者Richard Dobson）强劲的经济增长在中国造就了"吃方便面长大的一代"。无论是上海的白领，还是深圳的建筑工人，都对这种食品非常喜欢。

欧睿信息咨询公司（Euromonitor International）称中国是世界上最大的方便面市场。在这个市场，占统治地位的是来自台湾的康师傅控股有限公司。据香港联昌证券统计，康师傅在中国的方便面市场占据43.3%的份额。其最强劲的竞争对手——中日合资的华龙日清占有14.2%的份额。排在第三位的是另外一家台湾公司"统一方便面"，市场份额为10.5%。

康师傅独占鳌头的主要原因是进入市场较早，销售范围广，生产基地安排在销售中心附近，产品可以及时运输到市场，产品口味丰富，建立了很高的品牌价值。为了维持市场份额，目前，康师傅正在集中精力开发利润更大的高端方便面。

面条在中国拥有悠久的历史。中国人、意大利人和阿拉伯人都认为自己是面条的发明者。2005年，中国西北部出土了一碗被认为是四千年前的面条，使这场争论变得对中国有利。方便面的发明则没有争议。最早的方便面"鸡丝拉面"于1958年由日本人安藤百福发明，并迅速走红。安藤后来创立了日本头号方便面制造商日清食品公司。由于中国消费者越来越富裕，越来越关心健康问题,华龙日清公司推出了有别于传统油炸方便面的低脂方便面,以改变传统方便面不健康的形象。

"统一"是中国大陆市场的后来者,该公司还在进行本土化的营销努力。他们在上海附近的昆山建立了研究团队,开发符合本土口味的产品。考虑到中国幅员辽阔、众口难调,这项研究肯定不会轻松。

生　词

1. 强劲	qiángjìng	（形）	strong
2. 造就	zàojiù	（动）	to create
3. 白领	báilǐng	（名）	the white collar
4. 咨询	zīxún	（动）	to consult
5. 有限公司	yǒuxiàn gōngsī		limited company
6. 份额	fèn'é	（名）	share
7. 对手	duìshǒu	（名）	opponent
8. 独占鳌头	dúzhàn-áotóu		to take the first place
9. 利润	lìrùn	（名）	profit
10. 高端	gāoduān	（形）	high-level
11. 悠久	yōujiǔ	（形）	time-honored; long-standing
12. 出土	chū tǔ		to be unearthed
13. 争议	zhēngyì	（动）	to dispute
14. 走红	zǒu hóng		to become popular
15. 油炸	yóu zhá		to fry

第九课 中国市场的"方便面大战"

16. 低脂	dīzhī	（形）	low-fat
17. 本土化	běntǔhuà	（动）	to localize
18. 营销	yíngxiāo	（动）	marketing
19. 幅员辽阔	fúyuán liáokuò		to have a vast territory
20. 众口难调	zhòngkǒu-nántiáo		It's difficult to make everyone feel satisfied

练 习

一、画线连接具有相同特点的词语

喜欢　　　　　　　　统一方便面
统治地位　　　　　　销售
生产　　　　　　　　走红
康师傅方便面　　　　独占鳌头

二、画线搭配动词和名词

占据　　　　　　　　方便面
进入　　　　　　　　份额
发明　　　　　　　　公司
创立　　　　　　　　市场

三、指出画线动词的宾语中心词

1. 中日合资的华龙日清<u>占有</u>14.2%的份额。
2. 康师傅正在集中精力<u>开发</u>利润更大的高端方便面。

3. 2005年,中国西北部出土了一碗被认为是四千年前的面条。
4. 由于中国消费者越来越富裕,越来越关心健康问题。
5. 华龙日清公司推出了有别于传统油炸方便面的低脂方便面,以改变传统方便面不健康的形象。

四、判断正误

1. 中国经济增长强劲,使中国出现了吃方便面长大的一代人。（ ）
2. 在方便面市场份额方面,康师傅第一,华龙日清第二,统一第三。（ ）
3. 康师傅占统治地位的意思是,它不仅市场份额第一,而且优势明显,和第二名、第三名的距离很大。（ ）
4. 虽然谁也没有见过几千年前的面条,不过中国人、意大利人和阿拉伯人都认为可能是中国人发明了面条。（ ）
5. 日本人安藤百福1958年发明方便面以后,很长时间不受欢迎。（ ）
6. 虽然传统油炸方便面是低脂方便面,但是大家还是觉得它不健康。（ ）
7. 统一是中国大陆市场的后来者,该公司还在研究和开发适合大陆市场的方便面。（ ）

第九课　中国市场的"方便面大战"

江苏省常州市创新台商服务举措　助力台企转型升级

华夏经纬网 2017年12月22日

今年以来,常州市台湾事务办公室制定《常州市台资企业转型升级三年行动计划(2018—2020)》,并在12月成功主办了常州市台资企业转型升级发展研讨会。常州市各部门作了宣讲;两岸企业家进行了经验交流。为吸引台湾青年来常创业就业,常州市台办起草制定了台湾青年来常创业三年行动计划,设立江苏省台湾青年就业创业基地3家,常州市台湾青年就业创业基地2家。并于今年10月举办了常州市台湾青年创新创业就业推介会。

中国银行与台资企业合作推介会在厦门召开

新华网 2009年04月08日

新华网厦门4月8日电(记者余瑛瑞、刘菊花)由国务院台办和中国银行联合主办的"中国银行与台资企业合作推介会"8日在厦门开幕。国台办常务副主任郑立中、中国银行行长李礼辉,以及来自上海、广东、福建、江苏、浙江、山东的70家台资企业代表共200多人出席了开幕式。

郑立中和李礼辉在致辞时说,国台办和中国银行举办推介会,是为了促进银行、企业相互了解,加强对台资企业金融服务,帮助企业克服目前金融危机带来的困难,实现产业升级和可持续发展。为期一天的推介会内容丰富。中国银行与台塑集团、冠捷科技有限公司、友达光电(厦门)有限公司等12家台资企业签订全面战略合作协议,金额高达92.86亿元人民币。

中国银行是第一家与台资银行开展业务交流的大陆银行,也是目前唯一可以办理新台币兑换业务的大陆银行,与台资银行合作密切。2008年中国银行共兑入兑出新台币18.33亿元,在大陆台商集中地区,中行与80%以上的主要台资企业建立了合作关系。

生　词

1. 台资	tái zī		Taiwan-funded
2. 推介	tuījiè	(动)	to recommend and introduce
3. 常务	chángwù	(形)	executive
4. 副主任	fùzhǔrèn	(名)	vice director
5. 致辞	zhì cí		to deliver a speech
6. 克服	kèfú	(动)	to overcome
7. 危机	wēijī	(名)	crisis
8. 产业	chǎnyè	(名)	industry
9. 持续	chíxù	(动)	to last

| 10. 业务 | yèwù | （名） | business |
| 11. 兑换 | duìhuàn | （动） | to exchange |

 专有名词

1. 中国银行	Zhōngguó Yínháng	Bank of China
2. 厦门	Xiàmén	Xiamen, Fujian Province
3. 国务院台办（国台办）	Guówùyuàn Táibàn (Guótáibàn)	Taiwan Affairs Office of the State Council PRC
4. 台塑集团	Táisù Jítuán	Formosa Plastics Corporation
5. 冠捷科技有限公司	Guànjié Kējì Yǒuxiàn Gōngsī	Admiral Oversea Corporation
6. 友达光电	Yǒudá Guāngdiàn	AU Optronics Corporation
7. 新台币	Xīn Táibì	New Taiwan Dollar

选择正确答案

1. 这次推介会是哪个方面举办的：
   1）台资银行
   2）来自上海、广东、福建、江苏、浙江、山东的70家台资企业
   3）中国银行
   4）国务院台办和中国银行

2. 参加推介会的有哪些方面？请指出课文没有提到的答案：
   1）台资银行代表　　　　2）台资企业代表
   3）中国银行的代表　　　4）国务院台办的代表
3. 举办推介会的原因有哪些？请指出错误的答案：
   1）帮助银行和企业互相了解
   2）加强对台资企业的金融服务
   3）向企业说明目前金融、经济形势很好
   4）帮助企业实现产业升级和可持续发展
4. 从课文来看，中国银行最重要的特点是：
   1）是中国大陆银行
   2）最早和台资银行交流合作，可以办理新台币业务
   3）2008年经营情况很好
   4）和很多台资企业建立了合作关系

武汉运货到台湾，只需五天半

国务院台办 2013年10月16日

在武汉集装箱码头，货轮满载来自四川泸州、湖北武汉的50多个标准集装箱，徐徐离港。68小时后，它将抵达上海，换装海轮开往台湾，全程不超过128小时。武汉水运去台湾时间从原来的九天缩短到五天半。

运往台湾的50多个标准集装箱中，最大的一批货物是武汉钢铁公司生产的汽车配件，一共有7个标准集装箱。其他的多是一些生活用品，每样有一到两个标准集装箱。在目前的起步阶

段,去台湾的货物量还不是很大。从价格上看,新航线比公路运输便宜三分之一,比铁路运输便宜一半左右。

相关负责人表示,开通这条新航线,将帮助武汉成为中西部地区货物的"出海口"。使用这条新航线,四川货物大约十六天可抵达台湾,和以前相比,减少了四天。

生　词

1. 集装箱	jízhuāngxiāng	(名)	container
2. 码头	mǎtóu	(名)	dock
3. 货轮	huòlún	(名)	cargo ship
4. 满载	mǎn zài		to be fully loaded
5. 徐徐	xúxú	(副)	slowly
6. 海轮	hǎilún	(名)	oceangoing vessel
7. 配件	pèijiàn	(名)	accessories

专有名词

1. 武汉	Wǔhàn	Wuhan, Hubei Province
2. 泸州	Lúzhōu	Luzhou, Sichuan Province
3. 武汉钢铁公司	Wǔhàn Gāngtiě Gōngsī	Wuhan Iron and Steel Company Limited

判断正误

1. 使用这条新航线,从湖北武汉、四川泸州运输货物到台湾,都比原来快。（　　）
2. 由于武汉位置很好,水运货物可以直接到达台湾,不需要换装海轮。（　　）
3. 和其他运输方法比较可以看出,水运虽然不错,但是比铁路和公路运输贵一些。（　　）
4. 开通这条新航线,不仅可以帮助武汉,也可以帮助中西部其他地区。（　　）

台湾水果热销新疆

国务院台办 2014年01月26日

今天,在新疆,我们常常看到,室外是白色的冬季,室内的客人们吃着刚刚从台湾来的莲雾、杨桃这些热带水果。

"我们从2013年7月起,和台湾水果供应企业合作,在新疆销售台湾水果。现在,每月的销售量已经是原来的十倍以上。"1月11日,新疆晨星长丰公司的经理告诉记者。

2008年以来,大陆销售的台湾水果已增加到23种。在新疆市场上,最大的台湾水果销售企业是台湾大盛农业有限公司。目前,该公司全年向新疆市场供应20多种水果,其中冬季也能供应10多个品种的台湾水果。这些水果都带有原产地证明书,每个水果上都贴有二维码。

第九课 中国市场的"方便面大战"

现在,台湾水果不仅进入了乌鲁木齐市的大超市,而且开始向乌鲁木齐以外的城市发展,克拉玛依市和昌吉市已经可以买到台湾水果。

 生　词

1. 热销	rè xiāo		to sell well
2. 莲雾	liánwù	（名）	wax apple
3. 杨桃	yángtáo	（名）	starfruit; carambola
4. 热带	rèdài	（名）	tropic zone
5. 供应	gōngyìng	（动）	to supply
6. 品种	pǐnzhǒng	（名）	variety
7. 原产地	yuán chǎndì		place of origin
8. 证明书	zhèngmíngshū	（名）	certificate
9. 二维码	èrwéimǎ	（名）	quick response code, QR code

 专有名词

1. 乌鲁木齐	Wūlǔmùqí	Urumchi, Xinjiang
2. 克拉玛依市	Kèlāmǎyī Shì	K(Q)aramay, Xinjiang
3. 昌吉市	Chāngjí Shì	Changji, Xinjiang

简要回答

1. 你认为,新疆晨星长丰公司和台湾大盛农业有限公司是怎样合作的?
2. 从哪些方面可以看出他们的合作成功不成功?

我国禁毒国际合作取得明显成效

中国新闻网 2012年06月26日

中新网6月26日电 据公安部网站消息,《中华人民共和国禁毒法》实施四年来,我国高度重视禁毒国际合作,认真履行国际公约,积极支持和参与国际禁毒事务,开展多方面、多领域国际合作,在缉毒执法、情报交流、替代发展等方面取得了成果。

近年来,我国不断加强与巴基斯坦、阿富汗、俄罗斯等"金新月"地区及周边国家和美国、澳大利亚等重点国家的禁毒合作,深入开展情报交流、联合办案,加大打击力度,破获了多起跨国毒品大案、要案。目前,我国已与有关国家签订政府间双边禁毒协议22个、部门间双边禁毒协议9个。2008年以来,我国与相关国家共联合破获特大跨国毒品案件67起。

与此同时,我国始终把解决"金三角"地区毒源危害摆在禁毒国际合作的首位,加强与"金三角"周边国家的合作,定期与老挝、缅甸、泰国等国家开展双边、多边会晤,不断完善情报交流和执法合作机制。特别是"10·5"案件发生后,我国积极倡导建立中老缅泰湄公河流域执法安全合作机制,联合开展工作,成功抓获"金三角"地区大毒枭糯康及其团伙骨干,充分展示了加强国际执法合作、打击跨国犯罪的能力和水平,震慑了境内外贩毒分子,维护了湄公河流域安全稳定。

我国还积极推进在缅北、老北地区的卫星遥感监测和"替代发展"：也就是鼓励当地农民种植正常的农作物，不再种植罂粟。截至目前，已经投入境外替代种植发展资金3亿元，安排替代种植农产品返销计划419万吨，实施替代项目200多个，累计替代种植面积300多万亩，向当地农民提供了大量粮食和药品援助，有效巩固了成果，减轻了境外毒源对我国的危害。目前，对我国危害最大的"金三角"地区罂粟种植面积连续多年保持历史较低水平。

 生　词

1.	禁毒	jìn dú		anti-drug; to curtail drug
2.	履行	lǚxíng	（动）	to carry out
3.	公约	gōngyuē	（名）	convention; agreement
4.	缉毒	jīdú	（动）	anti-narcotics
5.	执法	zhífǎ	（动）	to enforce the law
6.	情报	qíngbào	（名）	intelligence; information
7.	办案	bàn àn		to handle a case
8.	力度	lìdù	（名）	strength; force
9.	破获	pòhuò	（动）	to detect; to uncover (a criminal plot)
10.	大案	dà'àn	（名）	major crime
11.	要案	yào'àn	（名）	important case
12.	会晤	huìwù	（动）	to meet

13. 倡导	chàngdǎo	（动）	to advocate	
14. 抓获	zhuāhuò	（动）	to capture; to apprehend	
15. 毒枭	dúxiāo	（名）	drug lord/baron	
16. 团伙	tuánhuǒ	（名）	gang; drug cartel	
17. 骨干	gǔgàn	（名）	core member; backbone	
18. 震慑	zhènshè	（动）	to frighten	
19. 维护	wéihù	（动）	to maintain	
20. 遥感监测	yáogǎn jiāncè		to monitor by remote sensing	
21. 农作物	nóngzuòwù	（名）	crop	
22. 罂粟	yīngsù	（名）	opium poppy	
23. 返销	fǎnxiāo	（动）	to sell back to the place of production	
24. 亩	mǔ	（量）	mu, a unit of area (= 667㎡)	
25. 巩固	gǒnggù	（动）	to reinforce	

专有名词

1. 公安部　　Gōngān Bù　　Ministry of Public Security
2. 金新月　　Jīnxīnyuè　　Golden Crescent, opium-producing area
3. 巴基斯坦　Bājīsītǎn　　Pakistan
4. 阿富汗　　Āfùhàn　　　Afghanistan
5. 澳大利亚　Àodàlìyà　　 Australia

6. 金三角	Jīnsānjiǎo	Golden Triangle, opium-producing area
7. 老挝	Lǎowō	Laos
8. 缅甸	Miǎndiàn	Burma
9. 泰国	Tàiguó	Thailand
10. 湄公河	Méigōng Hé	Mekong River

练 习

一、画线连接具有相同特点的词语

禁毒　　　　　　履行
实施　　　　　　缉毒
公约　　　　　　协议
双边　　　　　　多边

二、画线搭配动词和名词

实施　　　　　　大案
开展　　　　　　罂粟
破获　　　　　　合作
种植　　　　　　《中华人民共和国禁毒法》

三、指出画线动词的宾语中心词

1. 积极支持和参与国际禁毒事务，<u>开展</u>多方面、多领域国际合作。
2. 我国不断<u>加强</u>与巴基斯坦、阿富汗、俄罗斯等"金新月"地区及周边国家和美国、澳大利亚等重点国家的禁毒合作。

第十课　我国禁毒国际合作取得明显成效

3. 加大打击力度,破获了多起跨国毒品大案、要案。

4. 我国始终把解决"金三角"地区毒源危害摆在禁毒国际合作的首位。

5. 我国积极倡导建立中老缅泰湄公河流域执法安全合作机制。

6. 对我国危害最大的"金三角"地区罂粟种植面积连续多年保持历史较低水平。

四、比较A、B两句的意思是否相同

1. A）我国已与有关国家签订政府间双边禁毒协议22个。
   B）我国政府和有关国家政府签订了22个禁毒协议。（　　）

2. A）2008年以来,我国与相关国家共联合破获特大跨国毒品案件67起。
   B）2008年以来,我国和其他国家合作,大约破获特大跨国毒品案件67起。（　　）

3. A）定期与老挝、缅甸、泰国等国家开展双边、多边会晤。
   B）定期与老挝、缅甸、泰国等国家开展第二次、第三次或者更多次的会晤。（　　）

4. A）充分展示了加强国际执法合作、打击跨国犯罪的能力和水平,震慑了境内外贩毒分子。
   B）加强国际执法合作、打击跨国犯罪的能力和水平完全表现了出来,让境内外的贩毒分子感到害怕。（　　）

5. A）目前,对我国危害最大的"金三角"地区罂粟种植面积连续多年保持历史较低水平。
   B）目前,"金三角"还是对我国危害最大的地区,不过和过去比较,种植罂粟的地方已经不是很多。（　　）

 **快速阅读**

推进禁毒领域的国际合作

法制网 2013年07月03日

法制网北京7月2日讯(记者周斌)公安部禁毒局局长刘跃进今天在新闻发布会上说,毒品犯罪涉及的范围越来越大,需要世界各国加强合作。"金三角"地区是我国毒品消费的主要来源,大约占60%至70%,所以,首先要加强与东南亚国家的相关合作。加强湄公河流域执法安全合作机制的建设,加强罂粟替代种植。中国也将加强易制毒化学品管理,防止易制毒化学品变成制毒原料。

 **阅读一**

四国联合行动,保障"黄金水道"安全

国际在线 2013年04月19日

国际在线报道(记者吴倩)东南亚第一大河——湄公河,是沿岸各国的"黄金水道",但是,流域内的"金三角"也是毒品问题严重的地区。流入中国、老挝、缅甸、泰国的毒品,很大一部分经过湄公河。近年来,这一地区的枪支走私、赌博、拐卖人口等犯罪活动频繁发生,航运安全难以得到保障。为此,中、老、缅、泰四国于2011年建立湄公河流域执法安全合作机制,开展情报交

第十课 我国禁毒国际合作取得明显成效

流,联合巡逻执法,打击跨国犯罪。

公安部禁毒局局长刘跃进表示:"现在金三角地区还有人种植罂粟。我们正在与缅甸、老挝政府合作,采取替代种植的办法,引导他们种植合法的经济作物,改变他们的劳动和生活习惯。"

据了解,从2011年中、老、缅、泰在湄公河开展联合巡逻以来,四国共派出执法人员近1200人次,开展联合查缉毒品行动4次,有效打击了这一地区的毒品犯罪活动,保障了"黄金水道"的安全。

 生 词

1. 黄金	huángjīn	(名)	gold
2. 水道	shuǐdào	(名)	waterway
3. 枪支	qiāngzhī	(名)	gun
4. 走私	zǒusī	(动)	to smuggle
5. 赌博	dǔbó	(动)	to gamble
6. 拐卖	guǎimài	(动)	to abduct and traffic
7. 频繁	pínfán	(形)	frequent
8. 巡逻	xúnluó	(动)	to patrol
9. 经济作物	jīngjì zuòwù		cash crops; economic crops
10. 查缉	chájī	(动)	to investigate and seize

111

判断正误
1. "黄金水道"的意思是运输黄金的航线。　　　　　　（　）
2. 近年来,湄公河流域多次发生买卖毒品、枪支甚至人口的犯罪。
　　　　　　　　　　　　　　　　　　　　　　　（　）
3. 中、老、缅、泰四国于2011年开始合作管理湄公河流域。（　）
4. 四国之间的警察交流很多,不过他们不会同时出现在湄公河上。
　　　　　　　　　　　　　　　　　　　　　　　（　）
5. 中国与缅甸、老挝合作,希望用"替代种植"的方法,改变金三角地区农民的劳动、生活习惯。　　　　　　　　　　　（　）

阅读二

公安部公布2013年全国禁毒十大案件(节选)

人民网 02月14日

人民网北京2月14日电(记者封欢欢)公安部今日公布了2013年全国禁毒十大案件。具体如下:

一、海峡两岸首次海上联合缉毒行动。2013年9月25日,福建省、广东省与台湾方面共同派出执法舰艇,查获海轮"笙宏"号。抓获犯罪嫌疑人43名,缴获氯胺酮1.26吨。该案是海峡两岸合作侦破的最大一起毒品案件。

二、辽宁、河南、湖南、山西、吉林、广东、浙江七省联合侦破特大制贩毒案。该案是今年涉案地域最广的制贩毒案件。

三、湖南、云南、广东、湖北四省联合侦破特大贩毒案。该案是今年侦破的最大一起涉及"金三角"毒品的案件。

五、云南成功破获"3.19"特大跨国走私贩毒案。与老挝合作,缴获冰毒约500千克。

十、广东侦破特大走私、运输毒品案。并将涉及马来西亚的团伙成员线索通报给对方。马警方根据线索,查获毒品仓库。该案是广东开展国际缉毒执法合作取得的重大成果。

 生　词

1. 海峡	hǎixiá	(名)	straits
2. 岸	àn	(名)	coast
3. 舰艇	jiàntǐng	(名)	vessel
4. 氯胺酮	lǜ'àntóng	(名)	Ketamine
5. 侦破	zhēnpò	(动)	to detect and solve (a case)
6. 制贩毒	zhì fàn dú		to make and sell drugs
7. 涉及	shèjí	(动)	to be related to
8. 冰毒	bīngdú	(名)	crystal meth; ice; smokable methamphetamine
9. 线索	xiànsuǒ	(名)	clue
10. 警方	jǐngfāng	(名)	police
11. 仓库	cāngkù	(名)	storehouse

专有名词

| 马来西亚 | Mǎláixīyà | Malaysia |

判断正误

1. 福建省、广东省与台湾方面合作,在2013年9月25日查获海轮"笙宏"号。（ ）
2. 2013年9月25日的禁毒行动是在海上完成的。（ ）
3. 今年涉案地域最广的制贩毒案件,涉及中国的四个省。（ ）
4. 广东省与老挝合作,缴获冰毒约500千克。（ ）
5. 马来西亚警方将情报告诉广东警方,帮助他们找到了毒品仓库。（ ）

意大利与美国联手打击黑手党跨国贩毒集团

法制网–法制日报 2014年02月13日

据新华社罗马2月11日电（记者王星桥）意大利警方和美国联邦调查局11日展开联合行动,分别在意大利和美国逮捕黑手党成员26人。

据当地媒体报道,被捕的26人均涉嫌参与国际毒品贩运活

第十课　我国禁毒国际合作取得明显成效

动。他们的目标是开辟一条从拉美到欧洲的可卡因贩运路线，起点为圭亚那，终点为意大利。警方说，黑手党试图将毒品隐藏在菠萝汁或椰汁易拉罐中，运进欧洲。

意大利警方曾在2008年与美国联手打击意大利西西里的黑手党组织，逮捕了大约80名参与国际贩毒的黑帮成员。

 生　词

1. 联手	lián shǒu		to work with
2. 逮捕	dàibǔ	（动）	to arrest
3. 涉嫌	shèxián	（动）	to be suspect of
4. 可卡因	kěkǎyīn	（名）	cocaine
5. 隐藏	yǐncáng	（动）	to hide
6. 菠萝汁	bōluózhī	（名）	pineapple juice
7. 椰汁	yēzhī	（名）	coconut water
8. 易拉罐	yìlāguàn	（名）	can

 专有名词

1. 黑手党	Hēishǒudǎng	Mafia; Sicilian Mafia
2. 罗马	Luómǎ	Rome, Italy

3. 联邦调查局	Liánbāng Diàochá Jú	The Federal Bureau of Investigation, FBI
4. 拉美	Lāměi	Latin America
5. 圭亚那	Guīyànà	Guyana
6. 西西里	Xīxīlǐ	Sicily, Italy

简要回答

1. 意大利和美国警方11日展开联合行动,主要的成果是什么?
2. 黑手党是不是已经将毒品隐藏在菠萝汁或椰汁易拉罐中,运进欧洲?
3. 这是意大利和美国警方的第一次联合行动吗?

第十一课

孙杨当选世界游泳锦标赛最佳男子运动员

新京报 2013年08月06日

昨天早晨,巴塞罗那世界游泳锦标赛闭幕,中国游泳运动员孙杨以3金1铜的成绩结束全部比赛,获得本届世锦赛最佳男子运动员称号。

昨天,在充满艺术气息的圣乔治宫(Palau Sant Jordi)游泳馆,1500米比赛中,直到最后100米的时候,孙杨仍然落后加拿大名将科克伦0.1秒。两位中方解说员提高音量,为孙杨大声加油。关键时刻,头顶奥林匹克运动会冠军光环的孙杨越游越快,超过科克伦,以14分41秒15夺冠。他高高举起三根手指,庆祝本届世锦赛夺得三金。

夺冠后,孙杨特别激动。颁奖仪式上,季军和亚军刚刚踏上领奖台,孙杨的一只脚已经踩在了冠军领奖台上。

这一金意义非凡,这是孙杨本届世锦赛第三金,也是个人世锦赛第五金,追平罗雪娟保持的中国选手世锦赛夺金纪录。在三届世锦赛夺得5金1银3铜,孙杨成为中国游泳运动员当中获得世锦赛奖牌最多的人。

2012年伦敦奥运会,夺冠并打破世界纪录的孙杨曾经落泪。昨日,拿到1500米冠军的孙杨没有再次落泪,他说:"这是我游泳生涯中一个非常美妙的夜晚。我要感谢我的爸爸妈妈,感谢我的教练和队友。"

继澳大利亚名将哈克特后,孙杨成为历史上第二位赢得世锦赛400米、800米、1500米自由泳金牌的选手。目前孙杨拥有400米、800米、1500米世锦赛金牌和400米、1500米奥运会金牌,这是"中长距离之王"哈克特也没能做到的。

"我的目标是成为像哈克特那样的人,但我不认为自己已经超越了哈克特,他统治了自由泳项目很长时间,而我刚刚开始。"孙杨说。

对"最佳男运动员"的荣誉,孙杨颇感意外,他原以为这一荣誉属于人气极高的美国名将罗切特,后者也在本届世锦赛上夺得3金,包括一枚接力比赛金牌,含金量不如孙杨。

面对过去的一年,孙杨并不避讳。"我经历了很多,犯过一些错误。我想对大家说,我又回来了,请大家放心。"

生　词

1.	当选	dāngxuǎn	（动）	to be elected
2.	游泳	yóu yǒng		to swim
3.	世锦赛	shìjǐnsài	（名）	the world championships
4.	最佳	zuìjiā	（形）	the most valuable
5.	名将	míngjiàng	（名）	famous player
6.	解说员	jiěshuōyuán	（名）	commentator
7.	音量	yīnliàng	（名）	volume
8.	光环	guānghuán	（名）	halo

第十一课　孙杨当选世界游泳锦标赛最佳男子运动员

9. 颁奖	bān jiǎng		prize-giving
10. 季军	jìjūn	（名）	third place in a contest
11. 亚军	yàjūn	（名）	second place in a contest
12. 纪录	jìlù	（名）	record
13. 落泪	luò lèi		to drop tears
14. 生涯	shēngyá	（名）	career
15. 自由泳	zìyóuyǒng	（名）	freestyle swimming
16. 颇	pō	（副）	very
17. 人气	rénqì	（名）	popularity; public support
18. 接力	jiēlì	（动）	medley relay
19. 含金量	hánjīnliàng	（名）	real worth
20. 避讳	bìhuì	（动）	to avoid

 **专有名词**

1. 巴塞罗那	Bāsàiluónà	Barcelona, Spain
2. 科克伦	Kēkèlún	Ryan Andrew Cochrane (1988-)
3. 哈克特	Hākètè	Grant George Hackett (1980-)
4. 罗切特	Luóqiètè	Ryan Steven Lochte (1984-)

练 习

一、画线连接具有相同特点的词语

孙杨　　　　　　金牌
世界锦标赛　　　哈克特
冠军　　　　　　激动
光环　　　　　　荣誉
落泪　　　　　　奥林匹克运动会

二、画线搭配动词和名词

获得　　　　　　哈克特
提高　　　　　　纪录
打破　　　　　　称号
超越　　　　　　音量

三、连句

1. A）1500米比赛中
   B）孙杨仍然落后加拿大名将科克伦0.1秒
   C）直到最后100米的时候

   正确的顺序是（　　　　　）

2. A）季军和亚军刚刚踏上领奖台
   B）颁奖仪式上
   C）孙杨的一只脚已经踩在了冠军领奖台上

   正确的顺序是（　　　　　）

3. A）这是孙杨本届世锦赛第三金
   B）追平罗雪娟保持的中国选手世锦赛夺金纪录

第十一课　孙杨当选世界游泳锦标赛最佳男子运动员

　　C）也是个人世锦赛第五金

正确的顺序是（　　　　　）

4. A）孙杨成为历史上第二位

　　B）赢得世锦赛400米、800米、1500米自由泳金牌的选手

　　C）继澳大利亚名将哈克特后

正确的顺序是（　　　　　）

5. A）成为像哈克特那样的人

　　B）我的目标是

　　C）但我不认为自己已经超越了哈克特

正确的顺序是（　　　　　）

6. A）孙杨颇感意外

　　B）对"最佳男运动员"的荣誉

　　C）他原以为这一荣誉属于人气极高的美国名将罗切特

正确的顺序是（　　　　　）

四、判断正误

1. 在1500米比赛中，孙杨一直游在最前边，最终以14分41秒15夺冠。　（　　）

2. 1500米比赛关键时刻，其他奥林匹克运动会冠军在旁边为孙杨加油，他最终获得金牌。　（　　）

3. 1500比赛的金牌，是孙杨在本届世锦赛上获得的第三枚金牌。　（　　）

4. 加上这一届世锦赛，孙杨已经参加了三届世锦赛。　（　　）

5. 在2012年伦敦奥运会上，孙杨曾经落泪，他打破了世界纪录，但是没有获得金牌。　（　　）

6. "中长距离之王"哈克特在世锦赛上取得过和孙杨一样的成绩，但是奥运会的成绩不如孙杨。　（　　）

7. 孙杨说,哈克特管理自由泳项目很长时间,自己非常尊重他。
（　　）

8. 孙杨原来以为美国运动员罗切特很受欢迎,会获得"最佳运动员"称号。
（　　）

俄罗斯队收获奥运会男子排球比赛金牌

人民网 2012年08月12日

人民网8月12日电 北京时间8月12日,俄罗斯男子排球队在先失两局的情况下连胜三局,以3-2战胜巴西,获得本队历史上的首枚奥运金牌,五局比分为19-25、20-25、29-27、25-22和15-9,传统强队巴西在四年前的北京奥运会和今天的伦敦奥运会两次进入决赛,两次获得亚军。

张虹为中国赢得首枚冬奥会速滑金牌

中新网 2014年02月14日

路透社俄罗斯索契2月13日 中国选手张虹周四爆冷击败诸多名将,在女子1000米速滑决赛中夺金,成为第一位赢得冬奥会

第十一课　孙杨当选世界游泳锦标赛最佳男子运动员

速滑项目金牌的中国选手。

25岁的张虹在参加预赛的十八位选手中排名第七,在决赛开始的时候几乎未受到关注,她最终取得接近奥运会纪录的成绩1分14秒02,震动了现场观众。之前赢得女子3000米速滑金牌的荷兰选手伍斯特(Ireen Wust)以0.67秒之差屈居亚军,另一位荷兰选手波尔(Margot Boer)名列第三。

张虹本赛季在各站世界杯1000米速滑项目中的最好成绩仅排第六。她表示自己赛前没想到拿冠军。"中国等这块金牌等了22年,竟然由我实现了心愿,我自己都不敢相信。"她赛后笑着告诉记者们,回答每个问题时都露出笑容。

 生　词

1. 速滑	sùhuá	（名）	speed skating
2. 选手	xuǎnshǒu	（名）	player
3. 爆冷	bàolěng	（动）	unexpectedly
4. 诸多	zhūduō	（形）	many
5. 决赛	juésài	（名）	finals
6. 预赛	yùsài	（名）	preliminary match
7. 震动	zhèndòng	（动）	to shock
8. 屈居	qūjū	（动）	reluctant to be
9. 赛季	sàijì	（名）	season

 **专有名词**

1. 冬奥会　　Dōng'àohuì　　　　　　Winter Olympics
2. 索契　　　Suǒqì　　　　　　　　 Sochi, Russia

选择正确答案

1. "中国选手张虹周四爆冷击败诸多名将。"说明：
    1) 大家没有想到张虹战胜了这么多有名的运动员
    2) 虽然天气很冷，张虹和其他运动员还是参加了比赛
    3) 张虹用特别的方法击败了很多有名的运动员
    4) 大家都知道张虹的水平很高，会战胜其他有名的运动员

2. 张虹参加了决赛，震动了现场观众，原因是：
    1) 张虹的年龄是25岁
    2) 她在参加预赛的十八位选手中排名第七
    3) 她取得了第一名而且成绩很好
    4) 她击败了两位荷兰选手

3. 夺金之后，课文介绍了张虹哪些方面的情况：
    1) 获得过六次世界杯1000米速滑项目的冠军
    2) 已经想到自己这次冬奥会会获得金牌
    3) 练习1000米速滑项目已经22年
    4) 不敢相信自己拿到了金牌，非常高兴

阅读二

穆雷夺得温布尔顿网球公开赛男单冠军

东方今报 2013年07月09日

经过77年的等待,在英国举行的温布尔顿网球公开赛,终于迎来了本土冠军穆雷。

北京时间昨天凌晨,在2013年温网男单决赛中,穆雷横扫世界排名第一的塞尔维亚名将德约科维奇,成功捧起代表冠军荣誉的挑战者杯。他们在生活中是一对好朋友,在赛场上则是老对手。小德自始至终没有放弃,第二盘他曾一度以4比1领先,但是,最终的胜利属于穆雷,三盘的比分是6比4、7比5和6比4。

比赛后,穆雷与自己的团队成员和妈妈一一拥抱,小德的父母也向英国人表示祝贺。英国首相卡梅伦专程来到现场为穆雷加油。英国女王通过私人短信的方式祝贺穆雷夺冠。穆雷是苏格兰人,现在所有英国媒体都不再用"苏格兰人"来称呼他,他是整个英国的骄傲。他的家乡更是为他欢腾,人们吹着苏格兰风笛上街庆祝。英国广播公司(BBC)说,今天,作一个英国的体育迷是幸福的。

 生 词

1. 男单	nán dān		men's singles
2. 横扫	héng sǎo		to win with emphatic victory
3. 捧起	pěngqǐ	（动）	to hold up
4. 自始至终	zìshǐ-zhìzhōng		from the beginning till the end
5. 领先	lǐng xiān		to take the lead
6. 拥抱	yōngbào	（动）	to hug
7. 风笛	fēngdí	（名）	pipe
8. (体育)迷	(tǐyù)mí	（名）	(sports) fan
9. 幸福	xìngfú	（形）	happy

 **专有名词**

1. 穆雷	Mùléi	Andy Murray（1987- ）
2. 温布尔顿网球公开赛	Wēnbù'ěrdùn Wǎngqiú Gōngkāisài	The Wimbledon Championships
3. 塞尔维亚	Sài'ěrwéiyà	Republic of Serbia
4. 德约科维奇	Déyuēkēwéiqí	Novak Djokovic（1987- ）
5. 卡梅伦	Kǎméilún	David Cameron（1966- ）
6. 英国女王	Yīngguó nǚwáng	Queen Elizabeth II（1926- ）
7. 苏格兰	Sūgélán	Scotland

第十一课　孙杨当选世界游泳锦标赛最佳男子运动员

判断正误

1. 在最近的77年,穆雷是第一个获得温布尔顿网球公开赛冠军的英国人。（　）
2. 穆雷的对手德约科维奇是他的好朋友,但是以前很少在比赛中碰到他。（　）
3. 虽然最后的比分是三比零,不过穆雷获得胜利并不容易。（　）
4. 比赛以后,穆雷拥抱了自己的妈妈还有团队当中的一个人,课文没有介绍他是谁。（　）
5. 英国首相卡梅伦观看了这场比赛。（　）

西班牙队获得第19届世界杯足球赛冠军

金鹰网 2010年07月12日

北京时间7月12日,第19届世界杯决赛在南非约翰内斯堡举行。西班牙队战胜荷兰队,成为历史上第8支夺得世界杯冠军的球队。对手荷兰队历史上三进决赛,三次屈居亚军。

在决赛开始前15分钟,上届世界杯冠军队队长意大利人卡纳瓦罗身着正装,手捧大力神杯入场,向现场球迷展示奖杯。比赛开始前,南非总统祖马和国际足联主席布拉特到场内与双方球员握手。西班牙国王和王后、荷兰总理、荷兰王子夫妇来到现场助阵。

本场比赛是荷兰与西班牙第10次交锋,也是两队在世界杯上的首次对话,此前双方4胜1平4负战成平手。这是世界杯决赛第8次上演"欧洲内战",此前,传统强队巴西、阿根廷、意大利、德国全部出局。

最终,伊涅斯塔终场前进球,西班牙1比0击败荷兰,成为第一支在欧洲以外夺冠的欧洲球队。比赛紧张激烈,裁判出示14张黄牌,打破1986年世界杯决赛6张黄牌的纪录。

生 词

1. 着	zhuó	（动）	to wear
2. 正装	zhèngzhuāng	（名）	formal wear
3. 手捧	shǒu pěng		holding
4. 握手	wò shǒu		to shake hands
5. 国王	guówáng	（名）	King
6. 王后	wánghòu	（名）	Queen
7. 王子	wángzǐ	（名）	prince
8. 夫妇	fūfù	（名）	couple
9. 助阵	zhùzhèn	（动）	to cheer
10. 交锋	jiāo fēng		to confront
11. 平手	píngshǒu	（名）	tie score; the same position
12. 内战	nèizhàn	（名）	civil war
13. 出局	chū jú		to be eliminated
14. 终场	zhōngchǎng	（名）	end of the game
15. 进球	jìn qiú		goal in
16. 裁判	cáipàn	（名）	referee

第十一课　孙杨当选世界游泳锦标赛最佳男子运动员

 专有名词

1. 世界杯	Shìjiè Bēi	FIFA World Cup
2. 约翰内斯堡	Yuēhànnèisībǎo	Johannesburg, SA
3. 卡纳瓦罗	Kǎnàwǎluó	Fabio Cannavaro (1973-)
4. 大力神杯	Dàlìshén Bēi	FIFA World Cup; Titan Cup
5. 祖马	Zǔmǎ	Jacob Zuma (1942-)
6. 国际足联	Guójì Zúlián	FIFA
7. 布拉特	Bùlātè	Joseph Blatter (1936-)

简要回答

1. 从世界杯的历史来看,西班牙队和传统强队巴西、阿根廷、意大利、德国有什么不同?
2. 这场决赛给世界足球带来了很多"第一次",请介绍你有兴趣的内容。

第十二课

政务微博兴起：走到网民中去

燕赵都市报 2012年03月17日

清晨，人们正在赶往上班的路上。在河北省公安厅的电脑前，副主任贾永华正在查看自己的微博。"以前上班的第一件事是上新华网、人民网，先看看新闻，现在得更新微博，回应网友的问题。"她笑着说。

3月14日这一天，河北省公安厅官方微博"公安网络发言人"在腾讯微博的粉丝是386万余人，在新浪微博的粉丝是258万余人。

2010年9月1日上线的时候，"这个微博是为了给群众提供一些实用的警务信息，普及一些安全防范的知识"，贾永华说。

目前，河北省、市两级和一半以上的县级公安局开通了微博。在复旦大学"舆情与传播研究实验室"发布的国内第一份《中国政务微博研究报告》中，统计了全国1708个政府机构微博，比较了它们的信息发布数、关注数、粉丝数三项指标，"公安网络发言人"名列全国政务微博"影响力排行榜"第二。

统计信息显示，在过去的一年，全国政务微博数量增长了七倍。

很多官方微博一开始就定位于服务大众，得到了公众积极响应。河北省的"科技兴农在线"微博，为农民提供农业科技信息,解答农业生产过程中遇到的问题。"我们这个微博汇集了全省的几百名农业专家,农民将生产中遇到的问题发布在我们的微博上,相关领域的专家看到图片和说明就会作出解答,快速解决他们遇到的问题。"该微博的负责人说。

在对待政务微博的态度上,呈现出两极分化的趋势:一些机关害怕挨骂不敢主动面对微博;另外一些机关在与网民的交流中提高了公信力。"政府部门应该多一点自信,走到网民中去。根据我们近两年的经验来看,只要利用好这种新媒体,骂声不是多了而是少了,警民关系变得更和谐,我们还经常收到网民寄来的小礼物。"贾永华说。

国家行政学院教授杨伟东在接受记者采访时说,越来越多的政务微博、微信的出现,是社会进步的一种表现,政府主动发布信息、了解民意,表明政府职能正由管理型向服务型发生转变。

 生　词

1. 政务	zhèngwù	(名)	government affairs
2. 微博	wēibó	(名)	microblog
3. 粉丝	fěnsī	(名)	follower; fans
4. 警务	jǐngwù	(名)	police affairs
5. 舆情	yúqíng	(名)	public sentiment
6. 传播	chuánbō	(动)	to spread

7. 关注	guānzhù	（动）	to pay close attention to
8. 指标	zhǐbiāo	（名）	index; indicator
9. 定位	dìng wèi		to locate position
10. 响应	xiǎngyìng	（动）	to response
11. 汇集	huìjí	（动）	to gather together
12. 两极分化	liǎngjí fēnhuà		to polarize
13. 挨骂	ái mà		to be criticized
14. 公信力	gōngxìnlì	（名）	public trust
15. 和谐	héxié	（形）	harmonious
16. 职能	zhínéng	（名）	function

专有名词

1. 河北省公安厅　Héběi Shěng Gōng'ān Tīng
   Department of Public Security of Hebei Province
2. 国家行政学院　Guójiā Xíngzhèng Xuéyuàn
   Chinese Academy of Governance
3. 微信　　　　　Wēixìn　　　　　　　Wechat

第十二课　政务微博兴起：走到网民中去

练　习

一、画线连接具有相同特点的词语

微博	自信
关注数	微信
信息	传播
普及	粉丝数
公信力	舆情

二、画线搭配动词和名词

更新	公信力
普及	问题
解答	趋势
呈现	知识
提高	微博

三、指出画线动词的宾语中心词

1. "现在得更新微博，回应网友的关注和问题。"她笑着说。
2. 这个微博是为了给群众提供一些实用的警务信息，普及一些安全防范的知识。
3. 目前，河北省、市两级和一半以上的县级公安局开通了微博。

四、选择正确答案

1. 现在，贾永华副主任每天上班以后首先要做的是：
   1) 上新华网、人民网，先看看新闻
   2) 更新微博，回应网友的问题

3）查看复旦大学发布的《中国政务微博研究报告》

4）收取网民寄来的小礼物

2. 河北省公安系统开通微博的情况是：

1）这些微博都是在3月14日这一天开通的

2）超过600万人在关注河北省公安厅官方微博"公安网络发言人"

3）这些微博给警方提供了一些实用的信息，普及了安全防范的知识

4）目前，河北省、市两级和所有的县级公安局都开通了微博

3. 复旦大学比较了全国1708个政府机构微博，以下哪个标准是比较的时候没有提到的：

1）这个微博是什么时候开通的

2）这个微博发布了多少信息

3）这个微博关注了多少人（微博）

4）有多少人（微博）关注这个微博

4. 河北省的"科技兴农在线"微博怎样帮助农民：

1）微博定位于服务农民

2）请河北省的几百名农业专家分别开通微博，帮助农民

3）请农业专家在微博上回答农民的问题

4）请河北省的农业专家去农村

5. 从课文来看，贾永华对待政务微博的看法是：

1）不喜欢：对警民关系的和谐没有什么帮助

2）不清楚：刚刚使用了两年，还没有清楚的态度

3）紧张：害怕挨骂不敢主动面对微博

4）支持：政府部门应该多一点自信，和网民交流，提高公信力

第十二课 政务微博兴起:走到网民中去

 快速阅读

用政务微信发布政府信息

潇湘晨报 2014年02月20日

本报长沙讯(记者谭旭燕)在信息公开和回应方式上,湖南的政府部门有了新办法:微博和微信。近日,省政府办公厅发布《关于进一步加强政府信息公开,提升政府公信力的实施意见》,明确提出要加强政府信息公开平台建设,积极探索利用政务微博、微信等新媒体,及时发布各类政务信息。截至目前,湖南省旅游局、省教育厅、省高速公路管理局这些部门都开通了微信。

 阅读一

微博依然是最重要的公共传播平台

环球时报 2014年02月18日

目前微博和微信都成了人们生活中经常使用的社交工具。根据春节期间的数据,微博3447万用户在网上关注、参与了今年的"春节联欢晚会";微信方面,信息的发送量是去年的2倍,高峰期每分钟有1000万条,可以说,两者都是超级平台。

微信确实给微博带来一些冲击。不过,它们的发展方向有所不同,微信的竞争者,主要是"阿里巴巴"公司和"百度"公司的平台。现在,需要公共信息的人群有一些回到微博,微博作为公

共传播平台的核心地位没有改变。微博仍是发表意见最方便的平台,也是各种网络意见的交流最方便的地方。

　　微博在公共传播方面仍然占有优势的原因是,它更接近我们熟悉的传统媒体,主要的功能是发布新闻和评论。而微信更接近聊天工具,基本的用途是朋友之间的交流。微博是网络舆情中心,从发现新闻到形成意见和看法,可以在这个平台上很快完成。

生　词

1. 公共	gōnggòng	（形）	public
2. 平台	píngtái	（名）	platform
3. 用户	yònghù	（名）	user
4. 联欢	liánhuān	（动）	joint-celebration; gala
5. 高峰	gāofēng	（名）	most popular time; summit
6. 超级	chāojí	（形）	super
7. 冲击	chōngjī	（动）	to impact
8. 聊天	liáo tiān		to chat

第十二课 政务微博兴起：走到网民中去

 **专有名词**

1. 阿里巴巴　Ālǐbābā　　Alibaba Group
2. 百度　　　Bǎidù　　　Baidu Inc

选择正确答案

1. 课文说微博和微信都是"超级平台"，原因是：
   1) 微博和微信的用户都非常多
   2) 3447万微博和微信用户在网上关注、参与了今年的"春节联欢晚会"
   3) 春节期间，微博和微信的发送量是去年的2倍，增长很快
   4) 春节期间，微博和微信用户高峰期每分钟发送信息1000万条

2. 从课文来看，微信给微博带来的压力可能是：
   1) 让微博感觉到自己的发展方向不对
   2) 微信和"阿里巴巴""百度"合作，给微博带来压力
   3) 带走了一些微博的用户
   4) 微信成为最重要的公共传播平台

3. 和微信比较，微博的优势是什么：
   1) 微博用户虽然比较少，但是质量更高
   2) 是发布新闻和评论，形成意见和看法的平台
   3) 是很好的聊天工具，方便朋友之间的交流
   4) 有"朋友圈"功能，对整个社会的正常交流有帮助

深圳市官方微博、微信建设发展顺利

大洋网-广州日报 2014年02月19日

本报讯(记者陈振华、鲍文娟)深圳市互联网信息办公室主任钟海帆介绍,目前深圳共有55家政务微博,240万的粉丝,已发布6万多条微博,共130多万条转发和评论量。

作为政府官方信息发布平台,政务微博是市民和媒体关注的焦点。在钟海帆看来,政务微博的最大问题是回应不及时,"有大事情发生了,很多媒体和市民会不断地刷政务微博,要是回应不够快,就容易产生问题"。

如何及时回应?钟海帆透露,有事情发生,要"快报情况",多层次发布。"有些地方会设置一个政务微博发布人,我们的做法不一样。比方说,一起交通事故,处理交通事故的警官自然是最了解情况的,他就可以直接通过政务微博发布相关情况。这样比较及时,也比较权威。"

关于建立深圳官方微信的计划,钟海帆说,他们正在积极探索。微博和微信是两种不同的新媒体,"微博更像传统媒体,而微信更像聊天工具"。怎样建设官方微信,已经成为深圳市政府关心的重要问题。

第十二课 政务微博兴起:走到网民中去

 生　词

1. 焦点	jiāodiǎn	（名）	focus
2. 刷	shuā	（动）	to check
3. 事故	shìgù	（名）	accident
4. 处理	chǔlǐ	（动）	to deal with
5. 权威	quánwēi	（形）	authority

判断正误

1. 钟海帆向我们介绍了目前深圳政务微博的开通时间、数量、粉丝数、信息发布量和大家对这些信息的反应。　　　　　（　）
2. 钟海帆认为政务微博的主要问题是,有时政府的发布和回应不够快。　　　　　　　　　　　　　　　　　　　　（　）
3. 深圳的做法是,设置一个政务微博发布人,很快发布重要信息。
　　　　　　　　　　　　　　　　　　　　　　　　　　（　）
4. 从课文来看,深圳的官方微信还没有开通。　　　　　　（　）

 阅读三

微信等亚洲聊天工具崛起

路透社 2014 年 02 月 19 日

路透社 2 月 19 日电 亚洲地区的聊天工具 KakaoTalk、LINE

和微信正在崛起,使用它们的消费者快速增长。根据AnalysysMason的数据,有超过半数的智能手机用户是移动聊天工具的活跃用户,其中收发的社交信息数量已超过传统的短信,而且在今年会再次翻番。

这些聊天工具的功能也在不断扩展。例如,微信提供叫车、为手机充值服务,甚至还可以投资理财产品。

KakaoTalk、LINE和微信这些移动应用软件(APP)不仅变得越来越重要,并且逐渐开始盈利。客户可以在网络上找到移动应用软件商店(APP STORE),下载使用它们,非常方便;很多移动应用软件的基本功能是免费的,客户也可以通过花钱来增加该应用软件的功能,选择丰富。苹果公司称,这些用户去年在他们的APP STORE消费100亿美元。

 生　词

1. 工具	gōngjù	(名)	tool; service
2. 智能手机	zhìnéng shǒujī		smart phone
3. 活跃	huóyuè	(形)	active
4. 社交	shèjiāo	(名)	social contact
5. 充值	chōng zhí		top up phone credit; to refill
6. 理财	lǐ cái	(名)	to conduct financial transactions
7. 盈利	yíng lì		to make money

简要回答

1. 聊天工具KakaoTalk、LINE和微信崛起的主要表现有哪些？
2. 聊天工具KakaoTalk、LINE和微信是怎么盈利的？
3. 你使用过这些聊天工具吗？对它们有什么看法？

第十三课

华为突飞猛进的四个秘密

日经中文网 2012年10月24日

华为参加了日前举办的"日本电子高新技术博览会"。从今年上半年的销售额来看,华为已经超过瑞典爱立信跃居世界第一。笔者近日到华为中国总部寻找该公司突飞猛进的秘密。

秘密一:积极的研发投资

到达当地后,首先令笔者吃惊的是华为巨大的工厂面积。1987年华为由现任首席执行官任正非创立于深圳,并于1998年将公司总部建在了现在的地点。面积为200万平方米,大小相当于42个东京巨蛋体育场。

华为分为八个区域,中心耸立的高层建筑是研发中心。任正非认为企业发展要靠研发,因此决定将销售额的10%用作研发费用。去年华为研发投资为38亿美元,已经达到销售额的13%。在去年国际专利申请件数方面,华为高居世界第三位,其中的绝大部分成果都出自这个研发中心。值得一提的是,去年国际专利申请件数排在世界第一位的企业同样来自中国,是中兴通讯(ZTE)。

华为已经开始在全球140多个国家和地区拓展业务,去年的销售额为324亿美元,今年有望进一步扩大。

秘密二:完善的利益共享制度

华为副董事长胡厚崑说,华为是完全不引入政府资本的民营企业,长期支持华为增长的另一个因素是员工持股制度。在华为的14万名员工中,相当于一半的7万人被纳入这项制度。目前,华为销售额的68%来自海外,以后海外员工也有望加入这项制度。

秘密三:本土化战略和联合技术开发

2005年,华为在日本建立了分公司,约有600人正在为华为工作,其中75%为日本籍员工。

秘密四:分阶段的发展战略

华为在创立25年后即成为移动通信领域全球最大企业,成功跻身"全球500强"之列。胡厚崑表示,华为的成功过程分为若干发展阶段。从创业期到1992年的固定电话时代、1992年到2000年的手机时代以及2000年至今的世界市场时代。

以上因素就是支持华为快速增长的四个秘密,当然,由于在全球影响力迅速提高,华为将面临更多的竞争。

生　词

1. 突飞猛进	tūfēi-měngjìn		to grow rapidly
2. 博览会	bólǎnhuì	(名)	expo
3. 销售额	xiāoshòu'é	(名)	sales volume
4. 笔者	bǐzhě	(名)	author of this article
5. 平方米	píngfāngmǐ	(量)	square meter(s), ㎡
6. 研发	yánfā	(动)	to research and develop
7. 专利	zhuānlì	(名)	patent
8. 有望	yǒuwàng	(动)	likely; expected

9. 共享	gòngxiǎng	（动）	to share
10. 引入	yǐnrù	（动）	to introduce; to include
11. 资本	zīběn	（名）	capital
12. 民营	mínyíng	（形）	privately owned
13. 员工	yuángōng	（名）	employee
14. 持股	chí gǔ		share-holding
15. 纳入	nàrù	（动）	to be included
16. 加入	jiārù	（动）	to join
17. 籍	jí		nationality
18. 通信	tōngxìn	（动）	communication
19. 跻身	jīshēn	（动）	to enter
20. 若干	ruògān	（代）	some
21. 创业	chuàng yè		business-starting

 专有名词

1. 爱立信	Àilìxìn	Ericsson
2. 东京巨蛋体育场	Dōngjīng Jùdàn Tǐyùchǎng	Tokyo Dome stadium
3. 中兴通讯	Zhōngxīng Tōngxùn	ZTE Corporation

第十三课 华为突飞猛进的四个秘密

练 习

一、画线连接具有相同特点的词语

华为　　　　　　　员工持股
高新技术　　　　　研发中心
总部　　　　　　　分公司
工厂　　　　　　　专利
政府资本　　　　　中兴通讯（ZTE）

二、画线搭配动词和名词

举办　　　　　　　竞争
引入　　　　　　　博览会
面临　　　　　　　资本

三、连句

1. A）任正非
   B）因此决定将销售额的10%用作研发费用
   C）认为企业发展要靠研发

   正确的顺序是（　　　　　）

2. A）其中的绝大部分成果都出自这个研发中心
   B）在去年国际专利申请件数方面
   C）华为高居世界第三位

   正确的顺序是（　　　　　）

3. A）去年的销售额为324亿美元
   B）今年有望进一步扩大

C）华为已经开始在全球140多个国家和地区拓展业务

正确的顺序是（　　　　）

4. A）华为销售额的68%来自海外

　　B）目前

　　C）以后海外员工也有望加入这项制度

正确的顺序是（　　　　）

5. A）华为在日本建立了分公司

　　B）其中75%为日本籍员工

　　C）约有600人正在为华为工作

正确的顺序是（　　　　）

四、判断正误

1. 在工厂和研发中心的大小方面，华为超过了瑞典爱立信公司，成为世界第一。（　　）

2. 1987年，任正非在深圳创立了华为，他现在是公司的首席执行官。（　　）

3. 任正非觉得研发和销售都很重要，决定每年拿出销售额的10%，让研发人员学习销售。（　　）

4. 去年，华为是国际专利申请件数排在世界第一位的企业。（　　）

5. 华为去年的销售额为324亿美元，今年很有可能继续增长。（　　）

6. 中国政府没有向华为投资。（　　）

7. 华为实行员工持股制度，所有人包括海外员工，都已加入这一制度。（　　）

8. 从课文内容可以看出，华为的大部分产品出口海外。（　　）

第十三课　华为突飞猛进的四个秘密

华为欧洲企业业务快速增长

天极网网络频道 2014年01月16日

华为于1月14日在德国参加了"2014国际消费电子信息及通信博览会"。华为的业务遍及全球140多个国家和地区,服务全世界1/3以上的人口。2013年欧洲销售收入快速增长。华为德国公司的Joerg Karpinski在演讲中表示:"华为的产品和解决方案已成功应用在整个欧洲,包括华为对欧洲一些研究中心的帮助、华为建设的德国最大的球场无线网、华为参与的全球首个海上无线网络。"

中兴通讯推出火狐系统手机

环球网 2014年02月25日

近日,中兴通讯在2014年巴塞罗那"全球移动通信大会"上推出两种使用火狐操作系统Firefox OS 1.3的手机ZTE Open C和Open II。这是全球第一批应用火狐系统的手机,服务于追求高性能但经济能力有限的年轻人群。

火狐操作系统开发者Mozilla负责人积极评价与中兴的合作:"中兴是我们火狐操作系统最早的合作伙伴,通过中兴此次推出的手机,我们可以向外界充分展示火狐操作系统给智能手机带来的强大功能。"

这两种手机是中兴开拓欧洲和拉美市场的重要产品,刚刚推出就受到这些地区消费者的欢迎。第一种火狐手机 ZTE Open 去年7月与西班牙电信公司合作,投放到西班牙、委内瑞拉和哥伦比亚市场后,持续热销。在网上开始销售以后,也引发了美国、英国年轻用户的购买狂潮,三天内便宣告售罄。

中兴表示,打算在今年下半年推出4.5英寸屏幕的火狐手机,将有可能支持4G网络。

生　词

1. 操作系统	cāozuò xìtǒng		operating system, OS
2. 性能	xìngnéng	(名)	performance
3. 开发	kāifā	(动)	to develop
4. 投放	tóufàng	(动)	to put on the market
5. 热销	rèxiāo	(动)	to sell quickly and in large numbers
6. 狂潮	kuángcháo	(名)	rush
7. 售罄	shòu qìng		sold out
8. 屏幕	píngmù	(名)	screen

第十三课　华为突飞猛进的四个秘密

 **专有名词**

1. 火狐　　　　　Huǒhú　　　　　　Firefox
2. Mozilla　　　　　　　　　　　　the Mozilla Foundation, a non-profit organization
3. 西班牙　　　　Xībānyá　　　　　Spain's Telefonica, Telefónica SA
   电信公司　　　Diànxìn Gōngsī
4. 委内瑞拉　　　Wěinèiruìlā　　　　Venezuela
5. 哥伦比亚　　　Gēlúnbǐyà　　　　Colombia
6. 4G　　　　　　Sì G　　　　　　　the 4th generation of mobile telecommunications technology

判断正误

1. 中兴通讯推出的ZTE Open C 和 Open II 是全球第一批应用火狐操作系统的手机。　　　　　　　　　　　　　　　　　（　）
2. 这两种手机性能非常好，价格也比较高。　　　　　（　）
3. Mozilla是中兴通讯的合作伙伴，负责生产中兴通讯的智能手机。
   　　　　　　　　　　　　　　　　　　　　　　　（　）
4. 中兴通讯开发这两种手机的目的是进入和拓展欧洲、拉丁美洲市场。　　　　　　　　　　　　　　　　　　　　　　　（　）
5. 除了和电信公司的合作，中兴通讯也在网络上销售这些手机，但是没有受到用户的欢迎。　　　　　　　　　　　　　　（　）

世界最强超级计算机排名　中国居第一位

赛迪网 2013年11月20日

在每年两次的世界最强超级计算机500强排名中,中国仍然占据着榜首。中国国防科技大学的"天河二号"的计算能力,几乎是排名第二位的美国橡树岭国家实验室的"泰坦(Titan)"的两倍。不过,根据本周一公布的排名,美国上榜的超级计算机有265台,中国只有63台。

亚洲上榜的超级计算机数量有115台,欧洲上榜的有102台。它们包括:日本28台,英国23台,法国22台,德国20台。

这一排名开始于1993年6月,目的是比较世界上最强超级计算机的性能,体现出超级计算机的发展。参与排名的超级计算机都要参加测试。此次是第42届排名,相比上一次排名来说,变化很小,在排名前10位的超级计算机中,只有来自于瑞士的超级计算机是一个新面孔。进入排名的所有超级计算机,计算能力都很强大,不过,排名前17位的超级计算机,其能力就占了全部500台计算机计算能力的一半。

第十三课　华为突飞猛进的四个秘密

 生　词

1. 超级计算机	chāojí jìsuànjī		supercomputer
2. 榜首	bǎngshǒu	（名）	top one
3. 测试	cèshì	（动）	to test
4. 面孔	miànkǒng	（名）	face

 专有名词

1. 国防科技大学	Guófáng Kējì Dàxué	National University of Defense Technology
2. 美国橡树岭国家实验室	Měiguó Xiàngshùlǐng Guójiā Shíyànshì	Oak Ridge National Laboratory (ORNL), United States
3. 瑞士	Ruìshì	Switzerland

选择正确答案

1. 在超级计算机领域,中国的哪个方面占据世界第一:
　1）拥有世界上计算能力最强的超级计算机"天河二号"
　2）拥有世界上最多的超级计算机
　3）和上一次排名相比,进步速度最快

4）占有全世界一半的计算能力
2. 美国在超级计算机领域的情况是：
　　1）拥有世界上计算能力最强的超级计算机"泰坦"
　　2）在500台最强超级计算机当中，超过一半属于美国
　　3）和亚洲、欧洲比较起来，进步速度最快
　　4）占有排名前17位的超级计算机
3. 这个超级计算机排名是怎么作出的：
　　1）开始于1993年6月，每年公布一次
　　2）只对亚洲、欧洲和美国的超级计算机进行排名
　　3）参与排名的超级计算机都要经过测试
　　4）除了最强的500台超级计算机，也公布500名以后的超级计算机发展信息
4. 关于今年的500强排名，以下哪个答案是错误的：
　　1）中国的超级计算机获得第一名，美国第二
　　2）美国的超级计算机最多，超过亚洲和欧洲
　　3）来自瑞士的超级计算机第一次进入前十名
　　4）和上次排名相比，这次排名的结果变化很大

 阅读三

联想发展之路

中国经济周刊 2014年02月25日

　　2014年1月30日，联想宣布以29亿美元的价格收购谷歌拥有的摩托罗拉手机业务，而在不久前的1月24日，联想刚刚收购了IBM X86低端服务器业务。

第十三课　华为突飞猛进的四个秘密

联想集团董事长兼首席执行官杨元庆说:"买下IBM X86,是为了进入美洲市场,买下摩托罗拉是为了获得优质的品牌,此外,两次收购还可以获得宝贵的知识产权,拥有更加丰富的产品,得到优秀的人才。"

早在2012年8月1日,联想和EMC成立一家合资公司。EMC是网络存储服务领域的世界第一。此次合作成功,联想在网络存储技术方面向前跨了一大步。2012年9月18日,联想又收购了Stoneware公司,用来加强自己的云计算能力。

至此,联想的发展方向越来越清楚:一方面,发挥自己终端产品全面的优势,大量生产笔记本电脑、平板电脑和智能手机,另一方面,建立网络存储、云计算能力,使全球的各种联想终端产品可以相互连接、交流和协作,从而大大提高这些终端产品的效率。

 生　词

1. 收购	shōugòu	（动）	to acquire; to buy
2. 低端	dīduān	（形）	low-end
3. 服务器	fúwùqì	（名）	server
4. 优质	yōuzhì	（形）	high-quality
5. 品牌	pǐnpái	（名）	brand
6. 知识产权	zhīshi chǎnquán		intellectual property
7. 合资	hé zī		joint venture
8. 存储	cúnchǔ	（动）	to save

| 9. 云计算 | yúnjìsuàn | | cloud computing |
| 10. 终端 | zhōngduān | （名） | terminal |

专有名词

1. 联想	Liánxiǎng	Lenovo Group Ltd
2. 谷歌	Gǔgē	Google Corporation
3. 摩托罗拉	Mótuōluólā	Motorola Inc
4. 美洲	Měizhōu	The Americas; America
5. EMC		EMC Corporation

简要回答

1. 联想收购其他公司和成立合资公司的目的是什么？
2. 联想的优势在哪些方面，它准备怎样发挥这些优势？
3. 请联系自己的经历，说明网络存储和云计算的好处。

第十四课

杨欣:可可西里的环保斗士

成都日报 2013年10月09日

解说: 清晨,美丽的可可西里从沉睡中苏醒。

解说: 他是杨欣,民间环保组织"绿色江河"的会长,20年前,为了保护可可西里的珍稀野生动物藏羚羊来到这里。

解说: 这里是位于海拔4767米的昆仑山口,矗立着纪念索南达杰的石碑。

杨欣: 索南达杰是可可西里当地政府负责人,藏族。1994年1月,他第十二次进入可可西里巡逻。在这次反偷猎藏羚羊的过程中,英勇牺牲。当时,可可西里气温是零下四十度,把他冻成了一尊冰雪雕塑,这尊雕塑还保持着准备射击的姿态。

解说: 1994年,杨欣31岁,正在长江源头进行探险活动,当杨欣了解到,索南达杰生前最大的愿望就是在可可西里地区建立一座保护站,用作保护藏羚羊的基地,杨欣觉得他有义务来实现这个愿望。

解说: 在朋友的帮助下,杨欣出版了他的第一本书《长江魂》,这本书里记录了他在1986年参加的长江漂流探险。这本书出版之后,杨欣边卖书边宣传可可西里和藏羚羊保护。让杨欣没有想到的是,一些自己生活还不算富裕的人,也从微薄的收入中拿出钱来支持他。

杨欣：有一个叫"盼江绿"的人，他听说这个事以后，每个月寄10块钱，持续寄了十几年。他没有留下真实姓名，即使你搬了家以后，他也照样给你这个钱。我感觉到，好像有一种力量在推动我。

解说：1997年，在海拔4500米的可可西里无人区，杨欣建起了中国第一个民间自然保护站——索南达杰保护站。

解说：2005年后，当地政府在可可西里陆续建起了四座保护站，这四座保护站与索南达杰站相互呼应。如今这里已经连续五年没有发现过偷猎藏羚羊的活动，藏羚羊数量从两万多只回升到六万多只。

解说：随着藏羚羊的保护取得成功，杨欣又把眼光投向了长江源的冰川。2012年10月1日，杨欣创办的第二座民间环境保护站——长江源水生态环境保护站正式建成，这座保护站就建在长江上游的沱沱河旁边。他将在这里展开对长江源冰川变化的科学研究、水生态环境的监测、草原垃圾的清理。杨欣把所有的时间和精力都投入到了环保事业中来，他还有很多的设想。

杨欣：我走的这条路只有起点，没有终点。

生　词

1. 环保	huánbǎo	（名）	environmental protection
2. 斗士	dòushì	（名）	fighter
3. 苏醒	sūxǐng	（动）	to wake up

第十四课　杨欣：可可西里的环保斗士

4. 民间	mínjiān	（名）	non-government
5. 珍稀	zhēnxī	（形）	rare
6. 野生动物	yěshēng dòngwù		wild animal
7. 藏羚羊	zànglíngyáng	（名）	Tibetan antelope
8. 海拔	hǎibá	（名）	altitude
9. 矗立	chùlì	（动）	to stand tall and upright
10. 石碑	shíbēi	（名）	stone monument
11. 偷猎	tōu liè		to hunt illegally
12. 雕塑	diāosù	（名）	sculpture
13. 射击	shèjī	（动）	to shoot
14. 姿态	zītài	（名）	position
15. 源头	yuántóu	（名）	origin
16. 探险	tàn xiǎn		to explore
17. 保护站	bǎohùzhàn	（名）	protection station
18. 微薄	wēibó	（形）	not very much
19. 陆续	lùxù	（副）	successively
20. 呼应	hūyìng	（动）	to echo
21. 冰川	bīngchuān	（名）	glacier
22. 上游	shàngyóu	（名）	upstream
23. 草原	cǎoyuán	（名）	grasslands

 **专有名词**

1. 可可西里	Kěkěxīlǐ	Hoh Xil or Kekexili, Qinghai Province

157

2. 绿色江河	Lǜsè Jiānghé	Greenriver, a non-governmental organization
3. 昆仑山口	Kūnlún Shānkǒu	Kunlun Mountain pass, Qinghai Province
4. 沱沱河	Tuótuó Hé	The Ulan Moron or Tuotuo River

练 习

一、画线连接具有相同特点的词语

杨欣	设想
民间环保组织	索南达杰
昆仑山口	海拔4500米
巡逻	监测
零下四十度	沱沱河
基地	保护站
愿望	当地政府

二、画线搭配动词和名词

保护	《长江魂》
保持	藏羚羊
建立	姿态
实现	保护站
出版	愿望

三、连句

1. A）当时
   B）把他冻成了一尊冰雪雕塑
   C）这尊雕塑还保持着准备射击的姿态
   D）可可西里气温是零下四十度

   正确的顺序是（　　　　　）

2. A）杨欣觉得他有义务来实现这个愿望
   B）用作保护藏羚羊的基地
   C）当杨欣了解到
   D）索南达杰生前最大的愿望就是在可可西里地区建立一座保护站

   正确的顺序是（　　　　　）

3. A）当地政府在可可西里陆续建起了四座保护站
   B）2005年后
   C）这四座保护站与索南达杰保护站相互呼应

   正确的顺序是（　　　　　）

4. A）这座保护站就建在长江上游的沱沱河旁边
   B）杨欣创办的第二座民间环境保护站
   C）长江源水生态环境保护站正式建成
   D）2012年10月1日

   正确的顺序是（　　　　　）

四、选择正确答案

1. 杨欣和索南达杰的共同点有哪些，请指出错误的答案：

   1）都很熟悉自己活动和工作的地方，也就是长江源和可可西里
   2）在20年以前，都参加过反偷猎藏羚羊的行动
   3）都希望在可可西里建立一座保护站

4）一直到今天,都在为环保努力工作

2. 课文提到的四个地点当中,哪一个可能和杨欣没有关系:

1）昆仑山口

2）可可西里

3）索南达杰保护站

4）沱沱河

3. 在建设索南达杰保护站的时候,杨欣遇到的困难主要是什么:

1）还不清楚保护站可以用来做什么

2）自然条件非常不好,海拔很高,冬天很冷

3）没有足够的钱

4）当地政府已经建起了其他四座保护站

4. 建设索南达杰保护站的过程中,哪些事情让杨欣感觉到大家的支持:

1）记录可可西里和藏羚羊保护的《长江魂》很受欢迎

2）一些生活不是很富裕的人,从很少的收入中拿出钱支持他

3）一个叫"盼江绿"的人,每个月寄10块钱,直到杨欣（绿色江河）搬家才停止

4）当地政府决定同时建设另外四座保护站

5. 杨欣对环保的看法是:

1）藏羚羊的数量还没有回升,需要继续反偷猎的行动

2）需要学习当地政府开展环保工作的经验

3）第二座民间环境保护站已经建成,自己的环保工作可以结束了

4）环保方面需要努力的地方还有很多,只有开始,没有结束

第十四课　杨欣：可可西里的环保斗士

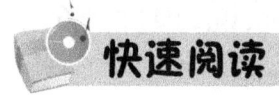 快速阅读

绿色江河——杨欣和他的环保事业

http://gb.cri.cn/　2007年05月26日

听众朋友,您现在收听到的是中国国际广播电台《中国之窗》节目。

28岁的爱玛是澳大利亚志愿者机构派往"绿色江河"的志愿者,半年来,她除了将杨欣和"绿色江河"所做的工作发布在各大英文网站外,还负责杨欣义卖书籍的英文翻译。她说:"我觉得他说话不多,非常吸引人。杨欣和'绿色江河'的工作,让人们感觉到每个人的努力都可以让这个世界变得不一样,他们所做的一切,都让我学习到很多。"

好了,各位朋友,感谢您的收听,我们下个月再会。

 阅读一

守护斑头雁行动展开

中国新闻网 2013年05月09日

中新网西宁5月9日电 4月25日,绿色江河从全国招募的20多名志愿者在长江源头开始第二次斑头雁守护行动。根据估算,此前这里每年被盗捡的斑头雁鸟蛋超过1000枚。"目前这里的斑头雁达到了近1100只,接近全球总数的2%,估计陆续还有

161

斑头雁来这里，数量会超过去年的1175只。"杨欣说，预计到6月5日左右，我们会看到1000多只新出生的小斑头雁。

根据美国《国家地理》杂志的资料，斑头雁在8个小时之内就可以飞越喜马拉雅山脉，被称为"世界上飞得最高的鸟"。目前在全球的数量不到7万只，属于濒危动物。长江源头是斑头雁在中国的主要聚集地，每年斑头雁从南亚国家飞到这里繁殖下一代。"我们希望充分发挥当地政府和牧民的作用，让他们意识到生态保护的重要性。最终，实现当地人自发保护。我们认为这才是最有效的保护手段。同时，通过关注世界上飞得最高的鸟，呼吁公众关注我们身边的环境问题。"杨欣表示。

 生　词

1. 守护	shǒuhù	（动）	to protect
2. 斑头雁	bāntóuyàn	（名）	bar-headed goose
3. 盗捡	dào jiǎn		to pick up and steal
4. 鸟蛋	niǎodàn		bird egg
5. 飞越	fēiyuè	（动）	to fly over
6. 濒危	bīnwēi	（形）	endangered
7. 聚集	jùjí	（动）	to gather
8. 繁殖	fánzhí	（动）	to reproduce
9. 牧民	mùmín	（名）	herdsman
10. 生态	shēngtài	（名）	ecology
11. 自发	zìfā	（形）	spontaneous

第十四课　杨欣：可可西里的环保斗士

 **专有名词**

1. 《国家地理》　　Guójiā Dìlǐ　　　　*National Geography*
2. 喜马拉雅山脉　　Xǐmǎlāyǎ Shānmài　*The Himalayas or Himalaya*
3. 南亚　　　　　　Nányà　　　　　　*South Asia*

判断正误

1. 这次守护斑头雁活动的志愿者来自全国各地。　　　　　　（　）
2. 志愿者的工作是保护这些斑头雁飞越喜马拉雅山脉。　　　（　）
3. "濒危动物"的一个意思是它们的数量太少,已经不够安全。
　　　　　　　　　　　　　　　　　　　　　　　　　　　（　）
4. 杨欣说,虽然将来保护斑头雁主要依靠志愿者,但是绿色江河也希望得到当地政府和牧民的支持。　　　　　　　　　　　　（　）

 阅读二

中国环保组织在青藏线开展垃圾调查清理活动

中国新闻网 2013年10月12日

　　中新社西宁10月12日电 "热爱青藏线,保护长江源"公益环保活动12日启动,这是中国环保组织首次在海拔4000米以上的区域开展此类活动。

"青藏高原的昆仑山、唐古拉山之间为长江源区,是本次活动的范围。青藏公路、青藏铁路有400公里经过这一区域。由于人类活动的频繁,以塑料包装为主的垃圾沿着青藏线两侧蔓延,威胁着草原生态和长江水源地的安全。"绿色江河负责人杨欣说。

此次活动吸引了来自全国的志愿者60人,包括大学生、企业员工、民间环保人士,他们将分为五个组,分别在海拔4480米到4990米的五个区域内,调查和清理垃圾。"这种垃圾分类统计是国际上通用的方法,统计结果有利于我们了解青藏铁路和公路沿线垃圾的数量、构成、分布等详细情况,为下一步公益活动打好基础。"杨欣说。

目前,志愿者们已经抵达青海省格尔木市,他们将接受两天的培训,14日开展活动。

生　词

1.	垃圾	lājī	(名)	garbage
2.	清理	qīnglǐ	(动)	to clean
3.	塑料	sùliào	(名)	plastic
4.	包装	bāozhuāng	(名)	package
5.	蔓延	mànyán	(动)	to spread
6.	分类	fēn lèi		to classify
7.	通用	tōngyòng	(动)	to apply or be used universally
8.	构成	gòuchéng	(名)	constitution
9.	分布	fēnbù	(动)	to distribute

第十四课　杨欣：可可西里的环保斗士

 专有名词

1. 唐古拉山　　Tánggǔlā Shān　　　The Tanggula Mountains
2. 青藏公路　　Qīngzàng Gōnglù　　Qinghai-Tibet Highway
3. 青藏铁路　　Qīngzàng Tiělù　　　Qinghai-Tibet Railway

判断正误

1. 这是国内的环保组织第一次在海拔4000米以上地区开展垃圾调查和清理活动。（　　）
2. 志愿者的工作是调查、清理整个青藏公路、青藏铁路沿线的垃圾。（　　）
3. 大部分的垃圾是塑料包装。（　　）
4. 志愿者都是学生，来自不同的大学，共60人。（　　）
5. 志愿者需要调查的内容包括，垃圾有多少、有几种、都在什么地方，以及什么人带来了这些垃圾。（　　）

 阅读三

杨欣眼中的"环保教育"

华西都市报 2013年08月04日

"绿色江河"要建第三个民间自然保护站？杨欣的回答是肯定的。绿色江河先后在可可西里无人区、唐古拉山地区建立中

国第一个、第二个民间自然保护站。"第一个站保护藏羚羊,第二个站保护水源,第三个站将保护森林并开展环保教育。"目前考虑,第三个保护站将落户四川。

"第三个站的位置应该满足五个条件:一、地质条件稳定;二、靠近森林;三、有好的水源;四、海拔1000米以上;五、距离成都车程不超过3个小时。这样的位置还没有找到。"杨欣说道。

如果第三个站有这些条件,就可以为孩子们提供环保教育。杨欣设想,绿色江河会学习德国、日本的环保教育经验,通过夏令营等形式,向孩子们传播环保知识。"让他们先认识自然、热爱自然,再保护自然。"他计划每年培养5000名中小学生,"分批次培养,3天制或是7天制,每次20到50人,平时针对国内学生,寒、暑假开展国际交流"。

 生　词

1. 森林	sēnlín	(名)	forest
2. 落户	luò hù		to settle
3. 地质	dìzhì	(名)	geology
4. 夏令营	xiàlìngyíng	(名)	summer camp
5. 批次	pīcì	(名)	batch
6. 针对	zhēnduì	(动)	to aim at

第十四课　杨欣：可可西里的环保斗士

简要回答

1. 绿色江河已经建立和将要建立的保护站都在什么地方，有什么作用？
2. 杨欣计划怎样为孩子们提供环保教育？
3. 你在小学和中学时，是否接受过环保教育？

第十五课

五味的调和

爱奇艺 2012 年 05 月 29 日

　　不管在中餐还是在汉字里,神奇的"味"字,似乎永远包含着无限的可能性。能够真切地感觉到"味"的,不仅是我们的舌头和鼻子,还包括中国人的心。

　　和全世界一样,汉字也用"甜"来表达喜悦和幸福的感觉。这种味道往往来源于糖。对于阿鸿来说,糖不仅表示着甜,更意味着一切。明天就是当地隆重的节日。人们会怀着敬意,把甜品奉献给祖先,同时为自己的生活祈福。

　　中国人在品尝甜的同时,似乎也很善于欣赏苦。10月的果园,茶枝柑由青转黄,气味芬芳。陈皮就出自这些饱满的果实。储存年份的长短,决定了陈皮的等级和价值。在南方,陈皮甚至能决定一家餐馆生意的好坏。

　　澳门,阿伦回到店里。餐厅以阿伦祖父的名字命名,半个多世纪以来,招牌菜陈皮鸭一直受到欢迎。在他看来,四十多年的生活经历,如果用一句话来概括,就是"苦尽甘来"。

　　咸的味觉来自盐。在中国的烹饪辞典里,盐是百味之首。

　　广东的海边,村民世代以晒盐为生。晒盐的收入不多,一年不到一万元,所以阿刘还要做电工和捕鱼。村子里的人大多外出打工,阿刘选择留在这里。

　　酸味能提升菜的鲜香。当酸味和甜味结合在一起时,它还

第十五课　五味的调和

能使甜味变得更加丰富。酸甜，正是大部分外国人在中国以外的地方对于中餐产生的基本共识。

除了"酸"，还有一种可以提升食欲、并且在中餐的菜谱上经常和"酸"一起使用的味道，那就是"辣"。素琼是个菜农，也是绝对的一家之主。在四川，许多妇女都像素琼这样开朗、坚韧、果断，汉语里，人们用"泼辣"来形容这种性格。四川气候潮湿，经常下雨，住在这里的人，正需要辣椒的力量和热烈。

庄臣十八岁时，进入中国最早的五星级酒店，成为一名厨师。2000年，庄臣辞职，成为职业美食家、广东饮食文化的推广者。他认为，在烹饪中保持食材的原味，是一种素面朝天的鲜美。

五味使中国菜的味道千变万化，也为中国人在回味他们各自不同的人生经历时，提供了一种特殊的表达方式。在厨房里，五味的最佳存在方式，并不是让其中某一味显得格外突出，而是五味的调和、平衡。这种境界，不仅是中国历代厨师和中医不断追求的完美状态，也是中国人在为人处世，甚至管理国家时所追求的理想境界。

 生　词

1. 调和	tiáohé	（动）	to blend
2. 舌头	shétou	（名）	tongue
3. 甜品	tiánpǐn	（名）	desert
4. 奉献	fèngxiàn	（动）	to dedicate

5. 祈福	qí fú		to ask for blessings
6. 茶枝柑	cházhīgān	（名）	Citrus reticulata "Chachi"
7. 青	qīng	（形）	green
8. 芬芳	fēnfāng	（形）	fragrant
9. 陈皮	chénpí	（名）	dried peels of citrus
10. 招牌菜	zhāopáicài	（名）	special dish
11. 苦尽甘来	kǔjìn-gānlái		after the bitter comes the sweet
12. 晒盐	shài yán		to produce salt form evaporation of seawater
13. 电工	diàngōng	（名）	electrical technician
14. 捕鱼	bǔ yú		fishing
15. 食欲	shíyù	（名）	appetite
16. 泼辣	pōlà	（形）	bold and vigorous
17. 厨师	chúshī	（名）	cook
18. 烹饪	pēngrèn	（动）	to cook
19. 食材	shícái	（名）	cooking material
20. 素面朝天	sùmiàn cháo tiān		without make-up
21. 中医	zhōngyī	（名）	traditional Chinese medicine
22. 为人处世	wéirén-chǔshì		to conduct oneself
23. 境界	jìngjiè	（名）	state

第十五课　五味的调和

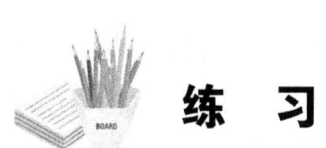
练　习

一、画线连接具有相同特点的词语

调和　　　　四川
糖　　　　　平衡
品尝　　　　欣赏
澳门　　　　盐
厨师　　　　美食家

二、画线搭配动词和名词

储存　　　　原味
提升　　　　经历
保持　　　　陈皮
回味　　　　食欲

三、指出画线动词的宾语中心词

1. 神奇的"味"字,似乎永远<u>包含</u>着无限的可能性。
2. 和全世界一样,汉字也用"甜"来<u>表达</u>喜悦和幸福的感觉。
3. 中国人在<u>品尝</u>甜的同时,似乎也很善于欣赏苦。
4. 在南方,陈皮甚至能<u>决定</u>一家餐馆生意的好坏。
5. 庄臣辞职,<u>成为</u>职业美食家、广东饮食文化的推广者。

四、选择正确答案

1. 从课文来看,在汉语当中,"甜"代表的意思是:
　　1）高兴、幸福　　2）糖　　3）隆重、敬意　　4）祖先、生活

2. 为了说明中国人"也很善于欣赏苦",课文举出的例子是:
   1) 中国人知道,茶枝柑在10月由青转黄,气味芬芳
   2) 中国人制作、储存、使用陈皮
   3) 在全中国,陈皮可能决定一家餐馆生意的好坏
   4) 在澳门,阿伦祖父的餐厅制作陈皮鸭已经四十多年了

3. 阿伦觉得"苦尽甘来",意思是:
   1) 制作陈皮很不容易,茶枝柑是苦的,做成的陈皮才是甜的
   2) 以前使用的陈皮储存时间不够长,质量不够好,现在使用的陈皮非常好
   3) 在四十多年的生活中,开始很苦很累,现在很好
   4) 原来客人们不喜欢餐厅的招牌菜陈皮鸭,现在这种情况改变了

4. 从课文来看,"盐是百味之首",意思是:
   1) 辞典说,中国是最早开始使用盐的国家
   2) 中国菜的味道很丰富,但是喜欢咸味的中国人最多
   3) 和糖或者其他东西比较起来,盐在中国是最贵的
   4) 对烹饪来说,正确使用盐是最重要的

5. 在课文中,和"泼辣"的意思最接近的一组生词是:
   1) 喜悦、幸福　　　2) 芬芳、饱满
   3) 力量、热烈　　　4) 调和、平衡

6. 从课文来看,最好的中国菜是:
   1) 正确使用了糖的中国菜,因为"糖不仅表示着甜,更意味着一切"
   2) 正确使用了盐的中国菜,因为"盐是百味之首"
   3) 酸甜苦辣咸这些味道调和、平衡的中国菜,"并不是让其中某一味显得格外突出"
   4) 没有标准,中国各个地方烹饪的条件和习惯都不一样

第十五课　五味的调和

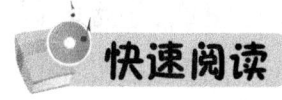

意大利餐厅发起禁用手机运动

环球网 2014年02月26日

据台湾"联合新闻网"2月26日报道,为了让顾客享受美食,越来越多的意大利餐厅发起"禁用手机"运动。意大利美食城市摩迪纳的"露比亚拉"餐厅已有超过150年历史,在这里,吃饭以前,必须把手机放在门外,确保客人不受打扰,专心享受传统美食。

其他国家的餐厅也纷纷吹起"宁静风",以色列餐馆老板伊布拉欣说:"手机破坏了现代的饮食文化,我们必须回到吃饭用餐本来的乐趣,和亲人朋友共享美好时光。"

日清公司:为中国制作方便面

日经中文网 2013年08月12日

上海日清食品公司市场部部长小野博史在大学期间,曾到北京留学一年,自那以后对中国的饮食文化产生了兴趣。

中国是一个占全球方便面消费量约四成,数量高达440亿份的巨大市场。中国饮食文化丰富多彩,要想让来自日本的方便面在这里打开市场并不容易。1984年以来,日清主要在经济快

速发展的沿海地区销售方便面。小野说"所以方便面的畅销口味中,海鲜风味占了大部分"。现在,小野表示,"我们必须抓住爱吃牛肉的内地消费者"。日清公司说,他们将争取在2015年,把中国市场的销售额和利润从2012年的208亿日元和18亿日元,提高到322亿日元和27亿日元。

"不将本国的饮食文化强加于人,而是去适应对方国家的饮食文化,这是我们的基本战略",小野强调。日清的开发团队由日本职员和当地职员组成,常常选择一家当地的餐厅,去店里品尝,参考这些菜的口味,开发新产品。"我们反复试吃,一边听取消费者的声音,一边不断改进。即使是在商品投放市场之后仍继续调整,以做出最受消费者喜爱的口味",小野说。

 生　词

1. 沿海	yánhǎi	（名）	coast
2. 畅销	chàngxiāo	（动）	to sell well
3. 海鲜	hǎixiān	（名）	seafood
4. 改进	gǎijìn	（动）	to improve

选择正确答案

1. 小野博史是从什么时候开始对中国饮食文化产生兴趣的：
　　1）在北京留学一年之后
　　2）发现中国是方便面的巨大市场以后

3) 日清公司开始在经济快速发展的沿海地区销售方便面以后
4) 日清公司作出提高销售额和利润的计划以后

2. 小野博史觉得,在中国销售日清公司的方便面,主要的困难是什么:
   1) 自己在中国的工作经验还不够,不清楚怎么销售
   2) 中国饮食文化丰富多彩,各地的口味可能不一样
   3) 公司还没有发现沿海地区消费者和内地消费者口味上的差别
   4) 公司认为,在中国市场的销售额和利润可能会下降

3. 小野博史认为日清公司的基本战略是什么:
   1) 增加产品数量,提高产品质量
   2) 生产具有日本口味和特点的方便面
   3) 不管在什么国家,学习和适应那个国家的饮食文化
   4) 由日本职员和当地职员组成开发团队

4. 以下几个方面,课文没有提到的是哪一个:
   1) 小野博史在日清公司的工作和地位
   2) 日清公司进入中国市场的时间
   3) 日清公司在2015年的发展计划
   4) 中国消费者对日清方便面提出的改进意见

阅读二

《舌尖上的中国》感动中国人

文艺报 2012年07月23日

中央电视台推出的电视纪录片《舌尖上的中国》播出后,引起了超乎预期的社会关注。该片用镜头下的美食告诉我们中国

社会发生的变化。

在《舌尖上的中国》导演陈晓卿看来,该片最大的魅力是让世界通过美食了解中国。每一集的主角并非食物,而是人,是文化,是"通过食物的故事,来展示普通中国人的生活"。

观众对《舌尖上的中国》里不少传统的加工方式印象深刻。在云南,村民用传承几百年的方法加工盐,火腿要腌制三年之久才能面世;在香港,和兴腊味为保证品质,腊肠全部用手工制作,肠衣就要存放一年以上才能使用……有人说:"我们对传统制作方法非常留恋,这些传统正在被工业化挤压到社会的边缘,保持食物原有的品质成了一件近乎奢侈的事。"

在《舌尖上的中国》里,人们再次寻找到感动,我们可以看到人与天地万物之间的和谐关系。感动我们的不仅仅是食物的味道,还有历史的味道、人情的味道、故乡的味道、记忆的味道。

生 词

1. 舌尖	shéjiān	(名)	tongue tip
2. 纪录片	jìlùpiàn	(名)	documentary film
3. 播出	bōchū	(动)	to broadcast
4. 超乎	chāohū	(动)	to surpass
5. 镜头	jìngtóu	(名)	camera lens
6. 导演	dǎoyǎn	(名)	director
7. 魅力	mèilì	(名)	glamour
8. 传承	chuánchéng	(动)	to pass on

第十五课　五味的调和

9. 火腿	huǒtuǐ	（名）	ham
10. 腌	yān	（动）	to be preserved in salt
11. 面世	miànshì	（动）	to emerge; to come out
12. 腊味	làwèi	（名）	cured meat
13. 腊肠	làcháng	（名）	dried pork sausage
14. 肠衣	chángyī	（名）	casings
15. 挤压	jǐyā	（动）	to squeeze
16. 奢侈	shēchǐ	（形）	luxurious

判断正误

1. 电视纪录片《舌尖上的中国》介绍了中国各地的美食，但是播出以后，得到的社会关注不是很多，让大家没有想到。　　　　（　　）
2. 在导演陈晓卿看来，这部纪录片最吸引人的地方是，全世界看到了美食，更了解了中国人的生活。　　　　　　　　　　（　　）
3. 观众觉得传统加工方式已经没有什么价值，只是在很少的几个地方还有人使用那些方法。　　　　　　　　　　　　　　（　　）
4. 看起来，这部纪录片可能比较的是过去和现在的中国美食，而不是外国和中国的美食。　　　　　　　　　　　　　　　（　　）

阅读三

广州流行泰国菜

金羊网–民营经济报 2005 年 08 月 19 日

广州流行泰国菜,是人们纷纷去泰国旅游以后开始的。

泰国菜与中国菜有很多不同。它独特的味道,吸引了很多广州人。泰国是一个海边的热带国家,海鲜、水果、绿色蔬菜非常丰富,因此泰国的食材以海鲜、水果、蔬菜为主。泰国香米非常有名,米饭是泰国人的主食。泰国菜常用的鱼露是一种典型的泰国南部调料,接近中国的酱油。泰国菜还有一个特点,就是很多菜都带有酸味,不会太油腻,这对我们的身体健康很有好处。

泰国餐厅注重表演,尤其是大型的泰国餐厅,来自泰国的表演者一边唱歌一边跳舞,既能带来轻松的气氛,也可以减少客人等候上菜的压力。

泰国菜在广州的流行,再次证明了"美食无国界"。不管是来自哪里的美食,只要适合消费者的口味,就能被市场所接受;而如果它能与健康相结合,就更受欢迎。

第十五课　五味的调和

生　词

1. 流行	liúxíng	（形）	popular
2. 主食	zhǔshí	（名）	staple food
3. 鱼露	yúlù	（名）	fish sauce
4. 调料	tiáoliào	（名）	flavouring
5. 酱油	jiàngyóu	（名）	soybean sauce
6. 油腻	yóunì	（形）	greasy
7. 国界	guójiè	（名）	border

简要回答

1. 泰国菜是从什么时候开始在广州流行的？
2. 作者介绍了泰国菜的哪些特点？
3. 在你的国家，大家容易接受其他国家的美食吗？

第十六课

中国航天员太空授课

新京报 2013年06月21日

"我是王亚平,今天我来授课。"随着一句自我介绍,中国首位太空"老师"王亚平向天宫一号的摄像机镜头缓缓飘来。

这是6月20日上午10时11分,圆周运动的单摆、陀螺、水球……清楚的演示、准确的表达,短短40分钟,太空老师抓住了所有观看直播的观众的心。除了王亚平与地面学生交流,她的同事聂海胜和张晓光也回答了学生们的问题,介绍了他们在太空生活、工作和锻炼身体的情况。

太空授课控制在40分钟内,是因为这段时间天宫一号经过我国所有的测控站,天地通话效果最好,授课的画质、声音传输效果最好。

中国的太空授课任务一直受到外界关注。这段40分钟的特殊课程,让中国成为继美国之后,世界上第二个完成太空授课的国家。

2013年,中国航天计划实施16次发射,将20枚航天器送入太空。其中的重点,就是此次"神舟十号飞船"与"天宫一号"的载人交会对接。今年下半年,中国还将完成"嫦娥三号"的发射和降落月球任务,如果成功,对中国航天来说具有里程碑意义。

如果将目光放得再远些,中国中长期的航天计划更加庞大——到2020年,实现在轨航天器数量超过200颗,约占全球在轨航天器总数的两成;那时,中国年均航天发射数量将达到30次

左右,约占全球发射数量的30%;"长征五号""长征六号""长征七号"运载火箭投入商业运营,"北斗"卫星导航系统也将覆盖全球,与美国GPS的效果基本相同。

　　神舟十号飞船发射一周前,实现人类第一次太空授课的美国航天员芭芭拉·摩根曾致信王亚平,表达了她对神舟十号航天员的问候和祝愿,并对王亚平担任首位中国太空授课教师给予鼓励。她告诉王亚平,百忙之余,记得看看窗外美丽的地球。

　　芭芭拉·摩根曾经于2007年8月乘坐航天飞机进入国际空间站。在人类第一次太空授课中,她通过视频向学生展示了在太空运动、喝水等情景。截至现在,全球已经有320万名学生从国际空间站下载并分享这些课件。

 生　　词

1. 授课	shòu kè		teaching
2. 飘	piāo	(动)	to float
3. 圆周	yuánzhōu	(名)	circle
4. 单摆	dānbǎi	(名)	simple pendulum
5. 陀螺	tuóluó	(名)	top
6. 演示	yǎnshì	(动)	to demonstrate
7. 锻炼	duànliàn	(动)	to take exercise
8. 测控站	cèkòngzhàn	(名)	control station
9. 画质	huàzhì	(名)	image quality
10. 传输	chuánshū	(动)	to transfer; transmission

181

11. 航天器	hángtiānqì	（名）	spacecraft
12. 载人	zài rén		manned
13. 交会对接	jiāohuì duìjiē		rendezvous and docking, RVD
14. 里程碑	lǐchéngbēi	（名）	milepost; milestone
15. 目光	mùguāng	（名）	sight
16. 轨	guǐ	（名）	orbit
17. 运载火箭	yùnzài huǒjiàn		carrier rocket
18. 导航	dǎoháng	（动）	to navigate
19. 覆盖	fùgài	（动）	to cover
20. 航天飞机	hángtiān fēijī		space shuttle
21. 空间站	kōngjiānzhàn	（名）	space station

 ## 专有名词

1. 天宫一号	Tiāngōng Yī Hào	Tiangong-1 space laboratory
2. 神舟十号	Shénzhōu Shí Hào	Shenzhou-10 spacecraft
3. 嫦娥三号	Cháng'é Sān Hào	Chang'e-3 lunar probe
4. 长征五号	Chángzhēng Wǔ Hào	Long March-5 carrier rocket, CZ-5
5. 长征六号	Chángzhēng Liù Hào	Long March-6 carrier rocket, CZ-6
6. 长征七号	Chángzhēng Qī Hào	Long March-7 carrier rocket, CZ-7

第十六课　中国航天员太空授课

7. 北斗卫星
　　导航系统　　　Běidǒu Wèixīng Dǎoháng Xìtǒng　　Beidou Navigation Satellite System

8. 芭芭拉·摩根　　Bābālā Mógēn　　Barbara Morgan (1951-)

 练　习

一、画线连接具有相同特点的词语

　　王亚平　　　　　　　　　GPS

　　天宫一号　　　　　　　　交会对接

　　演示　　　　　　　　　　芭芭拉·摩根

　　发射　　　　　　　　　　展示

　　"北斗"卫星导航系统　　　神舟十号飞船

二、画线搭配动词和名词

　　实施　　　　　　　　　　太空

　　送入　　　　　　　　　　发射

　　覆盖　　　　　　　　　　鼓励

　　给予　　　　　　　　　　课件

　　下载　　　　　　　　　　全球

三、指出画线动词的宾语中心词

　1. 她的同事聂海胜和张晓光也<u>回答</u>了学生们的问题，<u>介绍</u>了他们在太空生活、工作和锻炼身体的情况。

　2. 让中国<u>成</u>为继美国之后，世界上第二个完成太空授课的国家。

3. 其中的重点,就<u>是</u>此次"神舟十号"与"天宫一号"的载人交会对接。

4. 如果成功,对中国航天来说<u>有</u>里程碑意义。

5. <u>表达</u>了她对神舟十号航天员的问候和祝愿。

四、选择正确答案

1. 课文介绍的中国"太空教师"是指:
   1)王亚平　　　2)聂海胜　　3)张晓光　　4)以上三位都是

2. 中国首次太空授课是在哪里完成的?
   1)天宫一号　　　2)神舟十号
   3)嫦娥三号　　　4)长征五号

3. 中国首次太空授课的内容是:
   1)航天员介绍了他们在太空生活、工作和锻炼身体的情况
   2)演示和介绍圆周运动的单摆、陀螺、水球等
   3)展示"神舟十号"与"天宫一号"的载人交会对接
   4)展示在太空运动、喝水等情景

4. 中国太空授课的时间控制在40分钟以内,原因是:
   1)这是中小学生正常的上课时间
   2)这是三位航天员正常的工作时间
   3)经过中国所有测控站的时间是40分钟,这段时间天地通话效果最好
   4)中国学习了美国航天员芭芭拉·摩根的经验,她的授课时间是40分钟

5. 关于中国的太空授课任务,以下哪个说法是错误的:
   1)这次太空授课的教师是一位女航天员
   2)对观看直播的人来说,太空授课非常有吸引力
   3)除了太空授课,这几位航天员还要完成"神舟十号"与"天宫一号"的载人交会对接
   4)在太空授课开始以前,很少有人关注这个项目

6. 以下哪项任务是中国要在2013年完成的：
   1）"嫦娥三号"的发射和降落月球任务
   2）实现在轨航天器数量超过200颗，约占全球在轨航天器总数的两成
   3）"长征五号""长征六号""长征七号"运载火箭投入商业运营
   4）"北斗"卫星导航系统覆盖全球

俄罗斯向国际空间站发射货运飞船

新华网 2013年07月29日

新华网莫斯科7月28日电 俄罗斯航天部门28日0时45分（北京时间4时45分），在哈萨克斯坦拜科努尔发射场用运载火箭向国际空间站发射了"进步M—20M"货运飞船。据俄罗斯航天署发布的消息，发射升空9分钟后，火箭与货运飞船分离。货运飞船预计将在莫斯科时间6时27分（北京时间10时27分）与国际空间站自动对接。这是俄罗斯今年向国际空间站发射的第三艘货运飞船。它将为空间站的六名宇航员送去能源、氧气、科研设备、医疗用品、食品和饮用水，总重量为2.4吨。

神舟十号飞船发射成功

新华社 2013年06月11日

新华社甘肃酒泉6月11日电（记者李宣良、白瑞雪、王玉山）搭载着三名航天员的神舟十号飞船11日17时38分在酒泉卫星发射中心成功发射。

聂海胜、张晓光、王亚平三名航天员，将在太空工作生活15天。在中国迄今为止时间最长的太空飞行中，神舟十号飞船将先后与天宫一号进行一次自动交会对接和一次航天员手控交会对接。天宫一号和神舟十号飞船组合体飞行期间，三名航天员将进入天宫一号开展多项航天医学实验及太空授课活动。33岁的女航天员王亚平，将成为中国首位"太空教师"，在太空向全国中小学生展示失重环境下的物理现象。

这是神舟飞船的第十次发射，距离航天员杨利伟乘坐神舟五号飞船首次进入太空恰好十年。这期间，共有十名中国航天员进入太空。

 生　词

1. 搭载	dāzài	（动）	to carry
2. 迄今	qìjīn	（动）	so far; up to now

第十六课　中国航天员太空授课

3. 手控	shǒu kòng		manual control; hand control
4. 组合体	zǔhétǐ	（名）	combination
5. 失重	shī zhòng		weightlessness; zero gravity
6. 物理	wùlǐ	（名）	physics

 **专有名词**

| 酒泉卫星发射中心 | Jiǔquán Wèixīng Fāshè Zhōngxīn | Jiuquan Satellite Launch Centre |

判断正误

1. 11日17时38分,天宫一号搭载着聂海胜、张晓光、王亚平三名航天员成功发射。（　　）
2. 聂海胜、张晓光、王亚平将在太空飞行15天,这是世界历史上时间最长的太空飞行。（　　）
3. 神舟十号飞船将与天宫一号进行两次自动交会对接。（　　）
4. 除了交会对接和太空授课,三名航天员的任务还包括开展航天医学实验。（　　）
5. 中国首次太空授课的内容是展示失重环境下的物理现象。（　　）
6. 在最近十年的时间里,中国已经把十名航天员送入太空。（　　）

阅读二

登月第一人尼尔·阿姆斯特朗逝世 享年82岁

中央电视台 2012年08月26日

据美联社报道,首位登上月球的宇航员尼尔·阿姆斯特朗的家人刚刚发表一份声明,宣布阿姆斯特朗逝世,享年82岁。本月早些时候他曾经接受心脏手术。

尼尔·阿姆斯特朗,1930年生于美国俄亥俄州,14岁接受飞行训练,曾是美国海军飞行员。1962年成为美国航空航天局的宇航员,他的第一次太空任务是在1966年执行的。在那次任务中,他和大卫·斯科特一道完成了航天器的对接。

尼尔·阿姆斯特朗的第二次,也是最后一次太空任务,就是著名的阿波罗11号登月。1969年7月20日,美国阿波罗11号飞船成功在月球着陆,宇航员阿姆斯特朗在月球表面留下了人类第一个脚印,阿姆斯特朗当时用"这是我个人的一小步,却是人类的一大步(That's one small step for a man, one giant leap for mankind.)"描述了自己的登月感受。

在这次登月过程中,阿姆斯特朗和巴兹·奥尔德林进行了两个半小时的月球行走。

生 词

1. 宇航员　　yǔhángyuán　（名）　astronaut
2. 逝世　　　shìshì　　　（动）　to pass away
3. 享年　　　xiǎngnián　　（名）　die at the age of
4. 心脏　　　xīnzàng　　　（名）　heart
5. 手术　　　shǒushù　　　（名）　surgical operation; operation
6. 海军　　　hǎijūn　　　（名）　navy
7. 着陆　　　zhuó lù　　　　　　landing
8. 脚印　　　jiǎoyìn　　　（名）　footprint; footmark
9. 描述　　　miáoshù　　　（动）　to describe

专有名词

1. 尼尔·阿姆斯特朗　　Ní'ěr Āmǔsītèlǎng　　Neil Alden Armstrong (1930-2012)
2. 美国航空航天局　　Měiguó Hángkōng Hángtiān Jú　　National Aeronautics and Space Administration, NASA
3. 大卫·斯科特　　Dàwèi Sīkētè　　David Randolph Scott (1932-)
4. 阿波罗11号　　Ābōluó Shíyī Hào　　Apollo 11
5. 巴兹·奥尔德林　　Bāzī Ào'ěrdélín　　Buzz Aldrin (1930-)

判断正误

1. 尼尔·阿姆斯特朗是在82岁的时候逝世的。（　）
2. 尼尔·阿姆斯特朗是在14岁的时候成为美国海军飞行员的。（　）
3. 大约32岁的时候,尼尔·阿姆斯特朗成为宇航员。（　）
4. 尼尔·阿姆斯特朗接受的第一项太空任务是自己一个人完成航天器的对接。（　）
5. 在人类第一次登月过程中,月球表面只留下了尼尔·阿姆斯特朗的脚印。（　）
6. 阿波罗11号登月任务以后,尼尔·阿姆斯特朗没有再进入过太空。（　）

人类首位进入太空的宇航员加加林迎来80岁诞辰

中国新闻网 2014年03月10日

中新网3月10日电 据俄罗斯媒体报道,3月9日,世界上第一位进入太空的宇航员尤里·加加林迎来80周年诞辰。

尤里·加加林1934年3月9日出生于苏联斯摩棱斯克州格扎茨克区(今加加林区)的格扎茨克市(今加加林市)。1960年10月11日,根据前苏联空军的命令,加加林加入了第一批宇航员培训队伍。1961年4月8日,根据前苏联的决定,加加林被任命为"东方号"宇宙飞船的飞行员。

1961年4月12日,加加林成为人类历史上第一名进入太空的宇航员,他用了1小时48分环绕地球一圈,并成功返回地面。

他从太空返回之后,没有放弃飞行。在1968年,加加林驾驶飞机失事,不幸遇难。

生　词

1. 诞辰	dànchén	（名）	birthday
2. 空军	kōngjūn	（名）	air force
3. 环绕	huánrào	（动）	to surround
4. 驾驶	jiàshǐ	（动）	to drive
5. 失事	shī shì		to have an accident

专有名词

1. 尤里·加加林	Yóulǐ Jiājiālín	Yuri Gagarin (1934-1968)
2. 苏联	Sūlián	the Soviet Union
3. "东方号"宇宙飞船	Dōngfānghào Yǔzhòu Fēichuán	The Vostok spacecraft

简要回答

1. 尤里·加加林是在多大年龄成为宇航员的?
2. 他是在什么时候进入太空? 做了哪些事情?
3. 他成为人类历史上第一名进入太空的宇航员以后,工作有什么变化吗?

第十七课

人民还需不需要相声？

人民网 2004 年 08 月 03 日

姜昆曾经这样评价相声：中国有世界上最古老的文化，但老祖宗在古代的生活中怎么开玩笑，估计没人知道。不过他们给中国人留下了一个让人笑的玩意儿，那就是相声。

最逗的就是相声不逗

相声大师侯宝林曾经对旧相声进行整理，为中国的相声事业作出了不朽的贡献。他的《关公战秦琼》《夜行记》是相声艺术宝库里的经典之作。可是现在，相声竟出现了被冷落的局面。全国相声从业人员不过二三百人，是所有艺术门类中人数最少的。专门写相声的作者不足十人。"最逗的就是相声不逗。"有人评论说。

人们为什么不爱听相声了？

缺少经典之作，好的相声太少。演员赵本山曾说："是相声自己毁了自己，你把侯宝林的作品搬到今天照样受欢迎——他们缺少经典之作。"赵本山的话说出了相声走下坡路的主要原因。

缺乏平民意识，脱离生活。如今的一些相声演员缺乏平民意识，你很难想象经常生活在五星级酒店的演员，怎么会知道普通百姓的喜怒哀乐，怎么能写出普通人的生活。

缺乏讽刺性。相声最主要的表现特色是它的讽刺性，但为了制造喜庆气氛，一些歌功颂德的作品大受欢迎，而一些带有讽

第十七课 人民还需不需要相声？

刺味道的相声作品不受重视。

重表演轻语言。有一段时间，化装相声、音乐相声纷纷登场，试图以花样多变的表演形式吸引观众，结果喧宾夺主，适得其反。

相声"为他人做嫁衣裳"。有人说，好的相声演员干什么都行，因为他们有很好的语言基础，掌握喜剧技巧。相声为影视、音乐等艺术门类培养了一大批优秀人才：如中央电视台节目主持人朱军、王刚等等。人才的流失对相声事业的发展来说是最大的问题。

相声正在遭遇危机

其实在任何社会都存在一种现象，传统艺术越来越难以融入现代社会，相声也是如此。相声是来自老百姓的民间艺术，虽然现在相声正在努力走出"低谷"，往好处发展，但我们需要多给它一些时间。

 生　词

1. 相声	xiàngsheng	（名）	comic dialogue
2. 策划	cèhuà	（动）	to plan
3. 祖宗	zǔzōng	（名）	ancestor
4. 逗	dòu	（形）	funny
5. 大师	dàshī	（名）	master
6. 不朽	bùxiǔ	（动）	enduring
7. 经典	jīngdiǎn	（形）	classical

8. 冷落	lěngluò	（动）	to be left out
9. 门类	ménlèi	（名）	kind; sort
10. 毁	huǐ	（动）	to destroy; to damage
11. 平民	píngmín	（名）	civilian
12. 讽刺	fěngcì	（动）	to satire
13. 喧宾夺主	xuānbīn-duózhǔ		a presumptuous guest usurps the host's role
14. 适得其反	shìdé-qífǎn		just the opposite to what one wishes
15. 喜剧	xǐjù	（名）	comedy
16. 流失	liúshī	（动）	to run off
17. 融入	róngrù	（动）	to integrate into

练　习

一、画线连接具有相同特点的词语

相声大师　　　　演员

《关公战秦琼》　　低谷

作者　　　　　　经典之作

危机　　　　　　《夜行记》

二、指出画线动词的宾语中心词

1. 不过他们给中国人<u>留</u>下了一个让人笑的玩意儿,那就是相声。

2. 是相声自己<u>毁</u>了自己。

3. 你很难想象经常生活在五星级酒店的演员,怎么会知道普通百姓的喜怒哀乐。
4. 但为了制造喜庆气氛,一些歌功颂德的作品大受欢迎。

三、选择画线词语的正确解释

例如:
但老祖宗在古代的生活中怎么开玩笑,估计没人知道
1) 老人　　　　　　　　2) 老年的中国人
3) 喜欢开玩笑的老人　　4) 先辈、祖先

1. 最逗的就是相声不逗
   1) 有意思的　　　　　2) 让大家没有想到的
   3) 让大家吃惊的　　　4) 很清楚的
2. 是相声自己毁了自己
   1) 看不起　　2) 讨厌　　3) 破坏　　4) 放弃
3. 赵本山的话说出了相声走下坡路的主要原因
   1) 越来越简单　　　　2) 水平下降
   3) 让大多数人听不懂　4) 只有少数人喜欢
4. 有一段时间,化装相声、音乐相声纷纷登场,试图以花样多变的表演形式吸引观众,结果喧宾夺主,适得其反
   1) 演员们用新的表演形式吸引观众,结果化装艺术、音乐艺术和相声艺术都得到了发展。这个结果让大家没有想到
   2) 演员们用新的表演形式吸引观众,结果观众只注意到化装和音乐,没有注意到相声。相声艺术没有得到真正的发展
   3) 演员们用新的表演形式吸引观众,结果观众只关心相声艺术,不关心化装艺术和音乐艺术。这个结果让大家没有想到
   4) 演员们用新的表演形式吸引观众,结果观众既不喜欢化装

艺术和音乐艺术,也不喜欢相声艺术。相声艺术没有得到真正的发展

5. 相声"为他人做嫁衣裳"
   1）相声是一种传统艺术,以前只是在人们结婚的时候才表演的
   2）相声是一种大家喜爱的艺术,它非常重要,像女孩子结婚的时候要穿的衣服一样
   3）好的相声演员有很强的表演能力
   4）现在,相声艺术培养了很多很好的演员,但是流失到其他行业去了

6. 虽然现在相声正在努力走出"低谷",往好处发展,但我们需要多给它一些时间
   1）比喻相声艺术还不成熟
   2）比喻相声只是在农村地区才受到欢迎
   3）比喻相声只是在山区才受到欢迎
   4）比喻相声受冷落的现状

四、选择正确答案

1. 整理出《关公战秦琼》《夜行记》这些经典之作的大师是:
   1）姜昆　　2）侯宝林　　3）赵本山　　4）朱军、王刚

2. 可是现在,竟然出现了相声被冷落的局面。这主要表现在:
   1）写作和表演相声的人非常少
   2）老祖宗在古代的生活中怎么开玩笑,估计没人知道
   3）相声演员经常生活在五星级酒店
   4）化装相声、音乐相声纷纷登场

3. 在"人们为什么不爱听相声了"这个部分,作者列出了很多原因,请指出其中不正确的一个:
   1）一些相声演员缺乏平民意识,脱离生活

2）一些相声作品缺乏讽刺性

3）重表演轻语言

4）现在的年轻人更喜欢外国艺术

4. 作者认为相声艺术的将来会怎么样：

1）越来越难以融入现代社会，会被人们逐渐忘记

2）喜欢传统艺术的人们还会继续支持相声

3）已经在逐渐恢复，但是需要很长时间才能达到比较高的水平

4）不清楚，现在无法判断

快速阅读

相声艺术大师侯宝林病逝

新华网 2006年02月04日

1993年2月4日，中国相声艺术大师、语言大师侯宝林在京病逝，享年76岁。侯宝林，北京人，满族。家境贫穷，12岁时学习京剧，后改说相声，曾经在北京的鼓楼和天桥一带表演，1940年在天津演出并成名。侯宝林对相声艺术的贡献是多方面的，改编了许多传统相声：《婚姻与迷信》《关公战秦琼》《夜行记》《戏剧杂谈》《戏剧与方言》《改行》《醉酒》《戏迷》等等。他还注重相声的理论研究，与人合著了《相声溯源》《相声艺术论集》。

 阅读一

韩国电视剧为何人气旺

日本经济新闻 2004年07月11日

为什么韩国的电视连续剧最近有这么旺的人气呢？从事经济调查工作的深津对此进行了考察。

深津来到韩国，对韩国电视台（KBS）进行了调查，他们制作的《冬天的索纳塔》在东亚大受欢迎。负责该剧制作的人说："韩国的电视台一旦决定在海外播放电视连续剧，就把演员、导演都派到那个国家，为电视连续剧作大张旗鼓的宣传。尤其是最近这几年，特别重视这一点。"

韩国从十多年前开始以低价格战略对海外市场展开了攻势。每部电视连续剧都制作了精美的宣传品，在宣传上不惜成本。据韩国电视台的人说："这种努力效果很好，在东亚国家，喜爱韩国电视连续剧的人越来越多。"

据说，韩国电视连续剧的出口势头非常好，去年的出口额是4250万美元，今年估计会猛增到6000万美元。据韩国从事广播影视产业研究的金研究员说："韩国在政府的支持下，每年都举办广播电视节目展览会等，全国一致推动电视连续剧的出口。"去年在展览会期间签订的出口合同金额就超过600万美元。

通过调查，深津认为："韩国电视连续剧之所以在东亚受欢迎，主要是因为韩国有经过周密策划的海外战略。"

第十七课　人民还需不需要相声？

 生　词

1. 连续剧　　liánxùjù　　　（名）　　TV play series
2. 考察　　　kǎochá　　　　（动）　　to investigate
3. 大张旗鼓　dàzhāng-qígǔ　　　　　 in a big way
4. 攻势　　　gōngshì　　　　（名）　　offensive
5. 势头　　　shìtou　　　　 （名）　　tendency

 专有名词

东亚　　Dōngyà　　East Asia

判断正误
1. 韩国的电视连续剧最近很受欢迎，深津对此进行了考察。（　　）
2. 韩国电视台(KBS)的工作人员告诉深津，如果韩国的电视台决定在海外播放电视连续剧，他们就会让演员和导演到那个国家，在那个国家制作连续剧的一些部分。（　　）
3. 从十多年前开始，为了增加出口，韩国在宣传方面投资很多，但是电视连续剧本身的价格并不高。（　　）
4. 据说，韩国电视连续剧的出口势头非常好，今年的出口额会比去年增加6000万美元。（　　）
5. 韩国政府支持韩国的电视连续剧出口。（　　）

6. 这篇课文介绍的是韩国电视连续剧在全世界受到欢迎的原因。
（　）

阅读二

中国举办非物质文化遗产保护成果展览

中国文化报 2014年07月11日

参观"非物质文化遗产保护成果展览"，看到最早报道这方面工作的报纸，让人想起很多。

一张是2001年5月22日《中国文化报》，刊登了题为《联合国教科文组织宣布首批人类口头和非物质遗产代表作》的报道。另一张是两天后《人民日报》刊登的《口述与非物质遗产代表作公布》。这两篇报道，介绍了昆曲艺术被列入"联合国教科文组织首批口头与非物质遗产代表作名录"。

"非遗"保护这项工作对中华民族文化发展可能产生巨大的影响，各地的反应都很积极。据国家图书馆的管理人员介绍，展览除选用馆藏的出版物之外，各地文化主管部门和非遗保护中心还在很短的时间里送来5000余件展品。其中，《山东省非物质文化遗产音像集》包括了上百张光盘，全面记录了山东省首批非遗名录项目。传统医药类非物质文化遗产的出版成果相当丰富。现存的藏医学古籍总数至少在1200种以上。2012年青海省整理出版了《藏医药大典》，共60卷，6000万字，收录了638部藏医古籍及部分近代论著。其他少数民族医学成果也得到整理、翻译和出版。

第十七课　人民还需不需要相声？

 生　词

1. 非物质文化遗产(非遗)	fēiwùzhì wénhuà yíchǎn (fēiyí)		intangible cultural heritage
2. 代表作	dàibiǎozuò	（名）	masterpiece
3. 馆藏	guǎncáng	（名）	collection
4. 古籍	gǔjí	（名）	ancient books
5. 大典	dàdiǎn	（名）	classics
6. 卷	juàn	（量）	volume
7. 论著	lùnzhù	（名）	works; book

 专有名词

1. 昆曲	Kūnqǔ	Kunqu opera
2. 联合国教科文组织	Liánhéguó Jiàokēwén Zǔzhī	United Nations Educational Scientific and Cultural Organization; UNESCO
3. 藏	Zàng	Tibet

判断正误

1. 从课文来看，设立"非物质文化遗产"制度，是为了保护人类的知识和艺术成果。　　　　　　　　　　　　　　　　（　）

201

2. 中国列入"联合国教科文组织首批口头与非物质遗产代表作名录"的艺术种类是相声。（　　）
3. 由于发展水平的差异，中国各地对"非遗"保护的看法并不一样，有的地方不是非常积极。（　　）
4. 这次展览选用了国家图书馆和各地送来的展品。（　　）
5. 2012年，山东省和青海省整理出版了《藏医药大典》，共60卷，6000万字。（　　）

中法文化年活动：中国电影展

新浪文化 2003年09月26日

中法文化年电影展项目是近年来规模最大的一次中法电影交流活动。中国电影展参展影片多达110部（其中20部为香港影片）。这些影片跨越了从19世纪20年代到21世纪的漫长历史岁月，包含了那些影响最大、流传最广、最具代表性意义的电影佳作。

影片风格各异，题材多样，展现了中国电影的发展进程和不同时期的电影精华。从19世纪电影刚刚在中国诞生时期经典无声电影、五六十年代新中国出品的优秀黑白电影，一直到采用高科技方法制作的彩色故事片。通过这些影片，观众可以了解中国的历史文化和自然风光，感受中国百姓的情感，看到中国改革开放的新貌。

中国电影展由中国电影资料馆与法国电影资料馆等单位联

合主办。影展将于11月份正式拉开帷幕,一百多部影片将轮番在法国放映半年。

生 词

1.	岁月	suìyuè	(名)	years
2.	流传	liúchuán	(动)	to spread
3.	佳作	jiāzuò	(名)	an excellent work
4.	展现	zhǎnxiàn	(动)	to exhibit
5.	精华	jīnghuá	(名)	essence; elite
6.	新貌	xīnmào	(名)	new look
7.	帷幕	wéimù	(名)	curtain
8.	轮番	lúnfān	(副)	to take turns

简要回答

1. 参加这次中国电影展的影片是什么年代制作的?
2. 作者写这篇文章的时候,电影展是否已经开始?将进行多长时间?

第十八课

中文版《孤独星球》是怎样写成的？

外滩画报 2010 年 07 月 08 日

创办38年来,《孤独星球》的英文版旅行指南已经出版600多种。2006年8月,《孤独星球》与三联书店合作,将外文版《孤独星球》翻译成中文出版。今年5月,《孤独星球》第一本中国旅行指南《云南》和大家见面了,与以往最大的不同在于,《云南》的策划人员和作者百分之百来自中国。

优秀的作者是《孤独星球》最为骄傲的资源。《孤独星球》的中文网站这样介绍自己的作者:"《孤独星球》由来自40多个不同国家,能讲70多种不同语言的350多名资深作者完成。每个作者平均去过的国家是46个。"

找到中国的作者后,来自《孤独星球》总部的工作人员开始对他们进行培训。培训在北京进行,持续一个多星期。作者们要明白:"不能只靠网络或者电话收集资料,而要亲临上千家酒店、餐厅、咖啡馆、酒吧、美术馆、博物馆,获得准确翔实的信息。作者不能接受贿赂,发布有利于商家的信息。作者们要敢于说真话,把最真实的体验告诉读者。只有这样,才能够为旅行者服务。"

所有的作者出发之前,手里都有一份提纲。作者之一的毛燕鸿说:"比如去昆明之前,我们知道有西山、滇池等景点。我们

以这些景点为中心,调查它周围的交通、住宿、就餐、购物、娱乐信息,然后做成详细的清单。"

作者们往往为了写出新意,花费不少心思。在人满为患的丽江古城,易晓春建议旅行者清晨进古城,看看古城人的真实生活状态;人多起来之后,骑车去周边玩;晚上再回古城买纪念品,逛酒吧。

《孤独星球》强调,你可以很客观地去看一件事情,但要通过个人化的写作表现出来。叶孝忠列举了英文版《CHINA》介绍石家庄的写法:"如果你在这里每听到一次鸣笛就能得到一块钱的话,那你就会富得赶上比尔·盖茨了。"其实,作者想说的是石家庄比较拥挤,但他没有抱怨"石家庄是河北省会,交通状况不好"。他使用了幽默的表达方式。

易晓春认为,《孤独星球》重点提倡的观念之一是"负责任的旅行"。在编写过程中,作者会提醒旅行者保护当地环境和生态,特别是在云南这样一个生物多样性脆弱而游客众多的地方,旅游者的自我约束更加重要。

如果中国的驴友足够幸运,2010年内能看到的《孤独星球》中国旅行指南还有《四川和重庆》《陕西》《贵州》《青海》《甘肃和宁夏》和《苏浙沪》。

 生　词

| 1. 指南 | zhǐnán | (名) | guide; handbook |
| 2. 资深 | zīshēn | (形) | senior |

3. 亲临	qīnlín	（动）	to attend personally
4. 翔实	xiángshí	（形）	detailed; informative
5. 贿赂	huìlù	（动）	to bribe; bribery
6. 商家	shāngjiā	（名）	seller; merchant
7. 体验	tǐyàn	（动）	to experience
8. 提纲	tígāng	（名）	outline
9. 景点	jǐngdiǎn	（名）	tourist attraction
10. 娱乐	yúlè	（名）	entertainment
11. 清单	qīngdān	（名）	detailed list
12. 新意	xīnyì	（名）	fresh idea
13. 心思	xīnsi	（名）	thoughts
14. 人满为患	rén mǎn wéi huàn		too crowded
15. 古城	gǔchéng	（名）	ancient city
16. 鸣笛	míng dí		to whistle; to blow
17. 幽默	yōumò	（形）	humorous
18. 生物多样性	shēngwù duōyàngxìng		biodiversity
19. 约束	yuēshù	（动）	to restrain; to restrict
20. 驴友	lǘyǒu	（名）	tourist; tour pal

 **专有名词**

1.《孤独星球》	Gūdú Xīngqiú	*Lonely Planet*
2. 三联书店	Sānlián Shūdiàn	Sanlian Bookstore

第十八课　中文版《孤独星球》是怎样写成的？

3. 昆明	Kūnmíng	Kunming, Yunnan Province
4. 丽江	Lìjiāng	Lijiang, Yunnan Province
5. 石家庄	Shíjiāzhuāng	Shijiazhuang, Hebei Province
6. 比尔·盖茨	Bǐ'ěr Gàicí	Bill Gates (1955-)

 练　习

一、画线连接具有相同特点的词语

云南　　　　　　陕西
策划人员　　　　幽默
提纲　　　　　　清单
客观　　　　　　作者

二、画线搭配动词和名词

出版　　　　　　观念
来自　　　　　　贿赂
培训　　　　　　中国
接受　　　　　　《孤独星球》
提倡　　　　　　作者

三、指出画线动词的宾语中心词

1. 优秀的作者<u>是</u>《孤独星球》最为骄傲的资源。
2. <u>调查</u>它周围的交通、住宿、就餐、购物、娱乐信息。
3. 叶孝忠<u>列举</u>了英文版《CHINA》介绍石家庄的写法。
4. 作者会<u>提醒</u>旅行者保护当地环境和生态。

四、比较A、B两句的意思是否相同

1. A) 与以往最大的不同在于,《云南》的策划人员和作者百分之百来自中国。

   B)《云南》的策划人员和作者全部来自中国,这是它和以前的旅行指南最大的不同。（   ）

2. A)《孤独星球》由来自40多个不同国家,能讲70多种不同语言的350多名资深作者完成。每个作者平均去过的国家是46个。

   B)《孤独星球》的作者有350多人,经验丰富,来自40多个国家,能讲70多种语言,每个人都去过46个国家。（   ）

3. A) 不能只靠网络或者电话收集资料,而要亲临上千家酒店、餐厅、咖啡馆、酒吧、美术馆、博物馆,获得准确、翔实的信息。

   B) 作者可以依靠网络或者电话收集资料,也可以自己去上千家酒店、餐厅、咖啡馆、酒吧、美术馆、博物馆,只要获得的信息准确,两种方法都可以。（   ）

4. A) 作者们往往为了写出新意,花费不少心思。

   B) 作者们往往非常努力,目的是为了让自己写出的旅游指南与众不同。（   ）

5. A) 你可以很客观地去看一件事情,但要通过个人化的写作表现出来。

   B) 你可以像客人、游客一样看待一件事情,但要通过个人化的写作表现出来。（   ）

6. A) 如果你在这里每听到一次鸣笛就能得到一块钱的话,那你就会富得赶上比尔·盖茨了。

   B) 这里鸣笛的次数实在是太多了。（   ）

 快速阅读

海南成为旅游热点

速途网 2012年10月29日

速途网上海讯 据介绍,"携程旅游"在海南三亚开发交通、住宿、游览、购物服务,深受客人好评,已经服务达数十万人次。携程旅游和酒店合作推出优惠产品,只要提前预订产品,最高优惠超过1000元。比如携程网上的"心动三亚·三亚5日自由行",提前预订11、12月份上海出发,起价只需2000元,相比去年同期下调5%到10%。携程旅游负责人何勇告诉速途网记者,预计三亚酒店价格平稳和小幅下调的趋势,将会持续到明年新年和春节。

 阅读一

谷岳:旅行者的自由和挑战

外滩画报 2013年03月27日

纪录片《搭车去柏林》让人们认识了谷岳。2009年,他用三个多月,搭车从北京去柏林看望女朋友。2010年,他计划用一年多的时间,从北极圈出发,到阿根廷的南端,完成世界上最长的陆地穿越,并拍成纪录片《一路向南》。这次旅行并不顺利,他面对时间不足、更换旅伴、经费短缺和工作压力的挑战。最终他分两次走完全程,在后半程,他和旅伴德子以摩托车为主要交通工

具,历时四个半月走遍中南美洲,完成了他的"摩托日记"。

谷岳觉得,哥伦比亚人特别热情,玻利维亚的风景漂亮,印第安人的生活方式和信仰很有意思。

为了能有半年时间"在路上",剩下的半年,他可能需要更努力地工作。"如果我花六七个月写书,再花两三个月为书做一些推销,在比较畅销的情况下,大概和普通白领的收入差不多。"谷岳说,他必须为自己的旅行找赞助,在路上携带很重的拍摄器材,并完成纪录片的剪辑,提供给电视台。

谈起现在的生活,谷岳说:"我还在尝试用别的方式养活自己。最重要的是保持一种自由的生活状态,一年有一半时间出去走走,另一半在一个地方住一段。如果全在路上也会厌倦。变化是最好的。"

 生　词

1. 搭车	dā chē		to get a lift
2. 陆地	lùdì	(名)	land; earth
3. 穿越	chuānyuè	(动)	to pass through
4. 旅伴	lǚbàn	(名)	traveling companion
5. 风景	fēngjǐng	(名)	scenery; landscape
6. 信仰	xìnyǎng	(名)	faith; belief
7. 推销	tuīxiāo	(动)	to promote sales
8. 赞助	zànzhù	(动)	to support; to sponsor
9. 拍摄	pāishè	(动)	to take (a picture); to shoot

10. 剪辑	jiǎnjí	（动）	cutting; film editing
11. 养活	yǎnghuo	（动）	to support; to feed
12. 厌倦	yànjuàn	（动）	to be tired of

 **专有名词**

1. 北极圈	Běijíquān		the Arctic Circle
2. 中南美洲	Zhōng-nán Měizhōu		Central and South America
3. 印第安人	Yìndì'ānrén		American Indian

选择正确答案

1. 人们开始了解谷岳，是因为：
   1）2009年，他搭车从北京去柏林看望女朋友，还拍摄了纪录片
   2）2010年，他计划完成世界上最长的陆地穿越，并拍成纪录片《一路向南》
   3）他和旅伴历时四个半月走遍中南美洲，完成了他的"摩托日记"
   4）他写的书比较畅销
2. 关于谷岳的陆地穿越旅行，以下哪一个介绍是错误的：
   1）他计划用一年多的时间完成旅行
   2）旅行的起点是北极圈，终点是阿根廷的南端
   3）旅行并不顺利，但是他还是一次走完了全程
   4）旅行的后半程，他的主要交通工具是摩托车

3. 和这篇课文没有关系的国家是：
   1）中国和德国　　　　　2）阿根廷
   3）哥伦比亚和玻利维亚　4）印度
4. 谷岳认为，生活中最重要的是什么：
   1）像搭车去柏林和陆地穿越这样的旅行
   2）努力地工作，包括写书和拍摄
   3）用不同的方式养活自己
   4）保持自由的生活状态

阅读二

中国航海家郭川获吉尼斯世界纪录证书

中国新闻网 2013年08月31日

中新社伦敦8月30日电（记者周兆军）2012年11月，郭川开始"单人不间断帆船环球航行"。在经历了21600多海里的艰苦航行之后，他驾驶"青岛号"帆船返回青岛，成为第一个完成单人不间断环球航行的中国人。

郭川获得的吉尼斯世界纪录证书上写着："来自中国的郭川创造了40英尺级帆船单人环球航行最快成绩：137天20小时1分57秒。出发点：中国山东青岛奥林匹克中心。出发时间：2012年11月18日。返回时间：2013年4月4日。"

48岁的郭川在颁奖仪式上表示，自己在很小的时候就知道吉尼斯世界纪录，那时候感觉上面的纪录都非常神奇，没想到有一天自己会成为其中的一员。"在吉尼斯总部所在的城市——伦敦接受这个证书，我感到非常自豪。"

第十八课　中文版《孤独星球》是怎样写成的？

郭川的下一个目标是2014年12月举行的巴塞罗那环球帆船赛。2015年夏天，他将挑战北方航线，计划从欧洲出发，途经俄罗斯后，向北进入北冰洋，完成穿越。

（注：2016年11月郭川在挑战单人不间断跨太平洋航行途中失踪。）

 生　词

1.	航海	hánghǎi	（动）	to navigate
2.	证书	zhèngshū	（名）	certificate
3.	间断	jiànduàn	（动）	to be interrupted
4.	帆船	fānchuán	（名）	sailing boat
5.	环球	huánqiú	（动）	round the world
6.	海里	hǎilǐ	（量）	sea mile
7.	英尺	yīngchǐ	（量）	foot (pl. feet)
8.	失踪	shī zōng		to disappear

 **专有名词**

1.	吉尼斯世界纪录 Jínísī Shìjiè Jìlù	Guinness World Records
2.	北冰洋　　　　Běibīng Yáng	the Arctic Ocean

213

判断正误

1. 从2012年11月到2013年4月,郭川连续航行了21600多海里,完成环球航行。（　　）
2. 来自中国的世界纪录证书记录了郭川的成绩和出发地点、所用时间。（　　）
3. 郭川表示,自己很小的时候就知道吉尼斯世界纪录,而且觉得那些纪录很平常,自己也可以做到。（　　）
4. 郭川已经在计划2014年和2015年的比赛和挑战。（　　）
5. 和这篇课文有关系的国家只有三个:中国、英国和俄罗斯。（　　）

《孤独星球》眼中最好的亚洲街头小吃:新加坡还是台北?

http://select.yeeyan.org/　　2012年03月11日

如果用"丰富""漂亮""干净"和"方便"四个标准来比较,新加坡和台北,谁的街头小吃更受欢迎呢?

新加坡小吃融合了中国、印度、泰国、马来西亚这些国家的饮食特色。台北夜市近90%街头小吃都是中国风味。所以,丰富程度……新加坡胜!

新加坡街头小吃摊位,有点像机场的快餐中心。台北夜市人声鼎沸,旁边常常有古老的寺庙,可能不如新加坡那样整齐,但是更有艺术感和生活气息。所以,台北小吃夜市更漂亮!

新加坡政府定期检查小吃中心,还有专门人员不断地打

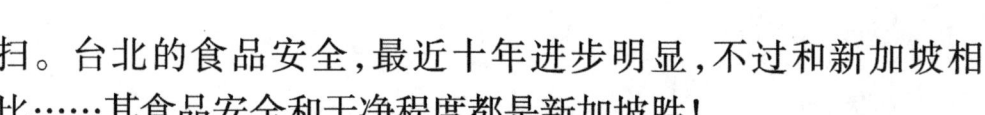

扫。台北的食品安全,最近十年进步明显,不过和新加坡相比……其食品安全和干净程度都是新加坡胜!

新加坡的小吃摊位数量远多于台北夜市,不过临时摊点不多。台北更加自由,街头小吃摊位无处不在,有时在最令人意想不到的地方也能找到它们。所以,方便程度……平局!

可以说,拥有亚洲最佳街头小吃的是……新加坡!

 生　词

1. 街头	jiētóu	(名)	street
2. 夜市	yèshì	(名)	night fair; night market
3. 摊位	tānwèi	(名)	stall; booth
4. 快餐	kuàicān	(名)	fast food
5. 人声鼎沸	rénshēng-dǐngfèi		a hubbub of voices
6. 寺庙	sìmiào	(名)	temple

简要回答

1.《孤独星球》怎么判断和比较这两个城市的小吃?

2. 如果用分数来表示课文的评比结果,应该怎么来表示?

3. 你是不是相信这个评比结果,你会选择哪里的小吃,新加坡还是台北?

第十九课

我国艾滋病防治取得新进展

科技日报 2012年12月03日

12月1日是第25个"世界艾滋病日"。卫生部公布的数字显示,2012年1—10月我国新报告艾滋病病毒感染者和病人68802例;截至2012年10月底,全国累计报告艾滋病病毒感染者和病人492191例,存活的感染者和病人383285例。

专家告诉记者,虽然目前没有有效的治疗药物,但是艾滋病是可以预防的,可以通过抗病毒治疗控制病情。研究显示,提前应用抗病毒药物可以预防99%的初期性艾滋病病毒传播,这被《科学》杂志称为"2011年科学重大突破"。今年,在美国召开的第十九届世界艾滋病大会上,专家提出"行动起来,向零艾滋迈进",就是基于上述的研究成果。

目前已经治疗的病人情况显示,如果艾滋病感染者不接受抗病毒治疗,大约可以活一年半左右。而早期感染了艾滋病病毒的患者,只要坚持治疗,几乎可以活到预期寿命。目前专家们倾向于认为艾滋病是一种慢性疾病,就像糖尿病、高血压一样,可以通过抗病毒治疗控制病情。

卫生部公布的数字显示,目前我国建立了3430个抗病毒治疗机构,截至2012年10月底,全国累计治疗19.7万人,治疗比例目前已达84%,病人的病死率明显下降。目前,我国成人抗病毒

第十九课　我国艾滋病防治取得新进展

治疗效果处于发展中国家前列,儿童抗病毒治疗总病死率接近发达国家。

据了解,抗病毒治疗只对早期发现的艾滋病感染者效果明显,而对晚期艾滋病感染者治疗效果不理想。

卫生部的孙新华告诉记者,"得了艾滋病不可怕,可怕的是得了艾滋病以后不治疗",艾滋病是可以预防、可以控制的疾病,他呼吁公众重视自身健康,重视艾滋病,及时到医疗机构检测、诊断。

目前,我国科学家自主研制的艾滋病疫苗一期临床试验取得预期效果,今年正式启动二期临床试验。在盖茨基金会发布的最新全球艾滋病疫苗展望中,该疫苗被列入全球最有可能成功的八个艾滋病疫苗之一。

不少专家认为,我们已经看到艾滋病疫苗研究的曙光。从近年来全球防治艾滋病所取得的成效来看,只要各国政府继续增加财政和科学方面的投入,在现有条件下是有可能遏制艾滋病疫情的。

生　词

1. 艾滋病	àizībìng	(名)	Aids
2. 防治	fángzhì	(动)	to prevent and cure
3. 病毒	bìngdú	(名)	virus
4. 感染	gǎnrǎn	(动)	to infect; to be infected with
5. 例	lì	(量)	case

6.	存活	cúnhuó	（动）	to survive
7.	治疗	zhìliáo	（动）	to treat; to cure
8.	预防	yùfáng	（动）	to prevent
9.	抗病毒	kàng bìngdú		antiviral; antivirus
10.	初期	chūqī	（名）	early stage
11.	突破	tūpò	（动）	to break through
12.	基于	jīyú	（动）	to base on
13.	患者	huànzhě	（名）	patient
14.	慢性疾病	mànxìng jíbìng		chronic disease
15.	糖尿病	tángniàobìng	（名）	diabetes mellitus
16.	高血压	gāoxuèyā	（名）	hypertension; high blood pressure
17.	前列	qiánliè	（名）	front row; front rank
18.	检测	jiǎncè	（动）	to check; to detect
19.	诊断	zhěnduàn	（动）	to diagnose; diagnosis
20.	自主	zìzhǔ	（动）	to act on one's own; to be one's own master
21.	疫苗	yìmiáo	（名）	vaccine
22.	临床	línchuáng	（动）	clinical
23.	曙光	shǔguāng	（名）	first light of morning; dawn
24.	遏制	èzhì	（动）	to keep within limits
25.	疫情	yìqíng	（名）	epidemic situation

第十九课　我国艾滋病防治取得新进展

专有名词

1. 世界艾滋病日　Shìjiè Àizībìng Rì　World Aids Day
2. 卫生部　　　　Wèishēng Bù　　　Ministry of Health
3. 盖茨基金会　　Gàicí Jījīnhuì　　Bill Melinda Gates Foundation

练　习

一、画线连接具有相同特点的词语

　　控制　　　　　　理想
　　治疗药物　　　　儿童
　　病人　　　　　　高血压
　　糖尿病　　　　　患者
　　成人　　　　　　疫苗
　　预期　　　　　　遏制

二、画线搭配动词和名词

　　预防　　　　　　病人
　　基于　　　　　　机构
　　建立　　　　　　传播
　　治疗　　　　　　成果

三、指出画线动词的宾语中心词

1. 2012年1—10月我国新<u>报告</u>艾滋病病毒感染者和病人68802例。
2. 提前应用抗病毒药物可以<u>预防</u>99%的初期性艾滋病病毒传播。
3. 不少专家认为,我们已经<u>看到</u>艾滋病疫苗研究的曙光。
4. 只要各国政府继续<u>增加</u>财政和科学方面的投入,在现有条件下是有可能<u>遏制</u>艾滋病疫情的。

四、选择正确答案

1. 从发现艾滋病到2012年10月底,中国一共报告了多少例艾滋病病毒感染者和病人:
   1) 68802　　　　　　　　　2) 492191
   3) 383285　　　　　　　　　4) 课文没有提到

2. 从课文来看,可以依靠什么来预防艾滋病:
   1) 有效的治疗药物　　　　　2) 抗病毒治疗
   3) 及时到医疗机构检测、诊断　4) 疫苗

3. 抗病毒治疗的主要作用是:
   1) 帮助医生区别艾滋病病毒感染者和病人
   2) 帮助专家和病人把艾滋病变成一种慢性疾病
   3) 延长患者生命
   4) 治疗糖尿病和高血压

4. 以下哪一个关于中国抗病毒治疗情况的介绍是错误的:
   1) 对早期发现的艾滋病感染者和晚期艾滋病感染者治疗效果都很好,只要他们坚持治疗
   2) 感染者和病人可以在3430个机构得到治疗
   3) 接受治疗的病人,病死率明显下降了
   4) 对成人抗病毒治疗的效果处于发展中国家前列

5. 关于艾滋病疫苗的研制情况,以下哪一个介绍是正确的:
   1) 其他国家已经研制出艾滋病疫苗
   2) 中国正在独立研制艾滋病疫苗
   3) 盖茨基金会认为只有中国的艾滋病疫苗有可能成功
   4) 疫苗研制进展缓慢,很难看到成功的希望
6. 总结全文,我们发现课文的重点是:
   1) 介绍了世界各国在第25个"世界艾滋病日"举行的活动
   2) 介绍了中国在艾滋病预防和治疗方面的情况
   3) 参加世界艾滋病大会的科学家取得了哪些重大突破
   4) 盖茨基金会在全球艾滋病防治工作中的重要地位

江苏省人民医院将举办"肥胖与Ⅱ型糖尿病治疗进展"讲座

中国江苏网 2014年03月31日

本周五(4月4日)下午,江苏省人民医院将举行一场以《肥胖与Ⅱ型糖尿病治疗进展》为主要内容的讲座。中国目前肥胖人口达3.25亿人,糖尿病在中国普通成年人群中高度流行,20岁以上的成年人中糖尿病发病率为9.7%,肥胖与Ⅱ型糖尿病已成为中国一个重要公共卫生问题。但目前大家对肥胖和糖尿病相关问题认识不足。本次讲座由该院主任医师梁辉和周红文主讲,欢迎大家积极参与。

 阅读一

2013年世界艾滋病日主题宣传活动在北京举行

中国政府网 2013年11月30日

今年12月1日是第26个"世界艾滋病日",11月30日,2013年世界艾滋病日主题宣传活动在京举行。国家卫生计生委主任李斌、副主任崔丽,国家卫生计生委预防艾滋病宣传员彭丽媛等公益人士参与了宣传活动。

本次活动的主题是"行动起来,向零艾滋迈进"(英文主题Getting to Zero),我国的宣传主题为"共抗艾滋,共担责任,共享未来"。

崔丽指出,目前,我国已形成了政府组织领导、部门负责、全社会共同参与的防控艾滋病格局。实践证明,艾滋病的防治需要人人献出爱心。她希望动员更多的大学生、青年人、企业家参与到防治艾滋病的公益活动中来。

参加活动的著名演员濮存昕、蒋雯丽与大学生一起通过艺术化表现,传递"危险就在身边、防艾人人有责"的知识和概念。

来自北京、上海、广东、云南、江苏、重庆、湖南、新疆的医疗卫生机构代表、社会组织和大学生志愿者代表,山西红丝带学校师生约700人参加了活动。

第十九课 我国艾滋病防治取得新进展

 生　词

1. 主题	zhǔtí	（名）	theme
2. 防控	fángkòng	（动）	to prevent and control
3. 格局	géjú	（名）	pattern; structure
4. 实践	shíjiàn	（名）	practice
5. 动员	dòngyuán	（动）	to mobilize
6. 丝带	sīdài	（名）	silk ribbon

 专有名词

国家卫生计生委	Guójiā Wèishēng Jìshēng Wěi	National Health and Family Planning Commission

判断正误

1. 课文介绍的这次宣传活动，是在第26个"世界艾滋病日"当天举行的。　　　　　　　　　　　　　　　　　　　（　）

2. 代表中国政府参加这次宣传活动的有李斌、崔丽、彭丽媛等人。　　　　　　　　　　　　　　　　　　　　　（　）

3. 2013年世界艾滋病日的活动主题是"行动起来，向零艾滋迈进"。　　　　　　　　　　　　　　　　　　　　（　）

4. 中国防控艾滋病需要人人献出爱心，不过整个防控系统是由政府领导的。（ ）
5. 著名演员濮存昕、蒋雯丽为大学生上课，介绍了艾滋病防控知识。（ ）
6. 有700多人参加了这次活动，代表们来自北京和全国其他地方。（ ）

六成非吸烟者深受二手烟影响

浙江在线 2012年05月31日

浙江在线05月31日讯 今天是第25个世界无烟日，浙江省公布了2012年控制吸烟报告。

我省居民吸烟情况如何？浙江省疾控中心去年对嘉兴、舟山、台州、金华和衢州五个市以及十个县2000多户家庭，进行入户调查。被调查者年龄在15至69岁之间，结果显示浙江省吸烟率为28%，而且15至69岁之间的人，随着年龄的增长吸烟率也在上升，吸烟率最高的是45至64岁之间的人，达到了36.06%，初中文化程度者吸烟率最高，为32.13%。

二手烟主要出现在公共场所，危害最大的是女性、青少年。浙江省有59.6%的非吸烟者一周内与二手烟接触的时间超过20分钟，深受二手烟影响。公共场所的二手烟已经成为危害居民健康的隐形杀手。

第十九课　我国艾滋病防治取得新进展

 **生　词**

1. 二手烟　èrshǒuyān　（名）　second-hand smoke
2. 入户　rù hù　　household
3. 初中　chūzhōng　（名）　junior middle school; junior high school
4. 文化程度　wénhuà chéngdù　degree of education
5. 场所　chǎngsuǒ　（名）　place; site
6. 隐形　yǐnxíng　（形）　invisible
7. 杀手　shāshǒu　（名）　killer

 **专有名词**

1. 世界无烟日　Shìjiè Wú Yān Rì　World No Tobacco Day
2. 疾控中心　Jíkòng Zhōngxīn　Center for Disease Control and Prevention

选择正确答案

1. 课文认为,浙江省的非吸烟者当中有多少人受到二手烟的影响?
　　1) 28%　　2) 36.06%　　3) 32.13%　　4) 59.6%
2. 这次调查是怎样进行的?
　　1) 是在第25个世界无烟日进行的

225

2）是去被调查者的家里调查的

3）是由浙江省以外的机构调查的

4）只调查了吸烟者的情况

3. 调查发现：

1）被调查者当中，28%的人吸烟

2）15至69岁之间的人，随着年龄的增长吸烟率在下降

3）年轻人特别是初中学生吸烟率最高，为32.13%

4）吸烟习惯和年龄、文化程度无关

4. 课文怎样看待二手烟？

1）二手烟主要出现在家庭环境中

2）二手烟主要影响男性，特别是年龄比较大的男性

3）二手烟是看不见的杀手

4）大部分非吸烟者很少接触到二手烟

江苏、福建、广东各增一例H7N9禽流感确诊病例

中国政府网 2014年03月29日

新华社北京3月29日电 江苏省、福建省、广东省卫生部门通报，这三个省各新增一例人感染H7N9禽流感确诊病例。

江苏患者钱某，男，35岁，28日夜被无锡市诊断为人感染H7N9禽流感确诊病例。目前在无锡市某医院治疗，病情危重。

根据通报，福建省28日新确诊的人感染H7N9禽流感病例为患者黄某某，男，72岁，退休职工，现住福州福清市。目前患者

第十九课　我国艾滋病防治取得新进展

病情较重,在福州市某医院治疗。至此,福建人感染H7N9禽流感病例增至17例。

记者从广东省卫生计生委了解到,27日惠州市新增一例人感染H7N9禽流感确诊病例。患者郭某,女,55岁,广东惠州人,现住惠州市博罗县。3月26日确诊为人感染H7N9禽流感病例,目前患者病情危重,被惠州市的定点医院收治住院。

 生　词

1. 禽流感	qínliúgǎn	（名）	bird flu
2. 确诊	quèzhěn	（动）	to make a definite diagnosis; to diagnose
3. 病例	bìnglì	（名）	case (of illness)
4. 危重	wēizhòng	（形）	critical; urgent
5. 退休	tuì xiū		to retire
6. 职工	zhígōng	（名）	staff and workers
7. 定点医院	dìngdiǎn yīyuàn		listed hospitals
8. 收治	shōuzhì	（动）	to receive and cure

简要回答

1. 江苏、福建、广东三个省收治的病人是被怀疑感染还是确定感染了H7N9禽流感?
2. 从课文来看,这三位病人的背景情况有没有明显的共同之处?
3. 这三位病人目前的病情怎么样?

第二十课

马军：应对中国水危机

南风窗 2006年12月15日

事实上，正如《时代》的评论所说："如果把马军的头像和篮球明星姚明或者电影演员章子怡的头像一起放在北京街头的广告牌上，大多数路人肯定不知道他是谁。但那些知道的人会说，中国需要像马军这样的人。"

1992年，从国际关系学院国际新闻系毕业的马军，在香港《南华早报》担任记者、研究员。在近十年的记者生涯中，马军几乎遍访中国的大江大河，正是这段难得的记者生涯，使得马军成为中国最早意识到环境危机的人之一。1999年，马军在数次实地采访的基础上，搜集、阅读大量文献，写成了《中国水危机》一书。这本著作，深入探讨了黄河、长江、西北、东北、华北、东南、西南七大区域的水的问题，引起极大的反响，并于2004年翻译成英文出版。

《时代》评论说，对于中国而言，马军《中国水危机》的意义也许如同卡逊的《寂静的春天》（Silent Spring）对于美国的意义。1962年，《寂静的春天》出版，预言了农药对于人类环境的危害，遭到相关利益集团的强烈抨击，也在美国民众中间形成极大震撼。一年后，由当时的美国总统肯尼迪任命的特别委员会调查取证，最终确认农药的潜在危害。国会的听证会结束后，美国第一个民间环保组织产生，美国环境保护局也在此背景下成立。

马军先后应邀在美国环保局、加州大学伯克利分校、耶鲁大学等机构进行演讲,增进了国际社会对于中国环境问题的认识,同时,国际关注也对国内的舆论和政策造成影响。

2006年,马军出任公众与环境研究中心主任,主持公布了"中国水污染"地图,建立了国内第一个公益性的水污染数据库。在马军看来,要彻底解决中国水污染问题,改变自上而下的水资源管理模式,必须保障公众的知情权,让公众充分参与水资源管理。

马军,作为一名环保主义者,当然有他自己的想法和理念。建立一个公共的平台,让公众知情并参与,使这个平台真正地体现共识性、公益性,是他选择迈出的第一步——正是在这个意义上,马军可以被称为"具有深厚激情的理想主义者"。

 生　词

1.	应对	yìngduì	(动)	to cope
2.	头像	tóuxiàng	(名)	head portrait
3.	路人	lùrén	(名)	stranger; passerby
4.	实地	shídì	(名)	on the spot
5.	文献	wénxiàn	(名)	document
6.	预言	yùyán	(动)	to predict
7.	农药	nóngyào	(名)	pesticide; farm chemical
8.	震撼	zhènhàn	(动)	to shock

9. 抨击	pēngjī	（动）	to attack (in speech or writing)
10. 取证	qǔ zhèng		to obtain evidence; to take the evidence
11. 国会	guóhuì	（名）	congress
12. 听证会	tīngzhènghuì	（名）	hearing
13. 数据库	shùjùkù	（名）	data base; data bank
14. 知情权	zhīqíngquán	（名）	right to know
15. 理念	lǐniàn	（名）	idea
16. 激情	jīqíng	（名）	passion

专有名词

1. 国际关系学院　　Guójì Guānxì Xuéyuàn
University of International Relations
2. 《南华早报》　　Nánhuá Zǎobào
South China Morning Post, SCMP
3. 卡逊　　Kǎxùn
Rachel Carson (1907-1964)
4. 肯尼迪　　Kěnnídí
John F. Kennedy (1917-1963)
5. 加州大学伯克利分校 Jiāzhōu Dàxué Bókèlì Fēnxiào
University of California at Berkeley, UC Berkeley
6. 耶鲁大学　　Yēlǔ Dàxué
Yale University

第二十课　马军：应对中国水危机

一、画线连接具有相同特点的词语

实地采访　　　污染
反响　　　　　调查取证
危害　　　　　民众
《中国水危机》　震撼
利益集团　　　《寂静的春天》

二、画线搭配动词和名词

1. 应对　　　文献
   担任　　　研究员
   阅读　　　水危机
   保障　　　知情权

2. 任命　　　管理
   建立　　　数据库
   参与　　　公益性
   体现　　　特别委员会

三、指出画线动词的宾语中心词

1. 从国际关系学院国际新闻系毕业的马军,在香港《南华早报》<u>担任</u>记者、研究员。
2. 这本著作,深入<u>探讨</u>了黄河、长江、西北、东北、华北、东南、西南七大区域的水的问题。
3. 《寂静的春天》出版,<u>预言</u>了农药对于人类环境的危害。

4. 最终<u>确认</u>农药的潜在危害。

5. <u>改变</u>自上而下的水资源管理模式,必须<u>保障</u>公众的知情权。

四、选择正确答案

1. 课文怎样看待马军的地位和作用?
   1) 接近篮球明星姚明
   2) 接近电影演员章子怡
   3) 接近《寂静的春天》作者卡逊
   4) 马军是独特的,没有和他差不多的人

2. 马军是怎样写成《中国水危机》这本书的?
   1) 1992年,马军从国际关系学院国际新闻系毕业的时候写成了这本书
   2) 《中国水危机》探讨了中国七大区域的水的问题
   3) 在近十年的时间里,虽然马军没有工作,他还是遍访中国的大江大河
   4) 马军相信自己十年的调查经验,认为文字资料不是那么重要

3. 课文比较了《中国水危机》和《寂静的春天》,原因是:
   1) 这两本书出版的时间一样
   2) 它们分别探讨美国和中国的水危机
   3) 这两本书都在自己的国家受到所有人的欢迎
   4) 《寂静的春天》推动了美国的环境保护,《中国水危机》可能也会这样

4. 除了写作《中国水危机》以外,马军还做了哪些环保方面的努力:
   1) 把自己的头像和篮球明星、电影演员一起放在北京街头的广告牌上,宣传环保

2）邀请美国环保局、加州大学伯克利分校、耶鲁大学等机构来中国演讲，增进中国对环境问题的认识

3）出任公众与环境研究中心主任，建立了国内第一个公益性的水污染数据库

4）建立一个公共的平台，让政府知情并参与，使这个平台真正地体现共识性、公益性

5. 课文认为，马军的想法和理念是什么：

1）让普通的中国人更多了解环境问题，参与解决问题

2）让更多的中国人变成有激情的理想主义者

3）利用自己的平台得到更多收入，用这些收入解决水污染问题

4）利用自己的平台介绍政府在环境保护方面的作法

快速阅读

斯德哥尔摩的环境保护

公益时报 2013年12月12日

瑞典首都斯德哥尔摩，2010年被欧盟评定为"欧洲绿色首都"。在这里，能看见一排排电子垃圾桶，分别用于接收不同的垃圾。垃圾桶和一条地下管道相连，每天自动打开两次，不同类别的垃圾进入地下管道，以每小时70公里的速度被输送到城市以外，在电脑的控制下自动分离，按需要循环利用。一位在这里居住了八年多的瑞典人微笑着说："其实这个地区原来是个旧工业区，环境很差，现在发展成一个现代化的追求可持续发展的城区，这本身就很聪明。"

阅读一

牛汝极：水危机正在影响中国的发展

天山网 2014年03月07日

天山网讯 新疆师范大学副校长牛汝极在接受采访时说，改革开放以来，中国保持了全球最快的经济增长，但这种增长却过度消耗了水资源。发达国家两百多年工业化过程中分阶段出现的水资源和水环境问题，现阶段集中在我国表现出来。

据相关统计，全国669个城市中有400个"喊渴"，32个百万人口大城市长期缺水，世界人均水资源占有量是7700立方米，北京人均不足200立方米，还不及干旱的中东北非。

一些地方政府不顾水资源约束和水环境容量的极限，不顾企业是否高污染、高耗水，盲目追求GDP增长。与此同时，中国的水资源管理体制也一直受到批评。例如，长江流域各级政府对发展缺乏统一规划。长江上游水电资源过度开发；中游重化工产业密度过大；下游水污染问题严重。节水意识和措施还很不够。很多人寄希望于成本更高、难度更大的南水北调工程来满足过度消费。

对此，牛汝极建议，自然条件很难改变，而我们的管理水平却可以提高，应该从这个角度寻找解决问题的办法。

第二十课　马军：应对中国水危机

 **生　词**

1. 立方米	lìfāngmǐ	（量）	cubic metre, m³
2. 干旱	gānhàn	（形）	drought; dry
3. 极限	jíxiàn	（名）	limit; maximum
4. 水电	shuǐdiàn	（名）	hydropower
5. 中游	zhōngyóu	（名）	middle reaches
6. 重化工	zhòng huàgōng		heavy chemical industry
7. 下游	xiàyóu	（名）	lower reaches
8. 节水	jié shuǐ		water saving
9. 角度	jiǎodù	（名）	angle; point of view

 **专有名词**

1. 中东	Zhōngdōng	the Middle East
2. 北非	Běifēi	North Africa
3. 南水北调	Nánshuǐ-Běidiào	South-to-North Water Diversion

判断正误

1. 从中华人民共和国建立以来，中国保持了全球最快的经济增长。

　　　　　　　　　　　　　　　　　　　　　　　（　　）

2. 发达国家工业化过程中出现的水资源和水环境问题,已经在我国表现出来。( )
3. 全国669个城市中有400个天气很热,人们常常觉得非常渴。( )
4. 在中国的32个大城市中,一共生活着一百万人,那里长期缺水。( )
5. 北京人均占有的水资源量,只是比中东北非好一点。( )
6. 牛汝极批评了长江流域各级政府对发展没有统一的规划。( )
7. 牛汝极认为,在目前的情况下,应该依靠南水北调工程来解决问题。( )

中国计划建设新型污水处理厂

新华网 2014年03月06日

新华网北京3月6日电(记者刘陆、刘彤、李志晖)中国工程院院士曲久辉提出,用5年左右,建设一座面向2030—2040年、具有一定规模的城市污水处理厂。他在接受新华社记者采访时说,这个污水处理厂将拥有高水质、低能耗、资源回收率高的特点。

住建部副部长仇保兴说,中国城镇化率已超过50%,国际经验表明,这个阶段是水污染危机的高发期,也是修复水生态的关键期,"如果错过这个机会,将会付出极为高昂的治理代价"。

中国民间组织公众环境研究中心主任、《中国水危机》作者

马军指出,超过2000家企业都有违规排放污水情况,"很多企业还反复违规"。他认为,治理水污染,不仅要加强政府监管,还应确保环境信息公开,给违规排放者更大压力。

著名环保学者杨斌则建议提高水价。他说,现行水价"严重偏低",无法反映各地水资源状况和企业污染成本,导致污水处理动力不足。

清华大学教授余刚认为,中国水治理,可能需要20到30年才能见效,但中国污水治理的未来并不悲观。

 生　词

1.	污水	wūshuǐ	（名）	sewage
2.	院士	yuànshì	（名）	academician
3.	面向	miànxiàng	（动）	to face
4.	水质	shuǐzhì	（名）	water quality
5.	能耗	nénghào	（名）	energy consumption
6.	城镇化	chéngzhènhuà	（名）	urbanization
7.	修复	xiūfù	（动）	to repair
8.	违规	wéi guī		to get out of line, illegal
9.	排放	páifàng	（动）	to discharge
10.	监管	jiānguǎn	（动）	to supervise
11.	悲观	bēiguān	（形）	pessimistic

专有名词

1. 中国工程院　Zhōngguó Gōngchéng Yuàn　　Chinese Academy of Engineering
2. 住建部　　　Zhùjiàn Bù　　The Department of Housing Construction

选择正确答案

1. "建设一座面向2030—2040年的污水处理厂",意思是:
   1) 现在开始准备,在2030—2040年期间开始建设
   2) 在2030—2040年期间建成
   3) 污水处理厂可以满足2030—2040年的需要
   4) 污水处理厂将不公开建设,到2030—2040年才会公开
2. 课文没有提到这个新型污水处理厂的哪个方面:
   1) 谁提出建设这个污水处理厂的计划
   2) 需要多长时间建成这个污水处理厂
   3) 污水处理厂的技术水平
   4) 在哪里建设这个污水处理厂
3. 课文中哪个人物的意见最能代表政府的看法:
   1) 曲久辉　　　2) 仇保兴　　　3) 马军　　　4) 余刚
4. 仇保兴的看法是:
   1) 现在是修复水生态的关键时期
   2) 不仅要加强政府监管,还应确保环境信息公开
   3) 应该提高水价,现行水价"严重偏低"
   4) 中国污水治理的未来并不悲观

阅读三

唐山曹妃甸淡化海水最快五年入京可供北京三成用水

北青网-北京青年报 2014年04月14日

本报讯（记者李泽伟）河北省唐山市曹妃甸工业区的海水淡化进京工程，计划日均淡化100万吨海水，有望2019年开始向北京输送，届时可满足北京约三分之一用水需求。

2010年3月，海水淡化项目正式开工。曹妃甸地区海水比较干净，达到国家二类海水水质。整个海上项目包括治水和输水两个工程，治水部分产量标准是一天100万吨淡水，总造价70多亿元，输水部分是建设270公里管线，直接到北京，总造价100亿元左右。经过淡化的海水在质量方面符合国家饮用水108项标准，接近自来水。

目前预计2019年开始给北京供应，每天100万吨，一年就是3亿多立方米的水，从数量上看，可以满足北京三分之一用水需求。这些经过淡化的水会不会更贵？通过采访我们知道，经过淡化的海水到北京，成本大概每吨8元，"从目前看和饮用水价格还有差距，但过四五年，水价可能也会有一定程度的上升，到时两者应该差不多"。

 生　词

1. 淡化	dànhuà	（动）	to desalinate
2. 海水	hǎishuǐ	（名）	seawater
3. 开工	kāi gōng		to start work
4. 造价	zàojià	（名）	cost of building
5. 管线	guǎnxiàn	（名）	pipeline
6. 自来水	zìláishuǐ	（名）	running water; tap water

简要回答

1. 北京最快在什么时候可以使用上课文提到的淡化海水？
2. 淡化海水可以达到什么样的标准？
3. 淡化海水贵吗？课文认为人们会不会接受它？

第二十一课

"德国村"的试验

齐鲁晚报 2004年06月30日

为了生活得更好,农民是应该进入城市,还是应该留在乡村?中国和德国在山东省南张楼村合作进行的试验,试图找出答案。

下午4点半,农民袁可贵准时从村子里的机械厂下班。回到家,他往沙发上一坐,读起了当天的报纸。妻子张云珍还守在自家的美容美发店里,虽然来理发的人不多,但她也不想到地里去。"我家总共三亩地,不需要经常去。"

这是一个普通农户家的生活写照。目前,这个村子里的大多数村民都过上了"上班进厂,下班种田"的生活。

6月25日,记者走进南张楼村。

南张楼村明显区别于周围其他村子。一进村口,是划分清晰的四大区域:工业区依次排列着100多家小工厂;农业区里,大多数村民的地都连在一起,完全是机械化耕种;住宅区里,家家都是设施齐全的住房,还有一排豪华的欧式小楼;休闲区有一个文化广场,每天晚上都有村民来跳舞。此外,村子里还有自己的幼儿园、中小学校、文化中心甚至民俗博物馆。

南张楼村在1988年成为试验区以前,被德国人看中的就是它的"六无":一不靠城、二不靠海、三不靠大企业、四不靠交通要道、五没有矿产资源、六是人多地少。在德国人看来,南张楼村更符合他们心目中的典型中国北方农村的形象。

德国人选择南张楼村的目的是为了完成一个试验:如果一个普通村子的基础设施建设得很完善,生活条件也得到很大改善,那农民是不是会放弃涌进城市的想法,安心留在农村呢?

德国人说,在这个问题上,德国已经走了弯路,希望中国不要再走。项目经理袁祥生补充说:"做这个试验,德国人不要求任何回报。"

很多人至今记得1990年划分区域的情景。当时一些村民很不习惯,有人嫌道路规划砍了自家的树,有人嫌公共用地挤占了自家的院子。可现在,越来越多的人体会到功能分区的好处:生活区安静,没有污染;教学区独立,不受干扰;工厂区则是水、电、路齐全。当时德方规划中还有一个很大的停车场,村里人认为建个停车场实在浪费,坚持拿掉了。袁祥生说,现在看来这是一个失误,还是德国专家看得远,现在停车场是非建不可了。

"土地整理项目让南张楼村的人大开眼界,见了世面,让我们更多地尝到了改革开放的甜头。"

 生　词

1. 机械厂	jīxièchǎng	(名)	machinery plant
2. 种田	zhòng tián		farming
3. 民俗	mínsú	(名)	folk-custom
4. 要道	yàodào	(名)	main drag; vital communications line
5. 涌进	yǒngjìn	(动)	to flood into

第二十一课　"德国村"的试验

6. 弯路	wānlù	（名）	crooked road
7. 回报	huíbào	（动）	to pay back
8. 嫌	xián	（动）	to mind; to dislike
9. 世面	shìmiàn	（名）	world; various aspects of society

 练　习

一、画线连接具有相同特点的词语

　　南张楼村　　　　　美容美发店
　　机械厂　　　　　　典型中国北方农村
　　住宅区　　　　　　生活条件
　　基础设施　　　　　留在农村
　　涌进城市　　　　　世面
　　眼界　　　　　　　休闲区

二、使用下列动词组成动宾短语

　　例如：找出，找出<u>答案</u>、找出<u>原因</u>
　　划分_____　　　　选择_____
　　排列_____　　　　完成_____
　　成为_____　　　　放弃_____
　　看中_____　　　　体会_____

243

三、选择画线词语的正确解释

1. 这是一个普通农户家的生活<u>写照</u>
   1) 画面　　　2) 照片　　　3) 记录　　　4) 历史

2. 被德国人看中的就是它的"六无"：一不靠城、二不靠海、三不靠大企业、四不靠<u>交通要道</u>、五没有矿产资源、六是人多地少
   1) 大家都熟悉的道路　　　2) 重要的道路
   3) 唯一的道路　　　　　　4) 铁路

3. 在这个问题上，德国已经<u>走了弯路</u>，希望中国不要再走
   1) 相信了错误的理论　　　2) 做了错误的事情
   3) 后悔了　　　　　　　　4) 和多数人的距离越来越远

4. 项目经理袁祥生补充说："做这个试验，德国人不要求任何<u>回报</u>。"
   1) 责任　　　2) 压力　　　3) 记录　　　4) 好处

5. 当时德方规划中还有一个很大的停车场，村里人认为建个停车场实在浪费，坚持<u>拿掉</u>了
   1) 取消　　　2) 缩小　　　3) 改变地点　　4) 重新设计

6. 袁祥生说，现在看来这是一个失误，还是德国专家<u>看得远</u>
   1) 更了解历史　　　2) 有长远眼光
   3) 有耐心　　　　　4) 有能力解决复杂问题

7. 让我们更多地尝到了改革开放的<u>甜头</u>
   1) 感觉　　　2) 力量　　　3) 味道　　　4) 好处

四、判断正误

1. 中国和德国在山东省南张楼村合作进行的试验，是为了找出哪种方法可以让农民生活得更好，是进入城市还是留在乡村。　　　　　　　　　　　　　　　　　　　　（　　）

2. 南张楼村划分清晰的四大区域是：工业区、农业区、住宅区和文化广场。　　　　　　　　　　　　　　　　　　　　　　　　　（　　）

3. 在德国人看来,典型的中国北方农村是自然条件、交通条件和人口条件比较好的,而南张楼村比较落后,需要帮助,这是他们选择南张楼村进行试验的原因。　　　　　　　(　　)
4. 试验刚刚开始的时候,并不是所有的农民都支持。　(　　)

我国城乡差距比较大

新华网 2003年03月10日

据统计,城市居民的收入和农村人均收入之比是3.1∶1,这是2002年的数字。实际差距比这个还要大。另外,地区发展也不平衡,东部沿海地区、经济发达地区农民人均收入和西部贫困的省份相比较,大约是4∶1。我国政府已经认识到这个问题,加大了对农业农村的投入,农民的生产生活条件有了很大改善。

我国城乡差距正在进一步扩大

中国青年报 2003年12月29日

本报讯 改革开放初期,通过农村改革,城乡收入差距有所缩小,1978年城乡收入之比为2.6∶1,1985年降到了1.9∶1。但以后情况逆转，1994年城乡收入差距扩大到了2.9∶1。从1995年到2002年，在经过一小段起伏后，城乡收入的差距进一步扩大到3.1∶1。今年的统计数字还没有出来，普遍的看法是可能会扩大到3.3∶1，也有人分析是3.5∶1。

而世界上大多数国家的城乡收入比是1.5∶1，不仅发达国家，很多发展中国家的城乡收入也在这样一个水平。

收入差距带来了农村在教育、文化、卫生、科技、生活质量等方方面面的巨大差距。从城乡家庭拥有的耐用消费品数量上，就可以看出这个差距。举例来说，在农村，每百户拥有彩电60台，而城镇居民是126台；电冰箱农村拥有量是每百户15台，城镇是88台；洗衣机农村是32台，城镇是93台；移动电话农村是13.7部，城镇是63部；照相机和空调机的差距更大，照相机的城镇拥有量是农村的13.5倍，空调机的城镇拥有量是农村的22倍。

 生　词

1. 起伏	qǐfú	（动）	to rise and fall
2. 耐用	nàiyòng	（形）	durable
3. 彩电	cǎidiàn	（名）	colour TV

选择正确答案

1. 中国城乡收入差距有所缩小的时期是：
　　1）改革开放初期　　　　2）1994年
　　3）从1995年到2002年　　4）今年

2. 从课文中看,中国城乡收入差距开始扩大的时间是:
   1) 1978年   2) 1985年   3) 1994年   4) 1995年到2002年
3. 中国最接近世界上大多数国家的城乡收入比的时期是:
   1) 1978年   2) 1985年   3) 1994年   4) 1995年到2002年
4. 收入差距带来了城市和农村在哪些方面的巨大差距?
   1) 教育、文化   2) 卫生、科技
   3) 生活质量   4) 以上各个方面
5. 从城乡家庭拥有的耐用消费品数量上,可以看出差距。其中差距最大的是:
   1) 彩电拥有量   2) 移动电话拥有量
   3) 空调机拥有量   4) 课文中没有说明

中国实际城乡差距巨大

经济参考报 2004年06月16日

中国社会科学院的一份调查报告显示:城乡居民公共卫生资源分布差异很大。

农村人口占全国人口的近70%,而公共卫生资源不足全国总量的30%。农村每千人口平均拥有不到1张病床,而城市的平均数字约为3.5张;农村每千人口,只拥有1名卫生技术人员,城市则在5名以上;农村人口医疗保险覆盖率只有9.58%,城市则为42.09%。截至目前,农村还有近1亿人口得不到及时的医疗服务,近20%的县未达到2000年人人享有初级卫生保健的基本标

准,4亿多农村人口尚未饮用上自来水,近8%的农村婴幼儿没有享受免疫接种。

生 词

1. 病床　　bìngchuáng　（名）　sickbed
2. 免疫　　miǎnyì　　　（动）　to immune
3. 接种　　jiēzhòng　　 （动）　to inoculate; inoculation

专有名词

中国社会科学院　Zhōngguó Shèhuì Kēxué Yuàn
Chinese Academy of Social Sciences

判断正误

1. 中国社会科学院的调查报告是关于城市居民公共卫生资源分布情况的。（　　）
2. 中国30%左右的城市人口占有70%左右的公共卫生资源。（　　）
3. 和每千人口拥有的卫生技术人员相比,城乡在每千人口拥有的病床数方面差距更大。（　　）

4. 中国希望2000年人人享有初级卫生保健,但是20%的县没有实现。（　　）

南京采取措施缩小城乡差距

中国青年报 2004年06月25日

本报南京6月24日电（记者郁进东）南京市将从7月1日起实行新的《南京市户籍准入登记暂行办法》,城乡户口统称居民户口,农业户口将成为历史。

《办法》规定,7月1日起,本科学历以上的毕业生在南京可先落户后就业。大专院校毕业生在南京工作累计满两年,依法参加社会保障,允许其本人在合法固定住所或直系亲属处落户。

改革后的户籍制度,允许部分投资者连同家属在南京落户。个人在该市投资100万元以上,在市区有合法固定住所的,允许其本人、配偶、未成年或未婚子女来南京落户。

 生　词

1. 准入	zhǔnrù	（动）	to access; admittance
2. 登记	dēngjì	（动）	to register

3. 暂行	zànxíng	（形）	temporary
4. 本科	běnkē	（名）	undergraduate course
5. 社会保障	shèhuì bǎozhàng		social security
6. 直系亲属	zhíxì qīnshǔ		lineal relatives

简要回答

1. 新的《南京市户籍准入登记暂行办法》有哪些新规定？
2. 本科学历以上的毕业生和大专院校毕业生在南京落户需要哪些条件？

第二十二课

入世十年:"中国做对了,世界也做对了"

人民网 2011年12月12日

从这十年来看,入世的意义是深远的。

最大红利

记　者：加入世界贸易组织是我国改革开放进程中具有历史意义的大事,作为中国入世谈判代表团团长,回首入世十年,您最深的感受是什么?

石广生：有了改革开放,中国才有条件入世,而入世进一步推动了改革开放。中国做对了,世界也做对了。

最大的红利,就是入世促进了中国经济快速发展、市场化改革不断深化、综合国力显著提升,以世贸规则为基础的中国特色社会主义市场经济体制基本形成,一套与此相适应的法律体系在逐渐完善。这个变化,在世界上也是少有的。

经受挑战

记　者：当年谈判时,您曾多次坦言入世有利也有弊,这十年您觉得中国在化解"弊"的方面做得怎么样?

石广生：十年来,我们应对得很好,化挑战为机遇。中国的市场没有因为让出一部分而变小,反倒是扩大了;中国大多数企业经受了挑战,相当一部分越来越强壮,压力成了动力,2001年世界500强仅有11家中国内地企业,现在已经有61家,这个数字还会增加。同时,产业结构优化了,产品质量明显提高了;政府管理经济的方式也在改变,逐步适应市场经济要求。

世界受益

记　　者: 作为世贸成员,中国给全球经济贸易带来了哪些好处?

石广生: 入世让中国和世界共同受益。这十年中国对全球GDP的贡献率居各国之首,进口年均增长20%以上,为世界提供了一个大市场。

过去世贸组织只有一个美、欧、日、加组成的"四方"决策机制,都是发达国家,中国入世后,现已形成"七方",由中国、巴西、印度、美国、欧盟、日本和澳大利亚组成,发展中国家对谈判有发言权和影响力,中国先后提交100多个提案,为建立公平合理的国际经贸秩序发挥了积极的、建设性的作用。

融入主流

记　　者: 站在入世十年的台阶上,我们将会面对哪些新挑战?

石广生: 入世是中国主动参与经济全球化的开始。经济全球化是一个潮流,既能使你快速前行,也能使你"触礁"。国际经贸秩序虽然在改变,但仍不合理不公正,贸易、经济摩擦不断,这也会对中国产生不利影响。我坚信,有三十多年改革开放的成功实践,有入世十年的宝贵经验,中国一定会在经济全球化中更从容地应对,并为全球经济创造更多的机会和红利。

第二十二课　入世十年："中国做对了，世界也做对了"

生　词

1.	红利	hónglì	（名）	bonus
2.	代表团	dàibiǎotuán	（名）	delegation
3.	回首	huíshǒu	（动）	to review
4.	显著	xiǎnzhù	（形）	significant
5.	坦言	tǎnyán	（动）	to speak honestly
6.	利	lì	（名）	advantage
7.	弊	bì	（名）	disadvantage
8.	化解	huàjiě	（动）	to resolve
9.	决策	juécè	（名）	decision
10.	提案	tí'àn	（名）	bill
11.	主流	zhǔliú	（名）	mainstream
12.	全球化	quánqiúhuà	（名）	globalization
13.	潮流	cháoliú	（名）	trend
14.	触礁	chù jiāo		to be on the rocks
15.	秩序	zhìxù	（名）	order
16.	摩擦	mócā	（动）	to rub; friction

专有名词

世界贸易组织	Shìjiè Màoyì Zǔzhī	World Trade Organization, WTO

练 习

一、画线连接具有相同特点的词语

利　　　　　　谈判
化解　　　　　机遇
挑战　　　　　应对
决策　　　　　弊

二、画线搭配动词和名词

加入　　　　　红利
回首　　　　　世贸组织
提升　　　　　十年
提交　　　　　国力
创造　　　　　提案

三、指出画线动词的宾语中心词

1. 有了改革开放,中国才有条件入世,而入世也大力<u>推动</u>了改革开放。
2. 十年来,我们应对得很好,<u>化</u>挑战为机遇。
3. 为<u>建立</u>公平合理的国际经贸秩序<u>发挥</u>了积极的、建设性的作用。
4. 入世<u>是</u>中国主动参与经济全球化的开始。
5. 中国一定会在经济全球化中更从容地应对,并为全球经济<u>创造</u>更多的机会和红利。

第二十二课　入世十年:"中国做对了,世界也做对了"

四、选择正确答案

1. 石广生认为,中国加入世界贸易组织获得的最大的好处是:
   1) 推动了改革开放,加快了中国的发展
   2) 有利也有弊,让中国了解了自己的优点和问题
   3) 进口快速增长,为世界提供了一个大市场
   4) 获得了宝贵经验,将为全球经济创造更多的机会和红利

2. 石广生怎样看待入世和建立社会主义市场经济体制的关系:
   1) 入世以后,中国开始了改革开放,逐步建立社会主义市场经济体制
   2) 世贸规则成为社会主义市场经济体制的基础
   3) 在世贸组织的帮助下,与社会主义市场经济体制相关的法律体系已经非常完善
   4) 入世推动了社会主义市场经济体制建设,这样的变化在全世界很常见

3. 入世以前,人们担心的挑战是什么?请指出错误的答案:
   1) 谈判可能需要十年甚至更长的时间
   2) 中国需要向其他国家让出一部分市场
   3) 中国的大多数企业会感受到压力
   4) 政府管理经济的方式难以改变,不适应市场经济的要求

4. 入世十年,中国给全球经济贸易带来了哪些好处?请指出错误的答案:
   1) 这十年中国对全球GDP的贡献率最高
   2) 进口年均增长20%以上,为世界提供了一个大市场
   3) 成为发达国家,在世贸组织的决策机制中有发言权和影响力
   4) 提交100多个提案,为建立公平合理的国际经贸秩序发挥了作用

5. 中国对经济全球化有哪些看法：
   1) 原来中国不希望参与经济全球化，但是入世改变了中国的看法
   2) 中国认为从经济全球化中只会得到好处，不会有风险
   3) 中国对国际经贸秩序非常满意，认为以后也不会对中国产生不利影响
   4) 中国认为虽然有风险，但是中国有信心解决经济全球化中遇到的问题

龙永图谈"入世"十年

央视网 2011年12月06日

中国入世首席谈判代表龙永图：我觉得我们从十年前的入世当中得到了很大的好处，再次证明了邓小平同志讲的，只有开放才能够使中国发展，关起门来是不能够搞自己的发展。所以我现在有些担忧的是，在我们中国的力量越来越强大的时候，中国在全球的影响力越来越大的时候，有些人是不是就觉得我们的开放已经差不多了，我们不需要再对外开放了。入世十年，我觉得我们中国贸易额从5千亿到3万亿美元，从全球第六位到全球第二位经济大国，我们的开放程度也应该随着我们实力的增强而更加大。

阅读一

入世十年　中国经济的十大变化

国际先驱导报 2011年12月11日

谁也没有想到,中国十年来的变化是这么大。

1. 国内生产总值世界第二:中国从入世时候的世界第九大经济体快速成长为第二大经济体。

2. "中国制造(Made in China)"畅销全球:中国成为世界第一大出口国。

3. 积极应对贸易摩擦:浙江、广东、福建等外贸大省,运用法律手段更加自信。

4. 中国企业走出去:截至2010年底,中国对外直接投资达3172.1亿美元,位居全球第17位。

5. 汽车、手机越来越便宜:汽车关税从三位数降至13.4%。截至2011年9月,手机用户数达9.5亿。汽车和手机进入中国家庭。

6. 全球同步看大片:2002年1月26日,《哈利·波特》在上海上映。

7. 外资银行进入中国:按照承诺,自2006年12月11日起,中国取消外资银行在中国经营人民币业务的限制,汇丰、渣打、花旗银行进入人民币市场。

8. 纺织业、农业经受压力:贸易壁垒困扰中国纺织业。中国大豆进口量已占到全球大豆贸易量的60%。

9. 学会按国际规则办事:"你知道吗,原来中国的外贸数字是国家机密?"2011年11月,WTO官员斯道勒说。入世使中国的政策更加透明。

10. 发展观念：知识产权意识、环保意识深入人心。

生 词

1. 经济体	jīngjìtǐ	（名）	economic entity
2. 关税	guānshuì	（名）	tariff
3. 同步	tóngbù	（动）	to be at the same time
4. 上映	shàngyìng	（动）	(movie) to be shown
5. 承诺	chéngnuò	（动）	to promise
6. 纺织业	fǎngzhīyè	（名）	textile industry
7. 壁垒	bìlěi	（名）	barrier
8. 困扰	kùnrǎo	（动）	to bother
9. 大豆	dàdòu	（名）	soybean
10. 机密	jīmì	（形）	confidential; secret

专有名词

1.《哈利·波特》	Hālì Bōtè	*Harry Potter*
2. 汇丰（银行）	Huìfēng (Yínháng)	HSBC

第二十二课　入世十年："中国做对了，世界也做对了"

3. 渣打（银行）Zhādǎ (Yínháng)　　Standard Chartered Bank
4. 花旗（银行）Huāqí (Yínháng)　　Citibank

判断正误

1. 入世十年，中国成为世界第二大经济体和第一大出口国。（　）
2. 中国外贸进展顺利，和其他国家没有什么矛盾，浙江、广东、福建的产品很受欢迎。（　）
3. 从课文来看，以前的汽车关税可能达到100%或者更高。（　）
4. 从入世的时候开始，中国取消了外资银行在中国经营人民币业务的限制。（　）
5. 中国纺织品贸易遇到很大困难；进口了大量大豆。（　）
6. 直到入世十年以后，中国的外贸数字还是国家机密，大家很难了解。（　）
7. 虽然入世十年了，大家还是不太理解和接受知识产权意识、环保意识。（　）

阅读二

"老外"义乌淘金十年

浙江在线 2011年12月05日

　　浙江在线12月05日讯 2001年12月11日，我国正式成为世界贸易组织成员。十年前，当中国主动打开大门，来自世界各地的商人来到义乌，开始了他们与中国、与世界的对话。

也门商人阿罕迈德对记者说,十年前他来义乌做生意时,是十多个商人等着一个翻译,现在他自己的公司里"有将阿拉伯语翻译成中文的中国人,有将阿拉伯语翻译成英语的外国人,也有将中文翻译成阿拉伯语的阿拉伯人"。韩国商会会长高熙政则自豪地告诉记者,他带领着在义乌生活和经商的6000多名韩国商人建立起了他们的第二个故乡。

义乌市政府提供的数据显示:加入世界贸易组织十年来,义乌市场经营面积从100多万平方米增加到470万平方米;经营摊位从2万多个增加到7万个;常驻外商人数从不到3000人,增加到现在的15000多人;外国企业常驻义乌代表机构从不到200家,增加到现在的3039家;市场年成交额从2001年的241.2亿元,上升至2010年的621.16亿元,净增380亿元。今年前三季度,义乌中国小商品城成交额比去年同期增长9.35%。

随着今年三月义乌成为第一个获得国家批准的国际贸易综合改革试点,如今在义乌的外商们,站在又一个十年的起点,信心十足。

生　词

1. 淘金	táo jīn		to pan
2. 商会	shānghuì	(名)	chamber of commerce
3. 批准	pīzhǔn	(动)	to approve; to authorize
4. 试点	shìdiǎn	(名)	experimental unit
5. 十足	shízú	(副)	fully

第二十二课　入世十年："中国做对了,世界也做对了"

 **专有名词**

1. 义乌　　　Yìwū　　　　Yiwu, Zhejiang Province
2. 也门　　　Yěmén　　　Yemen

选择正确答案

1. 从课文来看,中国加入世界贸易组织的原因应该是:
   1) 中国自己的选择
   2) 来自世界各地商人们与中国政府对话的结果
   3) 来自也门和韩国这些国家外商的建议
   4) 国务院准备进行国际贸易综合改革试点

2. 也门和韩国商人对义乌比较满意的方面可能是:
   1) 中国主动邀请他们来到这里
   2) 语言水平和生活环境
   3) 也门人和韩国人友好相处
   4) 也门商人和韩国商人的数量超过其他国家

3. 课文中没有介绍义乌对外贸易的哪个方面:
   1) 义乌市场经营面积
   2) 常驻外商和代表机构数量
   3) 商品种类
   4) 市场年成交额

4. 义乌成为第一个获得国务院批准的国际贸易综合改革试点,原因可能是:
   1) 义乌的外商们对这里信心十足
   2) 义乌的商品种类非常丰富

3) 义乌的外商之间、外商和中国人之间关系很好
4) 义乌已经经营和管理对外贸易十年,经验丰富

阅读三

美国评价中国入世十年成就

北京日报 2011年12月05日

本报讯(记者姜煜)"中国过去十年在执行国际贸易规则上取得很多成果,比如降低关税。"近日,美国国会"美中经济与安全审查委员会"发布了年度评估报告。该报告从总体上赞扬了我国入世十年的表现。

同时,报告批评了中国在继续"严重干预国内经济",该委员会主席Bill Reinsch称,中国国有经济在国家经济中的比重过大,有些行业享受政府补贴,"这些情况不符合WTO精神"。报告用很大篇幅关注了人民币汇率问题。报告中称,在未来十年内,人民币可能会给美元的地位带来挑战。

由12名委员组成的"美中经济与安全审查委员会"是2001年中国加入世贸组织后,美国国会要求建立的机构,其评估和建议对美国国会讨论中国问题影响不小。去年,该委员会举办了8场听证会,关注中国外交、军事、国有企业等方面。在这份408页的报告中,该委员会关注了中国汇率、经贸、军事、安全领域的政策与发展,并向美国国会提出了43个建议。

商务部的马宇认为,我国一直在进行国有企业的相关改革,并已经取得了一定效果,而在短期内彻底改变国有企业的地位

第二十二课　入世十年："中国做对了,世界也做对了"

是不现实的。"这并不意味着我国违反了WTO相关规则。"

生　词

1. 审查	shěnchá	（动）	to review
2. 年度	niándù	（名）	annual
3. 评估	pínggū	（动）	to evaluate
4. 赞扬	zànyáng	（动）	to praise
5. 干预	gānyù	（动）	to intervene
6. 国有	guóyǒu	（形）	state-owned
7. 补贴	bǔtiē	（名）	subsidy

简要回答

1. 美国国会"美中经济与安全审查委员会"赞扬了中国入世以来的哪些变化？
2. 这个委员会如何影响美国国会对中国的讨论？
3. 中国对这份年度评估报告的看法是什么？

第二十三课

漫长的石油替代道路

第一财经日报 2013年07月12日

尽管油价越来越高,石油消费的增长在放缓,但是,新能源的发展没有想象得那么快。短时间内,石油的地位难以被替代。

国内外多家机构对未来20年石油持续供应态度乐观。中石油今年年初的报告指出,全球油气需求将在2040年前后分别达到47亿吨和5万亿立方米的峰值,之后产量将缓慢下降,届时石油产能将高于石油需求,世界石油市场将出现持续供过于求的局面。

全球石油探明储量至今为止仍然在大幅增加。2013年的《BP世界能源统计年鉴》显示,去年石油探明储量比10年前增长了26%。此外,去年全球石油产量的增速是石油消费量增速的两倍。

道达尔集团表示,目前还没有达到石油产量的峰值,当然,开采会有一个极限,不过,这不一定意味着资源没有了,要看是否有新的技术去开发出来。据中石油测算,如果使用新技术,开发比例增加1个百分点,在现有油田中可以多生产石油23亿吨。

对中国而言,2020年前国内的汽油、柴油需求仍将快速增长。中石油预测,未来我国汽车拥有量仍将保持快速增长,预计2020年将超过2.3亿辆(不含摩托车)。届时汽油需求约为1.1亿吨,年均增长4.9%;柴油需求将增至2.2亿吨,年均增速4.2%。

第二十三课　漫长的石油替代道路

新能源产业的发展曾经大放异彩,但由于技术和成本没有获得重大突破,各国政府开始调整对新能源的政策,有的国家已经逐步减少补贴。

此前备受追捧的一些新能源公司,比如光伏、风电行业的企业近期面临利润下滑,甚至破产的境地。而BP等一些传统石油企业在进军新能源行业后,由于迟迟不能获得经济回报而选择退出。世界能源论坛主席哈罗德对本报记者表示,目前新能源成本普遍高于传统能源,新能源还不具备商业合理性。

对中国而言,"现在国内的石油供需矛盾已经得到缓解,新能源对石油的替代十分缓慢"。分析师朱春凯对本报记者说,必须是油价上升到不能接受的时候,石油才可能被真正地替代,但短期内油价应该仍然会保持稳定。

不过,石油被替代的过程的确已经开始。《BP世界能源统计年鉴》显示,石油在全球能源消费中的比例连续13年下降,2012年下降至33%,为1965年以来的最低值。

生　词

1.	产能	chǎnnéng	（名）	producing capacity
2.	供过于求	gōng guò yú qiú		over-produced
3.	探明	tànmíng	（动）	to be measured
4.	储量	chǔliàng	（名）	storage
5.	年鉴	niánjiàn	（名）	year book
6.	开采	kāicǎi	（动）	to exploit

7. 测算	cèsuàn	（动）	to measure
8. 油田	yóutián	（名）	oil mine
9. 汽油	qìyóu	（名）	gasoline
10. 柴油	cháiyóu	（名）	diesel
11. 追捧	zhuīpěng	（动）	to pursue and admire
12. 光伏	guāngfú	（名）	photo-voltaic
13. 风电	fēngdiàn	（名）	wind power
14. 下滑	xiàhuá	（动）	to decline
15. 破产	pò chǎn		to go bankrupt
16. 境地	jìngdì	（名）	condition
17. 缓解	huǎnjiě	（动）	to ease; to relieve

 **专有名词**

1. 中石油	Zhōngshíyóu	China National Petroleum Corporation, CNPC, PetroChina
2. BP		British Petroleum
3. 道达尔集团	Dàodá'ěr Jítuán	Total Group

第二十三课　漫长的石油替代道路

 练　习

一、画线连接具有相同特点的词语

产能　　　　　　光伏、风电
峰值　　　　　　柴油
汽油　　　　　　需求
新能源　　　　　极限

二、使用下列动词组成动宾短语

出现_____　　　　指出_____
预测_____　　　　生产_____
调整_____　　　　减少_____
面临_____　　　　选择_____

三、指出画线动词的宾语中心词

1. 全球油气需求将在2040年前后分别<u>达到</u>47亿吨和5万亿立方米的峰值。
2. 世界石油市场将<u>出现</u>持续供过于求的局面。
3. 在现有油田中可以多<u>生产</u>石油23亿吨。
4. 但由于技术和成本没有<u>获得</u>重大突破，各国政府开始<u>调整</u>对新能源的政策，有的国家已经逐步<u>减少</u>补贴。
5. 光伏、风电行业的企业近期<u>面临</u>利润下滑，甚至破产的境地。
6. 新能源还不<u>具备</u>商业合理性。

四、比较A、B两句的意思是否相同

1. A）尽管石油消费的增长在放缓,但是,短时间内,石油的地位难以被替代。

   B）虽然我们消费的石油在减少,但是,它的地位不会很快被替代。（　　）

2. A）届时石油产能将高于石油需求,世界石油市场将出现持续供过于求的局面。

   B）到那个时候,石油生产能力会超过石油需求,世界市场会长期供过于求。（　　）

3. A）据中石油测算,如果使用新技术,开发比例增加1个百分点,在现有油田中可以多生产石油23亿吨。

   B）中石油测算表明,如果使用新技术,在现有油田当中多开发1%的石油,总共可以多开发23亿吨石油。（　　）

4. A）预计2020年汽油需求约为1.1亿吨,年均增长4.9%;柴油需求将增至2.2亿吨,年均增速4.2%。

   B）估计2020年需要消费1.1亿吨汽油,年均增长4.9%;柴油需求将增加2.2亿吨,年均增速4.2%。（　　）

5. A）目前新能源成本普遍高于传统能源,新能源还不具备商业合理性。

   B）和传统能源比较起来,目前新能源成本太高,很难创造利润。（　　）

6. A）"现在国内的石油供需矛盾已经得到缓解,新能源对石油的替代十分缓慢。"

   B）"现在国内石油供应和需求的问题已经完全解决,新能源不会很快替代石油。"（　　）

第二十三课　漫长的石油替代道路

 快速阅读

加拿大追求能源市场多样性

华尔街见闻 2014年05月02日

加拿大能源出口严重依赖美国,在2012年,对美出口更是占到加拿大能源出口的99%。加拿大原来计划修建一条全长近2700公里的跨国输油管道,将加拿大生产的石油直接输往美国。2010年3月,这个计划得到加拿大方面的批准,而美国方面进展缓慢。2012年2月,加拿大总理哈珀访问广州,强调了要加强与中国能源合作。以下是他在广州讲话的相关内容:"目前,加拿大99%的能源出口给一个国家(美国)。我们追求能源市场的多样性,因为它更有利于加拿大的商业利益。为此,加拿大政府致力于确保我们拥有必需的基础设施,把我们的能源资源输出到更多的市场。"

 阅读一

我国中长期能源消费增速将进一步下降

中国能源报 2014年05月01日

"今后一段时期,随着经济结构继续调整,我国能源需求增速也会下降。"国家能源专家咨询委员会副主任周大地日前表示。

周大地指出,高耗能产业已进入饱和阶段,过去,高耗能产品占我国能源消费的50%。中国能源研究会副理事长吴吟也认为,中长期来看,我国能源消费增速将进一步下降,钢铁、水泥、建筑材料方面的能源消费将逐渐达到峰值。

"2001—2005年期间我国能源消费增速为年均8.36%,2006—2010年期间为6.61%,2011—2012年为5.5%,去年是3.7%,能源消费增速逐年下降,低于21世纪初甚至改革开放初期水平。"吴吟判断。

周大地分析,中长期能源投资应该集中在建筑材料改造和能源效率提高、工业节能、交通节能领域。此外,煤炭必须进一步清洁利用,在发电、工业生产等领域继续努力。

吴吟进一步说:"同时要规范市场秩序,尽快出台《能源法》,制定战略规划标准,以整体的能源规划指导各个方面规划。"

生　词

1. 耗能	hào néng		energy consumption
2. 饱和	bǎohé	(形)	full
3. 节能	jié néng		energy-saving
4. 清洁	qīngjié	(形)	clean
5. 出台	chū tái		to come out

第二十三课　漫长的石油替代道路

 **专有名词**

| 《能源法》 | Néngyuán Fǎ | Energy Law |

选择正确答案

1. 周大地对今后一段时期中国能源需求的看法是：
   1）中国会继续调整经济结构，但能源需求不会受到影响，不会上升或者下降
   2）随着经济结构继续调整，能源需求也会加速上升
   3）中国会继续调整经济结构，能源需求会继续上升，但是上升速度会慢下来
   4）随着经济结构继续调整，能源需求将会下降

2. 周大地和吴吟对高耗能产业的看法是：
   1）高耗能产业已经充分发展，不再需要扩大和增加
   2）高耗能产品占我国能源消费的大部分
   3）中长期来看，我国能源消费将下降
   4）钢铁、水泥、建筑材料方面的能源消费已经达到峰值

3. 周大地对中长期能源投资的建议是什么，以下哪个方面他没有提到：
   1）投资应该集中在建筑材料改造和能源效率提高、工业节能、交通节能领域
   2）减少煤炭使用
   3）在发电领域更清洁地利用煤炭
   4）在工业生产领域更清洁地利用煤炭

4. 这篇课文介绍的看法来自以下哪个方面：
   1）企业管理人员
   2）普通居民
   3）国际组织
   4）中国研究人员

中国首次成功大规模开发页岩气

新华网 2014年05月02日

新华网重庆5月2日电（记者陶冶、何宗渝）3月24日，中国宣布：中国在重庆首次成功大规模开发页岩气。

根据现有资料评估，这里页岩气资源量约2.1万亿立方米，预计2015年底将建成产能50亿立方米／年，2017年将建成年产能100亿立方米，这相当于建成一个1000万吨级的大型油田。页岩气作为天然气的一种，存在于地下数千米，是世界公认的清洁、高效新能源。这个气田建成以后，每年可减少排放二氧化碳1200万吨，相当于植树近1.1亿棵、近800万辆汽车停开一年。

目前我国天然气消费占能源消费比重仅为5.5%，低于世界平均24%的水平。页岩气的开发利用，将进一步优化我国能源结构。目前我国是世界上最大的能源消费国，2013年我国天然气产量为1210亿立方米，而进口量达534亿立方米，对外依存度超过30%。成功大规模开发页岩气，将有效降低我国能源的对外依存度。

生　词

1. 页岩气　　　yèyánqì　　　（名）　shale gas
2. 气田　　　　qìtián　　　　（名）　gas field
3. 二氧化碳　　èryǎnghuàtàn　（名）　carbon dioxide, CO_2
4. 依存　　　　yīcún　　　　（动）　to depend on

判断正误

1. 从课文可以看出，这是中国第一次成功大规模开发页岩气。
（　　）

2. 根据现有资料评估，这里2017年将能够生产100亿立方米页岩气，同时建成一个1000万吨级的大型油田。（　　）

3. 气田完全建成以后，使用这里的页岩气，每年可减少排放二氧化碳1200万吨。（　　）

4. 目前中国天然气消费占能源消费比重很低，不到世界平均水平的四分之一。（　　）

5. 目前中国是世界上最大的能源消费国，其中天然气大部分依靠进口。（　　）

阅读三

中国计划加速利用核能

中国青年网 2014年04月29日

美国彭博社4月21日报道称,根据中国20日发布的声明,中国计划加快核能建设。目前,中国拥有20个核电站,其发电量占中国总发电量的1.2%。但是,中国准备新建核反应堆的数量居于世界首位。

2008年,中国核电占全球核电总量的3%。据国际原子能机构预计,到2035年,中国核电占全球核电总量的比例将会提升至19%。

马来西亚《新海峡时报》21日称,煤炭目前是主要的发电燃料,汽车尾气排放带来的污染也更加严重。中国正在加速核能发展,作为治理环境污染的手段之一。中国现在正在修建28个核反应堆,这是目前世界上规模最大的核能发展计划。

另外,该报道还指出,中国的目标不仅是发展传统的核能,同时也包括钍核能源。鉴于中国的钍的储量丰富,如果将钍用于发电,那么其发电量能够满足中国"2万年"的需求。全世界对中国的研究表示欢迎。这些人认为,中国所做的努力对整个世界来说都是一个好事。中国正在进行的钍能源开发或许可以帮助世界结束矿物燃料的主导地位。

李克强总理近期两次谈到了核电的发展,英国路透社21日分析称,中国会把重点放在有利于推动经济健康增长的中长期措施上。加速发展核能会对中国的经济转型起到促进作用。

第二十三课　漫长的石油替代道路

 生　词

1. 核能　　　hénéng　　　（名）　nuclear energy
2. 核电站　　hédiànzhàn　（名）　nuclear power plant
3. 核反应堆　hé fǎnyìngduī　　　nuclear reactor
4. 燃料　　　ránliào　　　（名）　fuel
5. 尾气　　　wěiqì　　　（名）　off gas
6. 钍　　　　tǔ　　　　（名）　thorium
7. 矿物　　　kuàngwù　　（名）　mineral
8. 主导　　　zhǔdǎo　　　（动）　to dominate

 专有名词

1. 彭博社　　　　Péngbóshè　　　　　Bloomberg News
2. 国际原子能　　Guójì Yuánzǐnéng　　International Atomic
　　机构　　　　　Jīgòu　　　　　　　Energy Agency, IAEA

简要回答
1. 核电目前在中国的地位怎么样？是不是主要的电力来源？
2. 课文从哪几个方面来介绍中国核电今后的发展速度？
3. 中国除了发展传统核能，还做了哪些特别的研究？

第二十四课

不同寻常的历史时刻
——重温邓小平访美历程

新华网 2004 年 08 月 22 日

1979年1月29日上午,美国白宫南草坪上首次并排升起五星红旗和星条旗。在这里,美国总统卡特为中国的贵宾——邓小平副总理举行了欢迎仪式。有美国记者大发感慨地说:"一个国家的总统举行正式仪式,隆重欢迎另一个国家的副总理,并陪同检阅三军仪仗队,这在世界外交史上极其罕见。"

亲历那一历史瞬间的卡特总统的国家安全事务助理布热津斯基回忆道:"当时的气氛就像充了电一样,我不记得白宫以前曾经有过如此令人激动的场面。"

布热津斯基近日在接受记者专访时说,邓小平当年访美的第一场活动就是到他在华盛顿近郊的家中赴宴。那是两人八个月前在北京首次会面时的约定。邓小平抵美后一下飞机,果然不顾旅途疲劳,来到布热津斯基家中。布热津斯基还谈到,在宴会上他曾半开玩笑地问邓小平说:"卡特总统因中美关系正常化问题在美国国内遇到麻烦,中国是否也有类似的问题?"邓小平不假思索地答道:"当然有,在台湾就有不少反对者。"邓小平的机智让布热津斯基惊叹不已。

为了让来自东方的贵宾对美国文化有个直观的了解,卡特

第二十四课　不同寻常的历史时刻——重温邓小平访美历程

在邓小平访问华盛顿期间特意为他在肯尼迪艺术中心安排了一场盛大的演出。当晚参加表演的有著名钢琴演奏家塞金以及乡村歌手约翰·丹佛。最后一个节目是约200名小学生用中文合唱《我爱北京天安门》。一曲唱罢，邓小平深深为之动情。他和夫人走上舞台热情拥抱和亲吻了美国孩子。

记者在翻阅当时的美国报纸时还读到这样一则评论：邓小平真诚亲吻美国儿童的场面恐怕会让美国不少政治家重新学会如何亲吻孩子。

在访问亚特兰大时，邓小平致辞说："你们的很多成功经验对我们很有借鉴意义。我们愿意向你们学习。愿我们两国人民的友谊和合作顺利。"邓小平的肺腑之言引起全场宾客起立欢呼。

在休斯敦，邓小平的考察重点转向了高科技领域。在美国载人航天基地——林登·约翰逊宇航中心，邓小平不仅仔细参观了宇宙飞船阿波罗17号的指令舱和月球车，还不时向身边的宇航员询问太空生活的细节。

谈起邓小平访美，给美国人印象最深刻的无疑是邓小平在休斯敦附近的小镇观看牛仔表演时戴上宽边牛仔帽的一幕。成千上万的美国人通过电视注意到了这则新闻。对于美国人来说，邓小平欣然戴上牛仔帽观看牛仔表演这一入乡随俗的举动，表达了他对美国文化的尊重和对美国人民的友好之情。

在短短八天访美时间里，邓小平向世界展示了中国改革开放的坚定决心、努力学习西方先进技术和文化的成熟心态，以及中国必将实现现代化的充分信心。

生 词

1. 感慨	gǎnkǎi	（动）	to sigh with emotion
2. 罕见	hǎnjiàn	（形）	infrequent; unusual
3. 近郊	jìnjiāo	（名）	suburb
4. 赴宴	fù yàn		to attend a banquet, dinner
5. 类似	lèisì	（动）	to be similar with; similar
6. 不假思索	bùjiǎ-sīsuǒ		to think little of
7. 机智	jīzhì	（形）	quick-witted
8. 直观	zhíguān	（形）	visual
9. 动情	dòng qíng		to become excited
10. 肺腑之言	fèifǔzhīyán		words from the bottom of one's heart
11. 牛仔	niúzǎi	（名）	cowboy
12. 入乡随俗	rùxiāng-suísú		to do in Rome as Rome does

专有名词

1. 卡特	Kǎtè	Jimmy Carter (1924-)
2. 华盛顿	Huáshèngdùn	Washington DC
3. 亚特兰大	Yàtèlándà	Atlanta
4. 休斯敦	Xiūsīdūn	Houston

第二十四课　不同寻常的历史时刻——重温邓小平访美历程

5. 林登·约翰逊　Líndēng Yuēhànxùn
　　　　　　　　Lyndon B. Johnson (1908-1973)

练　习

一、画线连接具有相同特点的词语

　　五星红旗　　　　　　宽边牛仔帽
　　美国总统卡特　　　　林登·约翰逊宇航中心
　　肯尼迪艺术中心　　　学习
　　借鉴　　　　　　　　邓小平副总理
　　乡村歌手约翰·丹佛　信心
　　决心　　　　　　　　星条旗

二、画线搭配动词和名词

　1. 升起　　　　　　　专访
　　 举行　　　　　　　仪仗队
　　 检阅　　　　　　　仪式
　　 接受　　　　　　　五星红旗

　2. 亲吻　　　　　　　宇宙飞船
　　 引起　　　　　　　细节
　　 参观　　　　　　　孩子
　　 询问　　　　　　　欢呼

279

三、判断对画线词语的解释是否正确

1. 1979年1月29日上午，美国白宫南草坪上首次并排升起<u>五星红旗和星条旗</u>。
   中国国旗和美国国旗，代表中美两国　　　　　　　　　（　）

2. 国家安全事务助理布热津斯基回忆道："当时的气氛就<u>像充了电一样</u>。"
   比喻安全形势不好，气氛紧张　　　　　　　　　　　（　）

3. 卡特总统因中美关系正常化问题在美国国内遇到麻烦，中国是否也有<u>类似</u>的问题？
   因中美关系正常化问题在中国国内遇到麻烦　　　　　（　）

4. 邓小平的<u>肺腑之言</u>引起全场宾客起立欢呼。
   大声说出的话　　　　　　　　　　　　　　　　　　（　）

5. 邓小平欣然戴上牛仔帽观看牛仔表演这一<u>入乡随俗</u>的举动，表达了他对美国文化的尊重和对美国人民的友好之情。
   理解和接受农村的生活习惯　　　　　　　　　　　　（　）

四、判断正误

1. 美国总统卡特为邓小平副总理举行的欢迎仪式表现了美国政府对邓小平访美的罕见的重视。　　　　　　　　　　（　）

2. 卡特总统的国家安全事务助理布热津斯基由于在家准备欢迎邓小平的宴会，没有能够参加1979年1月29日上午在白宫举行的欢迎仪式。　　　　　　　　　　　　　　　　　　（　）

3. 在和布热津斯基交谈中，邓小平说在中国台湾有不少人反对中美关系正常化。　　　　　　　　　　　　　　　　（　）

4. 卡特在邓小平访问华盛顿期间为他安排了演出。最后一个节目是约200名小学生用中文合唱《我爱北京天安门》。演唱之前，邓小平和夫人走上舞台拥抱和亲吻了这些孩子。（　）

5. 除了华盛顿以外，邓小平还访问了亚特兰大和休斯敦。（　）

6. 谈起邓小平访美,给美国人印象最深刻的无疑是邓小平在休斯敦附近的小镇参加了牛仔表演。　　　　　　　　　　(　　)
7. 在访问美国的八天时间里,邓小平向世界展示了坚定的决心、成熟的心态和充分的信心。　　　　　　　　　　　(　　)

 快速阅读

美国汉学家完成和出版《邓小平与中国的改革》

东方早报 2011年09月22日

哈佛大学汉学家傅高义(Ezra F. Vogel)用十年时间写出《邓小平与中国的改革》,全书共876页,日前由哈佛大学出版社出版。该书的中文版将于明年4月出版。在傅高义看来,过去三十年亚洲的最大变化就在中国,中国变化的主要推动力量是邓小平。傅高义认为邓小平提高了中国的地位,使中国成为一个强大国家,这是他以前的领导人没有实现的。写作期间,傅高义曾多次到中国进行采访。傅高义还在中国、美国、日本、新加坡访问了很多和邓小平接触过的领导人,其中包括卡特总统。对于此书,美国前总统卡特评价说:"邓小平在经济、政治及社会上对中国进行改革,其中一项伟大成就,就是在中国与美国之间建立了外交关系。本书对此历史事件有着极其精彩的描写。"

邓小平与大平正芳的谈话

人民日报 2004年08月20日

邓小平与日本政治家大平正芳之间的一段谈话,对中国经济发展产生了深远的影响。

1979年12月5日,大平首相抵达北京,对中国进行正式访问。12月6日下午,邓小平会见了大平首相一行。会谈中大平问道:"中国现代化的蓝图是如何构思的?"大平提出这样的问题,不是偶然的。他毕业于东京商科大学,在主管经济工作的大藏省工作了15年,50岁出任内阁官房长官,协助池田勇人首相实行"国民收入倍增计划"。该计划目标是10年内将实际国民收入增加一倍,结果7年内使计划得以实现。日本的经济规模达到世界第二位,人均收入1970年超过1500美元。

对于大平的提问,邓小平的回答勾画出了20世纪后20年中国实现小康社会的发展设想。

在这次谈话之后,邓小平在会见西班牙副首相格拉时,第一次比较完整地提出了三步走的发展战略构想。他指出:第一步在80年代末翻一番,国民生产总值人均达到500美元。第二步是到20世纪末,再翻一番,人均达到1000美元,进入小康社会。更重要的还是第三步,在21世纪用30年到50年再翻两番,大体达到人均4000美元。做到这一步,中国就达到中等发达的水平。

邓小平回答大平提问的谈话已收入《邓小平文选》第二卷,题目为《中国本世纪的目标是实现小康》。

第二十四课 不同寻常的历史时刻——重温邓小平访美历程

生　词

1.	蓝图	lántú	（名）	blueprint
2.	构思	gòusī	（动）	to design
3.	协助	xiézhù	（动）	to assist
4.	勾画	gōuhuà	（动）	to draw the outline of
5.	小康	xiǎokāng	（形）	fairly well-off; comparatively well-off

专有名词

1. 大平正芳　　Dàpíng Zhèngfāng
   Masayoshi Ohira (1910-1980)
2. 大藏省　　　Dàzàng Shěng
   The Ministry of Finance
3. 内阁官房长官　Nèigé Guānfáng Zhǎngguān
   Chief Cabinet Secretary
4. 池田勇人　　Chítián Yǒngrén
   Hayato Ikeda (1899-1965)

选择正确答案

1. 邓小平与日本政治家大平正芳之间的这段谈话，是在什么时候进行的：
    1）1979年12月5日
    2）1979年12月6日
    3）大平正芳在主管经济工作的大藏省工作了15年的时候
    4）大平正芳50岁的时候

2. 大平正芳的工作经历和以下哪个部分没有关系？
    1）东京商科大学　　　2）大藏省
    3）内阁官房长官　　　4）首相

3. 日本的"国民收入倍增计划"给日本带来哪些进步？请指出错误的一个：
    1）1970年人均收入超过1500美元
    2）经济规模达到世界第二位
    3）用7年时间使实际国民收入增加一倍
    4）用10年时间使实际国民收入增加一倍

4. 按照邓小平的设想，中国大约在什么时候可以进入小康社会：
    1）20世纪80年代末　　2）2000年前后
    3）2030—2050年之间　4）课文中没有说明

5. 在会见西班牙副首相格拉时，邓小平完整地提出了三步走的发展战略构想。邓小平认为，中国人均国民生产总值达到多少美元时，中国就达到中等发达的水平？
    1）500美元　　2）1000美元　　3）1500美元　　4）4000美元

阅读二

访比什凯克的"邓小平大街"

新华网 2004年8月20日

吉尔吉斯斯坦首都比什凯克有一条东西走向的大街。它长3.5公里、宽约25米,有双向六条车道。大街东端,矗立着一座两米多高的红色花岗岩纪念碑,碑的正面用中、吉、俄三种文字写着:"此街以中国卓越的社会和政治活动家邓小平的名字命名"。

"邓小平大街"位于比什凯克市西部,东连市中心的楚河大街,西接"比什凯克—奥什"公路,是比什凯克通往吉尔吉斯斯坦南部第二大城市奥什的起始路段。纪念碑上半部十分传神的邓小平雕像,正注视着这条车水马龙、日益繁荣的大街。

在邓小平百年诞辰前夕,记者来到这里访问。沿大街向西望去,"中国商贸城"与"奥什"市场构成繁华的商业区;大街两侧商店、饭馆、咖啡屋、家具城、汽车修理厂和现代化加油站鳞次栉比。

据当地向导介绍,以邓小平名字命名这条街的想法是1996年6月由时任比什凯克市长、吉著名经济学家西拉耶夫提出来的,其目的是昭示吉尔吉斯斯坦以中国为榜样,走自己特色的改革开放之路。这一提议得到了阿卡耶夫总统的大力支持。阿卡耶夫总统指出,邓小平的改革开放理论值得所有国家借鉴,特别是像吉尔吉斯斯坦这样的正在进行经济转型的国家。于是,便诞生了"邓小平大街"。

 生　词

1. 走向	zǒuxiàng	（名）	direction
2. 花岗岩	huāgāngyán	（名）	granite
3. 卓越	zhuóyuè	（形）	super excellent
4. 传神	chuánshén	（形）	lifelike; vivid
5. 雕像	diāoxiàng	（名）	sculpture
6. 车水马龙	chēshuǐ-mǎlóng		heavy traffic
7. 鳞次栉比	líncì-zhìbǐ		row upon row of
8. 向导	xiàngdǎo	（名）	guide

 专有名词

1. 吉尔吉斯斯坦	Jí'ěrjísīsītǎn	Kyrgyzstan
2. 比什凯克	Bǐshíkǎikè	Bishkek, Kyrgyzstan

判断正误

1. "邓小平大街"位于吉尔吉斯斯坦首都比什凯克。（　　）
2. "邓小平大街"在首都比什凯克的市中心，是比什凯克通往吉尔吉斯斯坦南部第二大城市奥什的起始路段。（　　）

3. "邓小平大街"不仅位置重要,还是一个繁华的商业区,大街两侧有很多商店、饭馆、咖啡屋、家具城、汽车修理厂和现代化加油站。（ ）
4. 以邓小平的名字命名这条街的想法,是由吉尔吉斯斯坦总统阿卡耶夫提出的。（ ）
5. 阿卡耶夫总统认为,吉尔吉斯斯坦是一个正在进行经济转型的国家,应该学习中国改革开放的理论。（ ）

阅读三

马哈蒂尔：邓小平是实事求是的典范

新华网 2004年08月23日

"中国已故领导人邓小平是奉行实事求是原则的典范,他制定了符合中国发展水平的改革开放政策,使中国的面貌发生了巨大变化。"马来西亚前总理马哈蒂尔日前在接受新华社记者专访时高度评价了邓小平的丰功伟绩。

马哈蒂尔说,他和邓小平有过两次会见,一次是1978年邓小平访问马来西亚时,另一次是1985年他首次访华期间。会见中,邓小平十分关注马来西亚发展经济和引进外资的情况,详细询问了马来西亚的各项经济政策和经济数据,并对当时马来西亚人均国民生产总值已达2000美元表现出极大兴趣。

马哈蒂尔说,邓小平深刻了解中国的实际情况和世界现状,从实际出发,实事求是地总结了中国经济建设的经验与教训,大胆借鉴西方国家发展经济的有益经验,大力引进外国资金、先进技术和管理经验,推动中国经济体制改革,创造了一条有中国特色的经济发展道路。他指出,中国的社会主义市场经济道路是一种独创。

马哈蒂尔说,上世纪90年代以来,中国和马来西亚及其他东南亚国家的友好关系和经贸合作迅速发展,目前中国—东盟自由贸易区谈判已经展开,进一步扩大地区合作的前景良好。

生　词

1. 实事求是	shíshì-qiúshì		to be practical and realistic
2. 典范	diǎnfàn	（名）	model
3. 已故	yǐ gù		deceased
4. 奉行	fèngxíng	（动）	to pursue (a policy)
5. 丰功伟绩	fēnggōng-wěijì		great achievement
6. 独创	dúchuàng	（动）	original creation

专有名词

1. 马哈蒂尔	Mǎhādì'ěr	Datuk Seri Mahathir Bin Mohamad (1925-)
2. 东盟	Dōngméng	Association of Southeast Asian Nations, ASEAN

3. 自由贸易区 Zìyóu Màoyì Qū   free-trade area (FTA)

简要回答

1. 马哈蒂尔曾经在什么时间和什么地点见过邓小平？
2. 马哈蒂尔对邓小平的印象怎么样？
3. 马哈蒂尔如何看待20世纪90年代以来，中国和马来西亚及其他东南亚国家的友好关系和经贸合作？

第二十五课

中国仍是外国人青睐的就业地点

新华网 2014年02月14日

据英国广播公司(BBC)网站2月12日报道,中国人力资源和社会保障部的数据显示,2012年在中国大陆(除港澳台地区以外)就业的外国人超过24万,比2007年增长了17%——并且仍在不断增加。

报道称,上海和北京仍然是外国人最为青睐的就业地点,而香港对金融服务业人员有强烈的吸引力。约半数外来就业人员来自美国,20%来自英国。

报道称,相比470万永久迁居海外的英国人,或者100万永久迁居海外的澳大利亚人,这个数字听上去微不足道,但代表着专业职位和高水平员工,并且凸显出一点:如果你打算把第一份海外工作落在中国,就得有针对性地调整你的履历。

据报道,多数外国人来华后似乎对找到的工作很满意。汇丰银行2013年对全球7000多名海外就业人员进行调查,结果表明,中国领先于德国和新加坡,是最佳的综合就业地点。调查的问题包括:聘用条件和在国外抚养子女的经验。

但是,报道称,外国就业人员对中国的浓厚兴趣不一定会得到当地就业市场的响应。

第二十五课　中国仍是外国人青睐的就业地点

管理咨询公司"翰德中国"的人力资源顾问苏亚（音）说："对于要求第二语言的职位，雇主更青睐有海外经历的中国人。""雇用外国人成本高昂，更重要的是存在语言和文化障碍。"

然而，的确有许多富有激情、技能高超的外国人在不同职业阶段为自己在中国打拼出了一席之地。大学应届毕业生、加利福尼亚州人莱娅·余（音）现在在北京做房地产投资分析师，她说，许多像她这样的年轻外国人在职业生涯开始的时候往往降低薪酬，换取难得的经历和实践性比较强的培训机会。

余女士说："我见过有的中国公司开出比西方低得多的入行薪资，我也见过许多年轻的专业人士接受低薪，换取高职责职位，或者在华工作经验，然后利用这些经验在以后的职业生涯中获得令人满意的高薪职位。"

对大部分希望进入中国的外国人来说，要想在中国公司找到一个职位仍然很困难。相比之下，在华外国公司的就业机会较多。在华就业外国人中，约有85%供职于这些跨国公司，其中销售与营销行业占据最大比例，其次是金融专业和工程师专业。

虽然未来数年内，中国境内的中资公司和外资公司仍然会看重外国的专业人士和成熟的管理人才，但就业市场要求当代求职者具备更高的语言技能，拥有更丰富的在华工作经历。

美国能源公司阿米那公司中国分部的康斯坦丁·克拉奇洛夫说："西方人要想在这里工作，重要的是在职业初期就到这里来，学习这里的文化和语言——最好是在二十出头时。"

 生 词

1. 迁居	qiān jū		to move
2. 微不足道	wēibùzúdào		unimportant
3. 职位	zhíwèi	（名）	position
4. 凸显	tūxiǎn	（动）	to highlight
5. 针对性	zhēnduìxìng	（名）	pertinence
6. 履历	lǚlì	（名）	resume; CV
7. 聘用	pìnyòng	（动）	to employ
8. 抚养	fǔyǎng	（动）	to raise
9. 雇主	gùzhǔ	（名）	employer
10. 打拼	dǎpīn	（动）	to fight
11. 一席之地	yìxízhīdì		a space for one
12. 应届	yìng jiè		this year's (graduate)
13. 入行	rù háng		to enter the field

 专有名词

人力资源和社会保障部 Rénlì Zīyuán hé Shèhuì Bǎozhàng Bù
Ministry of Human Resources and Social Security

第二十五课　中国仍是外国人青睐的就业地点

练　习

一、画线连接具有相同特点的词语

  青睐   经历

  中国大陆   兴趣

  职位   一席之地

  员工   港澳台地区

  履历   雇主

二、画线搭配动词和名词

  雇用   技能

  降低   外国人

  具备   薪酬

三、指出画线动词的宾语中心词

1. 外国就业人员对中国的浓厚兴趣不一定会<u>得到</u>当地就业市场的响应。
2. 更重要的是<u>存在</u>语言和文化障碍。
3. 加利福尼亚州人莱娅·余（音）现在在北京<u>做</u>房地产投资分析师。
4. <u>换取</u>难得的经历和实践性比较强的培训机会。
5. 然后<u>利用</u>这些经验在以后的职业生涯中<u>获得</u>令人满意的高薪职位。
6. 其中销售与营销行业<u>占据</u>最大比例。

7. 中国境内的中资公司和外资公司仍然会<u>看重</u>外国的专业人士和成熟的管理人才。

四、比较A、B两句的意思是否相同

1. A) 约半数外来就业人员来自美国,20%来自英国。
   B) 大约70%的外来就业人员来自美国和英国。（ ）

2. A) 相比470万永久迁居海外的英国人,或者100万永久迁居海外的澳大利亚人,这个数字听上去微不足道。
   B) 和470万英国人比较起来,永久搬家到其他国家居住的100万澳大利亚人不算太多。（ ）

3. A) 中国领先于德国和新加坡,是最佳的综合就业地点。
   B) 以前,中国比德国和新加坡更好,是最好的综合就业地点。（ ）

4. A) 调查的问题包括:聘用条件和在国外抚养子女的经验。
   B) 调查的问题有:聘用条件怎么样、在国外抚养孩子的经验。（ ）

5. A) 外国就业人员对中国的浓厚兴趣不一定会得到当地就业市场的响应。
   B) 外国就业人员对中国有浓厚兴趣,而中国的就业市场不一定知道。（ ）

6. A) 对于要求第二语言的职位,雇主更青睐有海外经历的中国人。
   B) 有的职位需要使用第二语言,这时候,雇主更喜欢选择在其他国家生活学习过的中国人。（ ）

7. A) 许多富有激情、技能高超的外国人在不同职业阶段为自己在中国打拼出了一席之地。
   B) 许多富有激情、技能高超的外国人,在不同职业阶段,都在中国的房地产行业工作过。（ ）

8. A）我见过有的中国公司开出比西方低得多的入行薪资。
   B）我见过有的中国公司给刚刚开始工作的人的工资,比西方低得多。（　　）

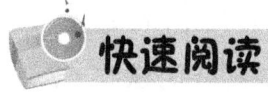

外国人在中国就业必须具备的条件

中国政府网 2014年02月12日

外国人在中国就业须具备下列条件：（一）年满18周岁,身体健康；（二）具有从事其工作所必需的专业技能和相应的工作经历；（三）无犯罪记录；（四）有确定的聘用单位；（五）持有有效护照或能代替护照的其他国际旅行证件。我国政府对外国人在中国就业实行许可制度。即用人单位聘用外国人,必须为外国人申请就业许可,经批准后,方可聘用。

在华工作外国人缴纳社保人数已达20万

人民网 2013年12月13日

人民网北京12月13日电（记者孙博洋）12日,人力资源和社会保障部副部长胡晓义在新闻发布会上表示,在华工作外国人参加社保的达20万人。

胡晓义说，2011年7月1日开始实施的《社会保险法》第97条规定，在华就业的外国人应当参加中国的社会保险，这是法律的强制规定。实施三年以来，据我现在掌握的情况，在华就业的外籍人士参加各项社会保险的为20多万人。

胡晓义还介绍说，现在我们国家日益融入国际经济发展，也有很多企业走出去，所以既有外国人来华就业参加社会保险的问题，也有我们走出去的企业和员工参加当地社保的问题。按照国际惯例，相关的国家之间要签订有关的社会保险协议，我们在这三年里，同时和十几个国家开展了有关社会保险协议的谈判。前天我们和丹麦王国政府签订了《社会保险法》实施以来第一个两国之间的社会保险协议，这也有利于规范各国公民在就业地参加社保。

生　词

1.	缴纳	jiǎonà	（动）	to pay
2.	社保	shèbǎo	（名）	social medicare; social security
3.	强制	qiángzhì	（形）	compulsory
4.	惯例	guànlì	（名）	convention

第二十五课　中国仍是外国人青睐的就业地点

 **专有名词**

1.《社会保险法》　　Shèhuì Bǎoxiǎn Fǎ　　Social Security Law
2. 丹麦王国　　　　　Dānmài Wángguó　　　Denmark

判断正误

1. 人力资源和社会保障部副部长胡晓义在新闻发布会上表示，目前有20万外国人在中国工作。　　　　　　　　　　　　　　（　）
2. 胡晓义说，从2011年7月1日开始，在中国工作的外国人可以选择参加或者不参加中国的社会保险。　　　　　　　　　　（　）
3. 胡晓义还介绍说，中国和国际经济发展的关系更加密切，有很多中国企业去别的国家投资。　　　　　　　　　　　　　　（　）
4. 从法律和习惯上来说，有经济关系的国家之间应该签订有关的社会保险协议。　　　　　　　　　　　　　　　　　　　　（　）
5.《社会保险法》实施以来，丹麦是第一个和中国签订社会保险协议的国家。　　　　　　　　　　　　　　　　　　　　　（　）
6. 总结课文的意思可以看出，胡晓义鼓励各国公民在自己的国家参加社保。　　　　　　　　　　　　　　　　　　　　　　（　）

阅读二

在南京的外国人

南京晨报 2013年08月07日

阿里告诉记者,他2011年的3月份来到南京林业大学,第二年就把妻子和两个孩子接过来团聚。自己在伊朗的一个研究所已经做了10年的研究员,原本他的打算是学成后回国,如今,他想留在南京找份工作。

"一切都好,就是孩子的教育是个很大的难题。"阿里表示,儿子今年10岁,来中国两年了,孩子上学的事还是没有着落。"去咨询了国际学校,学费太高了,送去普通的小学,又担心孩子无法适应纯中文的教育环境。"

在南京待了4年、24岁的韩国留学生李灿馨告诉记者:在韩国,毕业生工资大概在每月8000到12000元人民币。在中国,毕业后如果公司不作安排,租房大概在3000元,吃饭最少要花2000元,交通费、培训费、跟家里的联络通信费用还有给女友买礼物的钱……,可能10000元也不够。但中国同学告诉我,刚毕业想在南京拿10000元,基本不可能。

南京林业大学国际合作处的张老师告诉记者,大多数来南京的留学生,去语言培训机构一个月工资能拿到1万到6万,但是大学的外教这样稳定的工作,就只有五六千。如果要在南京长久生活,工资可能跟他们的希望还是有很大差距。

第二十五课　中国仍是外国人青睐的就业地点

 生　词

1. 着落	zhuóluò	（名）	whereabouts
2. 纯	chún	（形）	pure
3. 外教	wàijiào	（名）	foreign teacher

 专有名词

1. 南京林业大学	Nánjīng Línyè Dàxué	Nanjing Forestry University
2. 伊朗	Yīlǎng	Iran

判断正误

1. 阿里是2011年3月和妻子、孩子一起来到南京的。　　　　（　）
2. 阿里来中国留学以前，已经在伊朗工作了十年时间。　　（　）
3. 阿里的孩子在中国的小学已经学习了两年时间，还是不太适应。　　　　　　　　　　　　　　　　　　　　　　　　　　（　）
4. 李灿馨最担心的事情是毕业生在南京的工资太低。　　　（　）
5. 南京林业大学的张老师说，语言培训机构的外教工资只有五六千。　　　　　　　　　　　　　　　　　　　　　　　　　（　）
6. 这篇课文介绍了旅游者、商人、留学生等各种外国人对南京的看法。　　　　　　　　　　　　　　　　　　　　　　　　　（　）

299

高校毕业生和在华外国人增多　就业压力增加

中国新闻网 2014年03月08日

　　中新网3月8日电 据中国教育部统计,近年来华留学规模持续扩大。2013年共计有来自200个国家和地区的356499名各类外国留学人员,来华留学生的总数增加了28169人,同比增长8.58%。来华留学生总数、中国接收留学生单位数及中国政府奖学金生数等三项均创新高。北京、上海等地留学生总数继续稳步增长。

　　据日本外务省公布的一项报告显示,中国已成为日本人侨居海外的第二大国家,截至2012年10月1日,侨居在中国的日本人数达到约15万人,仅上海就有约5.7万人。中国人力资源和社会保障部的数据显示,2012年在中国大陆就业的外国人超过24万,比2007年增长了17%——并且仍在不断增加。

　　中国高校就业大军、在华外国人与"海归回国潮"叠加,让海归们面临更加激烈的就业竞争。

 生　词

1. 高校　gāoxiào　　（名）　college and university
2. 单位　dānwèi　　 （名）　company

第二十五课　中国仍是外国人青睐的就业地点

3. 侨居	qiáojū	（动）	to live abroad
4. 海归	hǎiguī	（名）	overseas returnee
5. 叠加	diéjiā	（动）	to overlap

 **专有名词**

外务省	Wàiwù Shěng	Ministry of Foreign Affairs

简要回答

1. 2013年有多少外国人来中国留学？
2. 中国可以接收留学生的地方在逐渐增加还是减少？
3. 作者认为在目前的情况下，"海归"们面临哪些就业竞争？

第二十六课

中国迈入高铁时代

人民日报 2012年09月05日

2008年8月1日,我国第一条高速铁路——京津城际铁路开通。短短4年,21条高铁相继开通运营。截至2012年7月底,我国高铁里程达6894公里,居世界第一位。

发展高铁是由我国国情决定的。中国国土广阔,从东到西和从南到北都超过5000公里;我国又是人口大国,地区经济、城乡经济发展不平衡,大量的中长途旅客运输主要依靠铁路。

中国已经实现了时速200公里、时速300公里两个速度等级动车组的国内设计、制造和维护,使中国成为世界上第四个系统掌握高铁技术的国家。其中,中国南车青岛四方机车车辆股份有限公司自主研发的时速500公里试验列车,已经跑出了逾600公里的最高时速,各项指标良好。

如今,动车组旅客发送量已占全国铁路旅客发送总量的25.7%。高铁不仅成为最具人气的时代列车,更开启了"大动脉"服务民生、助推经济的新速度。

高铁似公交,车次多、间隔短、无拥堵,使铁路旅行时间至少减少一半。已满4周岁的京津城际铁路,累计发送旅客超过8800万人次,公交化的运行模式使旅客可随到随走,旅客发送量年均增幅超过20%,"北京上班、天津买房"成为一种新的生活方式,这种"异地如同城"的生活方式正在其他高铁沿线悄然流行。

第二十六课　中国迈入高铁时代

高铁迫使民航降价、公路调线,使运输结构得到优化。从武汉到上海乘坐高铁二等席相当于3.5折机票。相对较低的价格与大幅缩短的旅行时间,将大量消费者从空中分流到轨道,促使该航线的机票常年提供半价优惠。高铁对于中长途公路客运的冲击也相当严重,运输公司开始积极调整线路和服务,为农村客运市场补充了大量运力。

高铁沿线旅游更热,服务业更火,刺激消费大幅增长。京津城际开通运营后,天津市接待游客的数量增加了35%,许多餐饮店和观光景点游客爆满。郑西高铁开通以来,沿线郑州、洛阳、三门峡、华山、渭南、西安的旅游人数增长都在20%以上。

据介绍,到"十二五"末,我国将基本建成以"四纵四横"高速铁路为骨架的快速铁路网,营业里程达4万公里以上,其中高铁里程1.8万公里左右,包括时速200—250公里的高速铁路1.13万公里,时速300—350公里的高速铁路0.67万公里,基本覆盖50万以上人口的城市。届时,老百姓将享受到高铁带来的更多便利。

生　词

1. 高铁	gāotiě	（名）	high-speed train
2. 城际	chéngjì	（形）	intercity
3. 里程	lǐchéng	（名）	mileage
4. 国情	guóqíng	（名）	national conditions

5. 动车组	dòngchēzǔ	（名）	bullet train; multiple train units	
6. 逾	yú	（动）	over	
7. 动脉	dòngmài	（名）	artery	
8. 民生	mínshēng	（名）	people's well-being	
9. 公交	gōngjiāo	（名）	bus; public transportation	
10. 民航	mínháng	（名）	civil aviation	
11. 分流	fēnliú	（动）	to diverge	
12. 骨架	gǔjià	（名）	framework	
13. 营业	yíngyè	（动）	to open	

 **专有名词**

1. 南车青岛四方机车车辆股份有限公司
   Nánchē Qīngdǎo Sìfāng Jīchē Chēliàng Gǔfèn Yǒuxiàn Gōngsī
   Qingdao Sifang Railway Vehicles Co. Ltd
2. "十二五"　Shí'èrwǔ
   The 12th Five-Year Plan

第二十六课　中国迈入高铁时代

练　习

一、画线连接具有相同特点的词语

高铁　　　　　动车组
运营　　　　　营业
设计制造　　　便利
"大动脉"　　　维护
优惠　　　　　骨架

二、画线搭配动词和名词

开通　　　　　技术
纵贯　　　　　时间
缩短　　　　　东北三省
掌握　　　　　京津城际铁路

三、连句

1. A）2008年8月1日，我国第一条高速铁路——京津城际铁路开通
   B）我国高铁里程达6894公里，居世界第一位
   C）截至2012年7月底
   正确的顺序是（　　　　　）

2. A）到2020年
   B）2004年以后，国务院确定
   C）建设客运专线1.6万公里以上
   正确的顺序是（　　　　　）

3. A）京哈高铁纵贯东北三省
   B）届时,哈尔滨至大连将由9小时缩短为4小时
   C）按照规划,从北京出发
   正确的顺序是(　　　　　)

4. A）中国已经实现了时速200公里、时速300公里两个速度等级动车组的国内设计、制造和维护
   B）其中,中国南车青岛四方机车车辆股份有限公司自主研发的时速500公里试验列车
   C）已经跑出了逾600公里的最高时速,各项指标良好
   正确的顺序是(　　　　　)

5. A）为农村客运市场补充了大量运力
   B）高铁对于中长途公路客运的冲击也相当严重
   C）运输公司开始积极调整线路和服务
   正确的顺序是(　　　　　)

四、选择正确答案

1. 对中国的高铁发展历史来说,2008年意味着:
   1）国务院提出建设客运专线1.6万公里以上的规划
   2）第一条高速铁路——京津城际铁路开通
   3）高铁里程达到6894公里,居世界第一位
   4）基本建成以"四纵四横"高速铁路为骨架的快速铁路网

2. 关于发展高铁的原因,以下哪个方面课文没有提到:
   1）中国国土广阔,东西距离和南北距离都超过5000公里
   2）中国人口众多
   3）中国的国际贸易发展迅速,进出口数量巨大
   4）大量的中长途旅客主要依靠火车

3. 根据课文内容来看,以下哪一个对高铁线路的解释可能不正确:
   1) 京津城际铁路应该是指北京和天津之间的铁路
   2) 京哈高铁应该是指北京到哈尔滨之间的高铁
   3) 京广高铁应该是经过石家庄、武汉到广州的高铁
   4) 郑西高铁应该是从郑州开始向中国西部发展的高铁,终点还没有确定

4. 可以替换"系统掌握高铁技术"的说法是:
   1) 全面掌握高铁技术
   2) 最早掌握高铁技术
   3) 合作掌握高铁技术
   4) 自动掌握高铁技术

5. 课文在介绍高铁对民生、经济的推动作用时,没有提到以下哪个方面:
   1) 动车组旅客发送量已超过全国铁路旅客发送总量的四分之一
   2) 高铁接近公交车,车次多、间隔短、无拥堵,铁路旅行时间至少减少一半
   3) 高铁和民航开展了合作,从武汉到上海的旅客,可以选择高铁二等席也可以选择3.5折机票
   4) 高铁的开通刺激了天津、西安这些旅游城市的服务和消费

6. 中国高铁在"十二五"末期将要达到的目标是:
   1) 修改、完善2012年7月底建成的"四纵四横"高速铁路为骨架的快速铁路网
   2) 营业的高铁里程达到4万公里以上
   3) 将高铁时速从200—250公里最终提高到300—350公里
   4) 基本上可以到达所有50万以上人口的城市

 快速阅读

大西高铁太原到西安段即将开通

人民网 2014年05月17日

大西高铁客运专线北起山西大同,经9市21县(区)至陕西西安,全长859公里,设计时速250公里,该工程于2009年12月3日正式开工,是国家中长期铁路规划网的重要组成部分,也是目前国内设立车站比较多的客运专线。据悉,大(同)西(安)客运专线太原至西安段将于7月1日开通运营。届时,太原至西安的铁路将实现客货分线运输,旅客列车运行时间将由现在的10个小时缩短为2.5小时左右。

 阅读一

西安至成都高铁通车

新华社 2017年12月06日

2017年12月6日,西安至成都的高铁列车开通,让历史上的"丝绸之路"起点和制造业中心紧密相连。陕西、四川两省人民与铁路建设者5年的汗水,使西安至成都的铁路通行时间由过去的11小时缩短到4个小时。成都至北京的铁路通行时间从现在最快的14小时压缩到8小时。

翻开西部地图,重庆、成都GDP超过万亿元,6000多亿元

GDP的西安紧随其后。三个城市今年初同时成为国家第三批自由贸易区；西安和成都以"西安飞机制造公司"和"成都飞机制造公司"为代表的产业合作空间广阔。西成高铁"将西部地区三大城市联系在一起，完全可以形成一个新的经济区"。陕西省城市经济文化研究会会长张宝通说。

　　四川、陕西、重庆拥有国家中央公园、长江上游生态系统等丰富自然资源，环境优美。在西成高铁经过的四川省广元市，"山菇娘"土特产品有限公司董事长刘安康正抓紧装修新的土特产店。"以后乡亲们的土特产有销路了。"而与广元相邻的陕西省宁强县，种茶已有20年的王有泉也打算改造2800亩茶园。"我们离高铁站只有2公里，茶文化馆和博物馆建好后将带动500个家庭摆脱贫困。"

 生　词

1. 汗水	hànshuǐ	（名）	sweat
2. 压缩	yāsuō	（动）	to reduce; to compress
3. 土特产	tǔtèchǎn	（名）	local product
4. 装修	zhuāngxiū	（动）	to decorate
5. 销路	xiāolù	（名）	market; sale
6. 摆脱	bǎituō	（动）	to get rid of

 **专有名词**

| 丝绸之路 | Sīchóu zhī Lù | Silk Road |

判断正误

1. 西成高铁是陕西、四川两省人民与铁路建设者用五年时间建设完成的。（　　）
2. 随着西成高铁的开通，西安至成都的铁路通行时间缩短了4个小时，从西安到成都的时间由11个小时变成7个小时。（　　）
3. 西成高铁不仅有利于西安和成都，也有助于联系这两个城市和重庆，形成新的经济区。（　　）
4. 成都、重庆、西安今年初同时成为国家第一批自由贸易区。（　　）
5. 新闻中介绍，"山菇娘"土特产品有限公司的主要产品是茶叶。（　　）

 **阅读二**

印度新总理希望进入高铁时代

中财网 2014年05月17日

据印度媒体报道，印度新总理莫迪表示要让印度结束火车时速80公里的时代，进入时速300公里的高铁时代。印度学者

第二十六课 中国迈入高铁时代

称,中国、日本和新加坡将是莫迪经济外交的重点,他将努力寻求来自中国的投资。16日,印度大选结果正式公布,以人民党为首的全国民主联盟将赢得人民院(议会下院)多数议席,这意味着全国民主联盟总理候选人莫迪将成为印度新总理。

印度媒体称,按照莫迪的规划,印度到2020年将拥有4条高铁线路。有分析称,参与印度高铁建设的国家很可能包括日本、法国和中国。西方的媒体分析称,基础设施严重落后已经成为印度经济发展缓慢的主要原因。莫迪上台后很可能会加大基础设施的投入,包括电力、港口、公路等,从而拉动印度就业和经济发展。

中国在基础设施发展方面有很多经验,如果莫迪重视和中国发展关系,那么中印基础设施方面的大量合作就将成为可能。

 生　词

1. 寻求	xúnqiú	(动)	to seek
2. 大选	dàxuǎn	(名)	election
3. 议席	yìxí	(名)	seats in legislative assembly
4. 港口	gǎngkǒu	(名)	harbour

 **专有名词**

莫迪　　Mòdí　　　　Narendra Modi (1950-)

判断正误

1. 从课文来看,印度目前的火车时速有的是80公里,有的是300公里。（　　）
2. 莫迪已经成为印度总理很长时间,有清楚的高铁发展计划。（　　）
3. 课文认为,日本、法国和中国可能参加印度的高铁建设。（　　）
4. 电力、港口、公路等基础设施的落后,影响了印度经济的发展。（　　）

 阅读三

厦门到北京7月开通高铁　全程约需12小时

海峡都市报 2014年05月17日

　　海峡都市报讯（记者李进）目前,福建仅有一对高铁,7月1日后将新增一对。昨日,记者从铁路部门获悉,7月实行新的列车运行图后,厦门往返北京将开通一对高铁。

　　昨日,铁路部门有关人士告诉记者,北京至厦门的这趟高铁将按照最高时速300公里运行。主要的站点有北京南、济南西、

第二十六课　中国迈入高铁时代

南京、上海、温州、福州、厦门北。

7月1日后,厦门进京高铁全程时间多少?票价多少?铁路部门有关人士说,厦门进京高铁大概需要12小时,二等座票价会在900元左右。据铁路部门有关人士预测,届时厦门进京高铁将使用CRH380A型列车,更快、更节能、更舒适,试验时,它的最高运行时速超过460公里。

此外,记者了解到,目前,厦门进京只有一趟列车,全程需要33个小时。

 生　词

| 1. 获悉 | huòxī | （动） | to know |
| 2. 运行图 | yùnxíngtú | （名） | run chart |

简要回答

1. 7月之后,福建将拥有几对高铁?
2. 厦门进京高铁大概需要多长时间到达北京?二等座票价大约多少钱?

第二十七课

大学生婚恋观调查：男生看重外貌，女生更愿意一起为生活努力

新闻中心-中国网 2013年01月06日

最近，不少大学生都在转发一条微博，内容是南开大学一个学生课题组关于"当代青年对房子和婚姻的态度调查"报告。调查主要针对在校大学生进行，结果发现，女性比男性更加看重住房；而在择偶方面，男性更加看重与生理吸引力有关的外貌、身材、健康，女性则更加看重对方的经济前景与承诺。

据了解，这项研究针对天津、北京、江苏、广州等地的355名19～25岁的高校学生进行问卷调查，其中男性占46.8%，女性占53.2%。

课题组根据结果分析认为，女性比男性更加看重房子，更加偏向于认为房子在婚姻中较为重要；在房子是否应由男方承担的问题上，女性并不认同房子应该完全由男方承担。同时，超过九成的受调查人员认为，爱情、性格及品质在择偶时是首先考虑的三大因素。男性更看重女性的孝心，女性则更看重男性的上进心与责任心。

而在外貌方面，男性提及者为36.9%，远高于女性7.5%的比例。此外，忠诚、真诚、信任、理解、关心等双方相处时的因素，女性提及率是男性的三倍。

第二十七课　大学生婚恋观调查：男生看重外貌，女生更愿意一起为生活努力

对于这组数据，南京师范大学的陈越说："其实我本人觉得，结婚时有没有房子无所谓，但从传统的观念或者父母来说，没有房子等于没有根。"但她并不认为男性就应该完全承担住房，"我可以与我喜欢的人一起努力，创造自己的一个家"。

作为男生，在姜维新看来，"其实只要清爽大方，我觉得就挺好的，女孩太漂亮，我反而觉得配不上她"。

恋爱是婚姻的必经阶段，那么大学生的恋爱观又是怎么样的呢？华中科技大学针对本校同学作了一项关于恋爱现状的调查，据称45%的男生和51%的女生已经或即将开始恋爱；其中文科专业大学生恋爱率最高，工科专业其次，理科专业最低，七成理科生选择"不谈恋爱"。在大一到大四四年中，因为大一忙着熟悉环境，大四忙于考研和就业，大二和大三就成了校园恋情最有可能的时期。

对于这个调查结果，《金陵晚报》记者采访了几个在校大学生。陈同学是南京某高校的一名大四男生，他认为结果还是符合校园现状的。"我们学校就是人文学院、经济管理学院谈恋爱的多，理科学生很辛苦，这是学科性质决定的。"加上文科生的氛围比较浪漫，文科专业大学生的恋爱比例自然比较高。

对于大二、大三是校园恋情高峰，陈同学有自己的不同看法。"其实现在大学恋情很普遍，不管是家长还是学校，都采取了默认的态度。碰到我们这种男生多女生少的工科学校，如果动作太慢，肯定会失去机会。"在陈同学看来，大一新生谈恋爱的比较多，"大一新生闪电走到一起，彼此并不了解，可能很快就会分手"。陈同学说，到大二时，彼此了解后再走到一起的校园情侣，感情反而更加稳定。

生 词

1. 婚恋观	hūnliànguān	(名)	attitude towards love and marriage
2. 外貌	wàimào	(名)	appearance
3. 课题组	kètízǔ	(名)	research group
4. 择偶	zé'ǒu	(动)	to choose partner
5. 认同	rèntóng	(动)	to approve
6. 孝心	xiàoxīn	(名)	filial piety
7. 上进心	shàngjìnxīn	(名)	desire to advance
8. 提及	tíjí	(动)	to mention
9. 清爽	qīngshuǎng	(形)	fresh and cool
10. 文科	wénkē	(名)	liberal arts
11. 理科	lǐkē	(名)	science
12. 工科	gōngkē	(名)	engineering course
13. 考研	kǎo yán		to take postgraduate entrance examination
14. 默认	mòrèn	(动)	to tacitly approve
15. 闪电	shǎndiàn	(名)	lightning
16. 情侣	qínglǚ	(名)	couple

第二十七课 大学生婚恋观调查：男生看重外貌，女生更愿意一起为生活努力

 练　习

一、画线连接具有相同特点的词语

男性　　　　　理科
孝心　　　　　就业
清爽大方　　　上进心与责任心
文科　　　　　女性
考研　　　　　漂亮

二、画线搭配动词和名词

看重　　　　　微博
转发　　　　　外貌
忙于　　　　　考研
采访　　　　　现状
符合　　　　　大学生

三、指出画线动词的宾语中心词

1. 内容<u>是</u>南开大学一个学生课题组关于"当代青年对房子和婚姻的态度调查"报告。
2. 男性更加<u>看重</u>与生理吸引力有关的外貌、身材、健康。
3. 女性则更加<u>看重</u>对方的经济前景与承诺。
4. 而在外貌方面，男性提及者为36.9%，远<u>高于</u>女性7.5%的比例。
5. 不管是家长和学校都<u>采取</u>了默认的态度。

317

四、选择正确答案

1. 课文介绍的这次调查是以下哪个方面实施的：

   1) 中华人民共和国教育部

   2) 南开大学的学生

   3) 天津、北京、江苏、广州等地的学生

   4) 记者

2. 他们这次调查的主要对象是：

   1) 目前正在大学学习的学生

   2) 学生和老师

   3) 家长

   4) 正在大学学习和已经毕业的大学生

3. 调查和采访发现，大学生们对住房的态度是：

   1) 男生和女生一样看重，程度差不多

   2) 所有的女生都认为男生应该在结婚以前准备好住房

   3) 按照传统的和家长的看法，没有自己的住房不够安全和稳定

   4) 文科、理科、工科学生对住房的看法相差很多

4. 在"爱情、性格及品质"方面，学生们的看法是：

   1) 超过90%的女生觉得，爱情、性格及品质在择偶时是首先应该考虑的，男生则不这样认为

   2) 男生更看重女生的孝心，也就是对长辈的态度和感情

   3) 男生更看重女生的孝心，也就是对孩子的态度和感情

   4) 女生更看重男生对自己的感情，工作是否努力不那么重要

5. 从调查和采访来看，大学生谈恋爱的特点是：

   1) 已经或即将开始恋爱的同学中，男生比女生多

   2) 文科专业大学生恋爱率最高，理科专业其次，工科专业最低

   3) 所有学生都觉得，大二、大三是校园恋情高峰

   4) 家长和学校的态度是，不支持也不反对

第二十七课　大学生婚恋观调查：男生看重外貌，女生更愿意一起为生活努力

婚恋专家：大学生恋爱不应背上沉重负担

新华网 2014年06月03日

新华网兰州6月3日电（记者张阳、张文静）"大学时期的爱情应是一种轻松而美好的恋爱状态，不应背上沉重的负担。"近日，慕岩等四位知名情感专家来到甘肃，与学子和企业员工"谈情说爱"，传授恋爱和婚姻技巧。在慕岩看来，大学生在恋爱过程中培养自己的责任意识、设身处地思考至关重要。作为大学生，还应该处理好恋爱和学习的关系，学校在这方面也可尝试作一些有益的指导。

中国发布《大学生蓝皮书：中国大学生生活形态研究报告2013》

金陵晚报 2014年01月10日

近日，中国教育报刊社、社会科学文献出版社、北京大学联合举办《大学生蓝皮书：中国大学生生活形态研究报告2013》发布会。蓝皮书内容基于全国范围内一万份大学生问卷调查的结果。《金陵晚报》记者走访了南京几所高校，了解南京大学生对于

蓝皮书数据的看法。

　　蓝皮书数据：有57.9%的大学生表示可以理解"裸婚"，但自己不会这么做。该群体中，女生、大四学生、城市学生、家庭月收入5000元以上的学生比例较高，达60%以上。"我不太支持裸婚，我觉得裸婚更多的是一时情绪激动吧，没有考虑周全。"南京某高校一女生回答。"我不接受裸婚，但我理解。"也有女生对此观念嗤之以鼻："为什么不支持裸婚！我男朋友就没房没车，但是很爱我，我就很愿意嫁给他啊。我更希望结婚后一起奋斗！"

　　在性知识方面，大学生群体对婚前性行为持积极态度的比例接近54%，并且男生对婚前性行为的接受程度高于女生，比例约为65%。

 生　词

1. 蓝皮书	lánpíshū	（名）	blue book
2. 形态	xíngtài	（名）	form
3. 问卷	wènjuàn	（名）	questionnaire
4. 裸婚	luǒhūn	（动）	flat marriage
5. 嗤之以鼻	chīzhī-yǐbí		to look down upon
6. 嫁	jià	（动）	(of a woman) marry
7. 性	xìng	（名）	sex

判断正误

1. 这本大学生蓝皮书是调查了北京大学和南京几所高校的10,000名学生以后写成的。（　　）
2. 超过一半的大学生表示，不会接受"裸婚"。（　　）
3. 从课文内容判断，"裸婚"应该是指一种新的婚礼形式，参加婚礼的人穿什么衣服都可以。（　　）
4. 支持"裸婚"的人觉得，两人之间的感情最重要。（　　）
5. 65%的大学生理解和支持婚前性行为。（　　）

阅读二

日本当代女大学生的恋爱观

中国新闻网 2013年11月01日

当代日本女大学生的恋爱观很时尚，也很传统。

宅女型：近年来发展超快的宅女一族的爱情观独树一帜。从现实的交友逐渐变成网上相识、相知到相恋，最后才返回现实中见面，这是日本"宅女型"女大学生的基本恋爱定律。和传统的校园恋爱和交际恋爱不同，互联网的交友平台成为日本"宅女型"女大学生孕育爱情的摇篮。

恋爱消极型：这类日本女大学生普遍拥有比较强的自尊心。她们受自尊心束缚，害怕受伤，因而在男女交往的过程中往往不会太主动。要打动她们的芳心只能主动热情。

自我中心型：这种女性未必长得很漂亮，却拥有傲人的气质，除非遇到比她强的男性追求者，否则她们对一般的男性比较冷淡。

自由奔放型：这类日本女大学生比较相信"缘分"，视爱情为生活中必不可少的要素，属于那种一天没有恋爱就活不下去的女生。只要有合适的对象出现就不会错过，甚至会反过来追求男生。

与选择结婚对象极为不同，日本女大学生选择恋爱对象的时候还是少女的心态。性格、爱情、外貌分列日本女大学生选择男朋友条件的前三位。

生　词

1.	时尚	shíshàng	（形）	fashionable
2.	宅女	zháinǚ	（名）	woman who likes to stay at home
3.	独树一帜	dúshù-yízhì		unique
4.	定律	dìnglǜ	（名）	law
5.	孕育	yùnyù	（动）	to nurture
6.	摇篮	yáolán	（名）	cradle
7.	消极	xiāojí	（形）	negative
8.	自尊心	zìzūnxīn	（名）	self-respect
9.	打动	dǎdòng	（动）	to move; to touch
10.	芳心	fāngxīn	（名）	heart
11.	未必	wèibì	（副）	may not
12.	傲人	àorén	（形）	impressive
13.	奔放	bēnfàng	（形）	open
14.	缘分	yuánfèn	（名）	destiny

第二十七课　大学生婚恋观调查：男生看重外貌，女生更愿意一起为生活努力

判断正误

1. 按照课文的分类，依赖网络帮助自己恋爱的是哪种女大学生：
   1) 宅女型
   2) 恋爱消极型
   3) 自我中心型
   4) 自由奔放型

2. 面对"恋爱消极型"的女生，课文认为男生应该怎么做：
   1) 保持自尊心，避免受伤
   2) 积极主动接触她们，引起她们的好感
   3) 努力工作，达到比她们更高的成就和地位
   4) 全看女生的兴趣，男生没有特别好的办法

3. "自由奔放型"的女生觉得以下哪个方面最重要：
   1) 交往方式
   2) 保持自己的自尊心
   3) 感情
   4) 男生的能力和地位

4. 作者认为，日本女大学生选择恋爱对象的时候还是少女的心态，原因可能是：
   1) 宅女型、恋爱消极型、自我中心型、自由奔放型女生的标准各不相同
   2) 宅女型、恋爱消极型、自我中心型、自由奔放型女生之间互相影响
   3) 没有充分考虑男生的性格、爱情、外貌这些方面
   4) 没有考虑男生的经济前景和将来的家庭生活

阅读三

大学生婚恋观调查：女生比男生更看重人品

新民晚报 2014年03月11日

近日，某教育机构公布了"大学生婚恋观调查"。调查是在今年2月进行的，收回有效答卷2012份。调查表明，如今的不少家长特别是女生家长，对孩子在大学读书期间恋爱持支持的态度。

■30岁再不结婚就晚了

调查显示，25至30岁是被调查大学生理想的结婚年龄。具体到不同性别来看，女生的理想结婚年龄比男生要早。52%的女生希望在25至27岁结婚，男生的这一比例为38%。40%的男生认为最理想的结婚年龄为28至30岁。这也许和男生要"先立业再成家"有关。

■寻找适婚对象看重人品和性格

被调查的大学生在选择适婚对象时看重"人格、品行"（男生：84%，女生：90%），其次看重"性格"（男生：59%，女生：62%）。从男女生的差异来看，51%的男生将"外貌"作为挑选适婚对象的重要条件之一，比女生选择该项的比例高18个百分点。而女生在挑选适婚对象时看重"健康状况"（52%）、"经济条件"（41%）、"家庭背景"（36%）、"学历"（32%）的比例均明显高于男生。其中，女生看重"经济条件"的比例，比男生选择该项的比例高24个百分点。此外还可以看出，在回答"看重适婚对象的品质"这个问题时，女生比男生的要求更全面。

第二十七课　大学生婚恋观调查：男生看重外貌，女生更愿意一起为生活努力

 生　词

1. 人品	rénpǐn	（名）	character
2. 答卷	dájuàn	（名）	questionnaire
3. 立业	lì yè		to build a career
4. 成家	chéng jiā		to get married; to settle down
5. 品行	pǐnxíng	（名）	conduct; morality

简要回答

1. 男生和女生理想的结婚年龄分别是多少？

2. 为什么男生希望晚一点结婚？

3. 在选择适婚对象时，男生和女生在哪些标准方面差异比较大？

第二十八课

2013年国民经济和社会发展统计公报(节选)

国家统计局 2014年02月24日

2013年,面对错综复杂的国内外形势,全国各族人民齐心协力,实现了经济社会稳定发展。

一、综合

年末全国大陆总人口为136072万人,比上年末增加668万人,其中城镇常住人口为73111万人,占总人口比重为53.73%,比上年末提高1.16个百分点。全年出生人口1640万人,出生率为12.08‰;死亡人口972万人,死亡率为7.16‰;自然增长率为4.92‰。全国流动人口为2.45亿人。

国民经济平稳较快增长。初步核算,全年国内生产总值568845亿元,比上年增长7.7%。其中,第一产业增加值56957亿元,增长4%;第二产业增加值249684亿元,增长7.8%;第三产业增加值262204亿元,增长8.3%。第一产业增加值占国内生产总值的比重为10%,第二产业增加值比重为43.9%,第三产业增加值比重为46.1%,第三产业增加值占比首次超过第二产业。

就业持续增加。年末全国就业人员76977万人,其中城镇就业人员38240万人。全年城镇新增就业1310万人。年末城镇登记失业率为4.05%,略低于上年末的4.09%。全国农民工总量为26894万人,比上年增长2.4%。其中,外出农民工16610万人,增长1.7%；本地农民工10284万人，增长3.6%。

居民消费价格基本稳定。全年居民消费价格比上年上涨2.6%，其中食品价格上涨4.7%。

外汇储备继续增加。年末国家外汇储备38213亿美元，比上年末增加5097亿美元。

二、农业

粮食再获丰收。全年粮食产量60194万吨，比上年增加1236万吨，增产2.1%。主要粮食品种中，稻谷产量20329万吨，减产0.5%；小麦产量12172万吨，增产0.6%；玉米产量21773万吨，增产5.9%。

全年棉花产量631万吨，比上年减产7.7%。油料产量3531万吨，增产2.8%。糖料产量13759万吨，增产2.0%。茶叶产量193万吨，增产7.9%。

全年肉类总产量8536万吨，比上年增长1.8%。其中，猪肉产量5493万吨，增长2.8%；牛肉产量673万吨，增长1.7%；羊肉产量408万吨，增长1.8%；禽肉产量1798万吨，下降1.3%。禽蛋产量2876万吨，增长0.5%。牛奶产量3531万吨，下降5.7%。

全年水产品产量6172万吨，比上年增长4.5%。其中，养殖水产品产量4547万吨，增长6%；捕捞水产品产量1625万吨，增长3.5%。

全年木材产量8367万立方米，比上年增长2.3%。

三、工业和建筑业

工业生产稳定增长。全年全部工业增加值210689亿元，比上年增长7.6%。分经济类型看，国有及国有控股企业增长6.9%，股份制企业增长11.0%，外商及港澳台商投资企业增长8.3%，私营企业增长12.4%。

……

六、对外经济

进出口稳中有升。全年货物进出口总额258267亿元人民币,即41600亿美元,比上年增长7.6%。其中,出口22096亿美元,增长7.9%;进口19504亿美元,增长7.3%。贸易顺差为2592亿美元,增加289亿美元。

七、交通、通信和旅游

年末固定电话用户26699万户。新增移动电话用户11696万户,年末达到122911万户,电话普及率达到110.5部/百人。互联网上网人数6.18亿人,其中手机上网人数5.0亿人。互联网普及率达到45.8%。

……

九、人民生活和社会保障

城乡居民收入继续增加。全国居民人均可支配收入18311元,实际增长8.1%。农村居民食品消费支出占消费总支出的比重为37.7%,比上年下降1.6个百分点;城镇为35%,下降1.2个百分点。

生　词

1. 统计公报	tǒngjì gōngbào		statistical bulletin
2. 错综复杂	cuòzōng-fùzá		complicated
3. 齐心协力	qíxīn-xiélì		together
4. 核算	hésuàn	(动)	to account
5. 增加值	zēngjiāzhí	(名)	value added

6. 丰收	fēngshōu	（动）	to harvest	
7. 增产	zēng chǎn		to increase production	
8. 减产	jiǎn chǎn		reduction of output	
9. 稻谷	dàogǔ	（名）	rice	
10. 小麦	xiǎomài	（名）	wheat	
11. 玉米	yùmǐ	（名）	corn	
12. 油料	yóuliào	（名）	oil	
13. 糖料	tángliào	（名）	sugar	
14. 禽肉	qínròu	（名）	meat	
15. 禽蛋	qíndàn	（名）	egg	
16. 养殖	yǎngzhí	（动）	to cultivate; to breed	
17. 捕捞	bǔlāo	（动）	to fish	
18. 私营企业	sīyíng qǐyè		private business; private enterprise	
19. 支配	zhīpèi	（动）	to dominate	

 **专有名词**

国家统计局	Guójiā Tǒngjì Jú	National Bureau of Statistics

练 习

一、画线连接具有相同特点的词语

统计　　　　　　　　减产
常住人口　　　　　　第三产业
第二产业　　　　　　流动人口
就业　　　　　　　　私营企业
增产　　　　　　　　失业
国有及国有控股企业　核算

二、使用下列动词组成动宾短语

面对_____
实现_____
占_____
达到_____

三、指出画线动词的宾语中心词

1. <u>面对</u>错综复杂的国内外形势。
2. 全国各族人民齐心协力，<u>实现</u>了经济社会稳定发展。
3. <u>占</u>总人口比重为53.73%。
4. <u>新增</u>移动电话用户11696万户，年末<u>达到</u>122911万户。
5. 电话普及率<u>达到</u>110.5部/百人。

四、比较A、B两句的意思是否相同

1. A）面对错综复杂的国内外形势，全国各族人民齐心协力，实现了经济社会稳定发展。

第二十八课 2013年国民经济和社会发展统计公报(节选)

　　B)虽然开始的时候错误地估计了国内外形势,全国人民还是共同努力,实现了经济社会稳定发展。（　）

2. A)其中城镇常住人口为73111万人,占总人口比重为53.73%,比上年末提高1.16个百分点。

　　B)其中城镇常住人口为73111万人,占总人口比重为53.73%,比上年末提高了1.16%。（　）

3. A)第三产业增加值占比首次超过第二产业。

　　B)第三产业增加值占国内生产总值的比例,第一次超过第二产业。（　）

4. A)其中,外出农民工16610万人,增长1.7%;本地农民工10284万人,增长3.6%。

　　B)其中,来自其他国家的农民工16610万人,增长1.7%;来自中国的农民工10284万人,增长3.6%。（　）

5. A)居民消费价格基本稳定。全年居民消费价格比上年上涨2.6%,其中食品价格上涨4.7%。

　　B)居民消费价格基本稳定。食品价格上涨4.7%。除了食品,其他方面价格比上年上涨2.6%。（　）

6. A)年末固定电话用户26699万户。新增移动电话用户11696万户,年末达到122911万户,电话普及率达到110.5部/百人。

　　B)包括固定电话和移动电话在内,中国人拥有的电话数量已经超过人口数量。（　）

 快速阅读

我国人口平均预期寿命达到74.83岁

国务院第六次全国人口普查领导小组办公室 2012年09月21日

根据2010年第六次全国人口普查详细汇总资料计算,我国人口平均预期寿命达到74.83岁,比2000年的71.40岁提高3.43岁。分性别看,男性为72.38岁,比2000年提高2.75岁;女性为77.37岁,比2000年提高4.04岁。男女平均预期寿命之差与十年前相比,由3.70岁扩大到4.99岁。在我国人口平均预期寿命不断提高的过程中,女性提高速度快于男性,两者之差进一步扩大。这与世界其他国家平均预期寿命的变化规律是一致的。2010年世界人口的平均预期寿命为69.6岁,其中高收入国家及地区为79.8岁,中等收入国家及地区为69.1岁。我国人口平均预期寿命明显高于中等收入国家及地区,也大大高于世界平均水平,但比高收入国家及地区平均水平低5岁左右。

第二十八课 2013年国民经济和社会发展统计公报（节选）

2013年哈萨克斯坦和中国的贸易关系

中华人民共和国商务部 2014年07月09日

表15 哈萨克斯坦对中国出口主要商品构成（类）

（2013年） 金额单位：百万美元

海关分类	HS编码	商品类别	2013年	上年同期	同比%	占比%
类	章	总值	14,168	16,484	-14.1	100.0
第5类	25-27	矿产品	10,063	11,575	-13.1	71.0
第15类	72-83	贱金属及制品	2,559	3,407	-24.9	18.1
第6类	28-38	化工产品	1,331	1,380	-3.5	9.4
第17类	86-89	运输设备	61	0	16,692.0	0.4
第2类	06-14	植物产品	59	57	3.7	0.4
第16类	84-85	机电产品	36	2	1,588.9	0.3
第8类	41-43	皮革制品、箱包	19	10	97.6	0.1
第7类	39-40	塑料、橡胶	17	42	-59.6	0.1
第11类	50-63	纺织品及原料	12	7	74.1	0.1
第4类	16-24	食品、饮料、烟草	5	2	236.8	0.0
第1类	01-05	活动物、动物产品	3	1	176.4	0.0
第14类	71	贵金属及制品	3	1	95.9	0.0
第18类	90-92	光学、钟表、医疗设备	0	1	-81.1	0.0
第3类	15	动植物油脂	0	0	0.0	0.0

(续表)

海关分类	HS编码	商品类别	2013年	上年同期	同比%	占比%
第20类	94-96	家具、玩具、杂项制品	0	0	335.3	0.0
		其他	0	0	-18.3	0.0

表16　哈萨克斯坦自中国进口主要商品构成（类）

（2013年）　　　　　　　　　　　　　　　金额单位：百万美元

海关分类 类	HS编码 章	商品类别	2013年	上年同期	同比%	占比%
		总值	8,193	7,498	9.3	100.0
第16类	84-85	机电产品	3,401	3,071	10.7	41.5
第15类	72-83	贱金属及制品	1,323	1,095	20.8	16.2
第17类	86-89	运输设备	646	1,045	-38.2	7.9
第11类	50-63	纺织品及原料	600	433	38.4	7.3
第7类	39-40	塑料、橡胶	519	414	25.3	6.3
第12类	64-67	鞋靴、伞等轻工产品	401	240	66.9	4.9
第6类	28-38	化工产品	272	238	14.4	3.3
第20类	94-96	家具、玩具、杂项制品	211	218	-3.2	2.6
第13类	68-70	陶瓷、玻璃	198	225	-11.7	2.4
第18类	90-92	光学、钟表、医疗设备	151	112	34.4	1.9
第2类	06-14	植物产品	136	138	-1.2	1.7
第8类	41-43	皮革制品、箱包	99	52	90.8	1.2
第10类	47-49	纤维素浆、纸张	73	50	46.4	0.9
第4类	16-24	食品、饮料、烟草	62	60	2.6	0.8
第5类	25-27	矿产品	53	64	-17.8	0.7
		其他	48	41	15.3	0.6

第二十八课 2013年国民经济和社会发展统计公报(节选)

 生　词

1. 矿产品	kuàngchǎnpǐn	（名）	minerals
2. 贱金属	jiàn jīnshǔ		base metal
3. 机电产品	jīdiàn chǎnpǐn		mechanical and electrical products
4. 皮革	pígé	（名）	leather
5. 烟草	yāncǎo	（名）	tobacco
6. 贵金属	guì jīnshǔ		precious metal
7. 光学	guāngxué	（名）	optical products
8. 油脂	yóuzhī	（名）	oil; grease
9. 杂项	záxiàng	（名）	miscellaneous
10. 鞋靴	xié xuē		shoes and boots
11. 伞	sǎn	（名）	umbrella
12. 轻工产品	qīnggōng chǎnpǐn		light industrial products
13. 陶瓷	táocí	（名）	pottery and porcelain
14. 纤维素浆	xiānwéisù jiāng		cellulose pulp
15. 纸张	zhǐzhāng	（名）	paper

选择正确答案

1. 从金额来看,哈萨克斯坦对中国出口的最大的商品类别是:
   1）矿产品
   2）机电产品
   3）贱金属及制品
   4）化工产品

2. 和2012年相比，哈萨克斯坦对中国出口的商品类别中增长速度最快的是：
   1）矿产品
   2）贱金属及制品
   3）化工产品
   4）运输设备

3. 和2012年相比，哈萨克斯坦对中国出口的商品类别中下降速度最快的是：
   1）贱金属及制品
   2）塑料、橡胶
   3）光学、钟表、医疗设备
   4）其他

4. 总结哈萨克斯坦和中国的贸易关系，可以看出：
   1）哈萨克斯坦和中国贸易发展迅速，和去年相比，双方的出口都在增加
   2）哈萨克斯坦对中国出口70%以上是矿产品，中国出口产品比较分散，没有哪个类别超过50%
   3）从金额来看，两国向对方出口最多的前四类产品中，都包括机电产品
   4）两国都从对方国家进口了动物产品和植物产品

阅读二

2014年6月份居民消费价格(CPI)变动情况

国家统计局 2014年07月09日

2014年6月份,全国居民消费价格总水平同比上涨2.3%。其中,城市上涨2.4%,农村上涨2.1%;食品价格上涨3.7%,非食

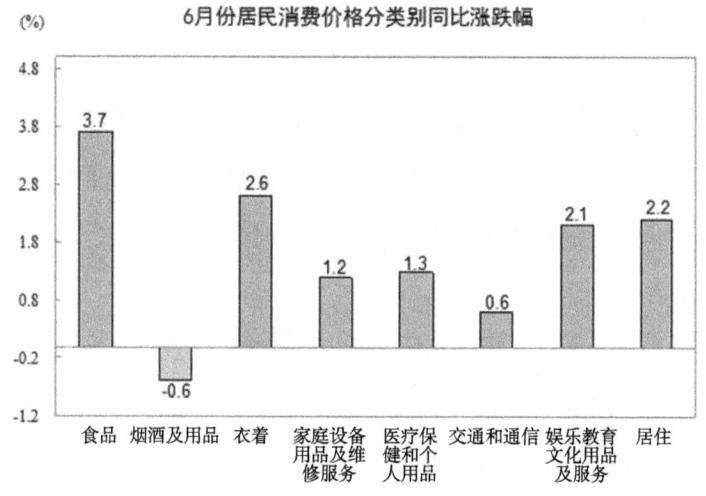

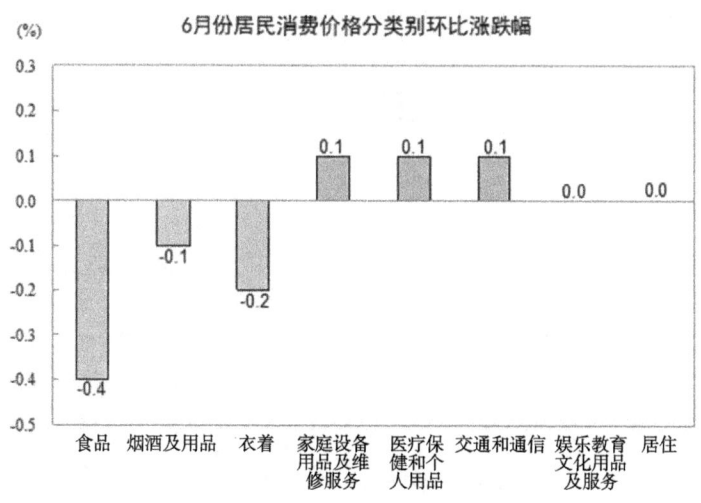

品价格上涨1.7%;消费品价格上涨2.2%,服务价格上涨2.6%。

6月份,全国居民消费价格总水平环比下降0.1%。其中,城市下降0.1%,农村下降0.1%;食品价格下降0.4%,非食品价格持平;消费品价格下降0.2%,服务价格上涨0.1%。

1. 指标解释

统计居民消费价格指数(Consumer Price Index,简称CPI),可以综合反映居民购买的生活消费品和服务价格水平的变动情况。

2. 统计范围

全国居民消费价格指数(CPI)涵盖全国城乡居民生活消费的食品、烟酒及用品、衣着、家庭设备用品及维修服务、医疗保健和个人用品、交通和通信、娱乐教育文化用品及服务、居住等八大类、262个基本分类的商品与服务价格。

3. 调查方法

采用抽样调查方法,直接派人到调查网点采集原始价格。数据来源于全国31个省(区、市)500个市县、6.3万个价格调查点,包括超市、购物中心以及农贸市场与服务消费单位。

生　词

1. 同比	tóngbǐ	(名)	on year-on-year basis
2. 上涨	shàngzhǎng	(动)	to increase
3. 环比	huánbǐ	(名)	on month-on-month basis
4. 指数	zhǐshù	(名)	index

第二十八课 2013年国民经济和社会发展统计公报(节选)

5. 涵盖	hángài	(动)	to include
6. 衣着	yīzhuó	(名)	clothing
7. 抽样	chōu yàng		sampling
8. 网点	wǎngdiǎn	(名)	site
9. 采集	cǎijí	(动)	to collect
10. 原始	yuánshǐ	(形)	raw
11. 农贸市场	nóngmào shìchǎng		farmers market

判断正误

1. 2014年6月份,全国居民消费价格总水平比2014年5月份上涨了2.3%。( )
2. 和去年这个时期相比,上涨最快的是食品价格,上涨了3.7%。( )
3. 2014年6月份和5月份相比,全国居民消费价格总水平下降了0.1%。( )
4. 居民消费价格指数(CPI)虽然只是统计我们购买的生活消费品,但是用它可以计算出来各种服务的价格水平。( )
5. 中国统计居民消费价格指数的方法是调查全国31个省(区、市)的所有超市、购物中心、农贸市场和服务消费单位。( )

阅读三

2013年不同岗位平均工资情况

国家统计局 2014年05月27日

2013年,国家统计局对不同岗位的工资情况进行了调查,涉及16个行业门类的87万个单位。调查单位的就业人员按岗位分为单位负责人,专业技术人员,办事人员和有关人员,商业、服务业人员,生产、运输设备操作人员及有关人员5类。

调查数据显示,全部调查单位就业人员年平均工资为45676元,其中,单位负责人107374元,专业技术人员63074元,办事人员和有关人员46403元,商业、服务业人员39322元,生产、运输设备操作人员及有关人员40044元。单位负责人平均工资最高,是全部就业人员平均水平的2.35倍;商业、服务业人员平均工资最低,是全部就业人员平均水平的86%。岗位平均工资最高与最低之比为2.73。

分四大区域看,东部地区岗位间工资差距最大,岗位平均工资最高与最低之比为3.09;中部地区岗位工资差距最小,最高与最低之比为2.23。

第二十八课 2013年国民经济和社会发展统计公报(节选)

2013年分地区分岗位就业人员年平均工资

单位:元

地区	就业人员	单位负责人	专业技术人员	办事人员和有关人员	商业、服务业人员	生产、运输设备操作人员及有关人员
合计	45676	107374	63074	46403	39322	40044
东部	49454	128023	72028	51509	44178	41451
中部	38802	70983	48359	37302	31784	36827
西部	42908	86985	55270	41916	33496	40253
东北	40448	85469	50216	40609	32016	37360

东部包括:北京、天津、河北、上海、江苏、浙江、福建、山东、广东和海南。

中部包括:山西、安徽、江西、河南、湖北和湖南。

西部包括:内蒙古、广西、重庆、四川、贵州、云南、西藏、陕西、甘肃、青海、宁夏和新疆。

东北包括:辽宁、吉林和黑龙江。

生　词

1. 岗位　　　　gǎngwèi　　　　　　（名）　　post
2. 办事人员　　bànshì rényuán　　　　　　　staff; clerks
3. 操作人员　　cāozuò rényuán　　　　　　　operator

简要回答

1. 这次调查的范围是什么?调查了哪些地方的哪几类人?
2. 年平均工资最高和最低的分别是哪些人?
3. 和你的国家比较起来,中国最高和最低工资之间的差距大吗?

第二十九课

阿里巴巴现象

经济学人中文网 2013年3月22日

在成为世界最大经济体的征途上,中国正迎来一个新的里程碑。其电子商务市场正在超越美国,主导这一市场的是一家名叫阿里巴巴的大型公司。从某种程度来说,她早已是世界上最大的电子商务公司。去年,阿里巴巴两大门户网站的营业额合计达到1.1万亿元人民币(折合1700亿美元),超过了eBay和亚马逊的总和。不过,尽管阿里巴巴的成就如此巨大,她的崛起几乎没有引起中国之外的多数人的注意。

这种情况即将发生变化。该公司创始人,曾经当过英语教师的马云不久前刚刚宣布,该公司将进行首次公开募股(IPO)。阿里巴巴的首次公开募股肯定会成为脸谱网在去年上市以来最为引人注目的事件,同时,阿里巴巴的市值也可能远远超出脸谱网。脸谱网首次公开募股市值为1040亿美元。据估计,阿里巴巴的市值在550亿美元到1200亿美元之间(目前世界上市值最大的企业为苹果公司,其当前的市值为4200亿美元,在2009年时其市值仅为900亿美元)。

到目前为止,阿里巴巴的成功是一个锐意创新的故事,同时也是一个明确定位、在中国国内赢得竞争优势的故事。马云曾经这样说过:"eBay可能是大海中的一条鲨鱼,相比之下我是长江中的一条鳄鱼。如果我们两个在大海中搏斗,输的是我;如果我们在江河中搏斗,那么我就是赢家。"马云于1999年创建了这家公司,注册名称为Alibaba.com,这是一家将中国小型企业与国外买家联系起来的B2B(企业和企业之间)门户网站。随后,公司推出了另一项创新——淘宝,这是一个类似eBay的C2C(消费者和消费者之间)门户网站,其特点在于拥有近10亿种的商品,是全球访问量最大的20个网站之一。天猫有点类似于亚马逊,是一种新潮的B2C(企业和消费者之间)门户网站,在天猫的帮助下,中国中产阶级开始接受越来越多的全球知名品牌。

阿里巴巴可能会以更快的速度发展。据预测,到2020年时,中国的电子商务市场将大大超过美国、英国、日本、德国和法国现有规模的总和。为公司扩张提供支持的是被称为支付宝的创新型在线支付系统,这是一种第三方支付系统(只有在买家对他们收到的商品感到满意时,系统才给卖家支付款项)。这种系统建立了人们之间的信任。

阿里巴巴最大的资源在于其手中尚未得到开发的客户数据。其网站处理的包裹数量超过了中国国内投递量的60%,不仅最了解人们的消费习惯,而且还清楚中国中产阶级以及数百万生意人的信誉程度。

中国增长模式急需从依靠投资向国内消费转变,阿里巴巴正在加速这一过程,比任何一家公司起的作用都大。阿里巴巴有望成为世界上最值钱的公司,而在这个过程当中,她还有助于创建一个更加美好的中国。

 生　词

1. 征途　　　　　zhēngtú　　　　　（名）　journey
2. 主导　　　　　zhǔdǎo　　　　　（动）　to be dominant
3. 门户网站　　　ménhù wǎngzhàn　　　　web portals
4. 首次公开募股　shǒucì gōngkāi mùgǔ　　initial public offering, IPO
5. 上市　　　　　shàng shì　　　　　　to be listed; to appear on the market
6. 市值　　　　　shìzhí　　　　　（名）　market value
7. 鲨鱼　　　　　shāyú　　　　　（名）　shark
8. 鳄鱼　　　　　èyú　　　　　　（名）　crocodile
9. 注册　　　　　zhùcè　　　　　（动）　to register
10. 中产阶级　　zhōngchǎn jiējí　　　　middle class
11. 总和　　　　zǒnghé　　　　　（名）　total
12. 包裹　　　　bāoguǒ　　　　　（名）　parcel
13. 投递　　　　tóudì　　　　　　（动）　to deliver
14. 信誉　　　　xìnyù　　　　　（名）　credit; reputation

 专有名词

1. 《经济学人》　Jīngjìxué Rén　　*Economist*

2. 亚马逊　　Yàmǎxùn　　　　Amazon
3. 脸谱网　　Liǎnpǔ Wǎng　　Facebook
4. 天猫　　　Tiānmāo　　　　T-mall

练　习

一、画线连接具有相同特点的词语

营业额　　　　　　　　　上市
eBay　　　　　　　　　　市值
首次公开募股(IPO)　　　淘宝
鲨鱼　　　　　　　　　　鳄鱼

二、画线搭配动词和名词

主导　　　　　　　　　　款项
引起　　　　　　　　　　市场
创建　　　　　　　　　　注意
支付　　　　　　　　　　公司

三、指出画线动词的宾语中心词

1. 在<u>成为</u>世界最大经济体的征途上，中国正<u>迎来</u>一个新的里程碑。
2. 阿里巴巴的首次公开募股肯定会<u>成为</u>脸谱网在去年上市以来最为引人注目的事件。
3. 同时也<u>是</u>一个明确定位、在中国国内<u>赢得</u>竞争优势的故事。

4. 中国的电子商务市场将大大超过美国、英国、日本、德国和法国现有规模的总和。

5. 为公司扩张提供支持的是被称为支付宝的创新性在线支付系统。

四、选择正确答案

1. "阿里巴巴的成就如此巨大"是指以下哪种情况：
   1）阿里巴巴的发展速度，代表了世界最大经济体中国的发展速度
   2）阿里巴巴早已是世界上最大的电子商务公司，主导了全世界的电子商务市场
   3）阿里巴巴主导了中国的电子商务市场
   4）阿里巴巴的营业额超过了eBay和亚马逊的总和，控制了美国的电子商务市场

2. 在介绍公司上市的部分，课文比较了阿里巴巴和下面哪些公司：
   1）eBay和亚马逊
   2）脸谱网和苹果公司
   3）淘宝
   4）天猫

3. 马云关于鲨鱼和鳄鱼的比喻是要说明：
   1）他更了解中国市场需要什么样的公司
   2）成功的公司需要锐意创新，不断努力
   3）阿里巴巴不准备和eBay这样的外国公司进行竞争
   4）阿里巴巴的目标是在国内和国外都能取得成功

4. 课文认为阿里巴巴将来会得到更好的发展，理由是：
   1）阿里巴巴的崛起几乎没有引起中国之外的多数人的注意，可以安静地发展

2) 如果进行首次公开募股，市值会达到550亿到1200亿美元，拥有充足的资金

3) 马云创建了B2B、C2C、B2C这些门户网站，为企业和消费者提供全面的服务

4) 中国的电子商务市场将大大超过美国、英国、日本、德国和法国现有规模的总和

5. 关于阿里巴巴掌握的客户数据，以下哪个介绍是错误的：

1) 客户数据已经得到充分研究和利用

2) 客户数据的来源是阿里巴巴巨大的业务量，网站处理的包裹数量超过了中国国内投递量的60%

3) 客户数据可以帮助阿里巴巴了解人们的消费习惯

4) 客户数据可以帮助阿里巴巴了解中国中产阶层以及数百万生意人的信誉

阿里巴巴：世界第一大市场

金译通网 2013年04月01日

在西方，购物者通常会通过谷歌查找商品，然后点击链接（很可能是广告），进入零售商的网站或者亚马逊，就是这些广告使谷歌赚钱。据麦肯锡全球研究所（McKinsey Global Institute，MGI）最新发布的报告显示，在美国，有76%的在线零售是消费者与自营商家的交易。2011年，在中国，这个数字只有10%。另外的90%是通过让买家和卖家相互联系的在线市场完成的。马

云说,在富裕国家,电子商务只是"饭后甜点",而在中国,它是主菜。这在小城市尤其明显,因为当地的商店已经不能满足当地人的消费能力。

阅读一

中国人网络购物消费额将超过瑞士GDP

华尔街见闻 2014年05月10日

在阿里巴巴最近的IPO申请中,该公司预计中国电子商务市场的规模(目前已为全球最大)将在2016年翻倍。随着越来越多的中国人在网上购物,阿里巴巴预计中国在线销售额将在2016年增长至3.79万亿元,高于瑞典或者瑞士2013年的GDP。目前,中国的在线销售额已经高于埃及或芬兰的GDP。

中国不断扩大的中产阶级正越来越多地选择网上购物已经广为人知,但阿里巴巴的预测向我们提供了一睹这些网购者购物习惯的机会。尽管中国网民数量(6.18亿)已居世界第一,其中只有不到一半的人在网上购物。这一比例远低于其他发达市场。阿里巴巴认为这一数字将增加。

阿里巴巴预计,随着中国内陆小城市变得越来越富有,越来越多的家庭将获得网络服务。内陆小城市的实体商店选择有限,越来越多的家庭会加入网购的大军。还有,在阿里巴巴看来,廉价智能手机的普及是刺激更多网上消费的关键。去年年底,中国的移动互联网用户数量为5亿。越多的人拥有智能手机,就意味着越多的人会进行网购。阿里巴巴相信智能手机将使上网变得更加方便,加速电子商务的普及。

客户的人均花费也在稳步增加:活跃买家去年在阿里巴巴平均订单量达到49单,明显高于2012年的39单以及2011年的33单。

生　词

1. 翻倍	fān bèi		to double
2. 广为人知	guǎng wéi rén zhī		renowned
3. 睹	dǔ	(动)	to witness
4. 内陆	nèilù	(名)	inland
5. 实体	shítǐ	(名)	entity
6. 廉价	liánjià	(形)	cheap
7. 订单	dìngdān	(名)	order

专有名词

埃及	Āijí	Egypt

判断正误

1. 阿里巴巴公司预计中国电子商务市场的规模将在2016年达到目前的200%。（　　）
2. 预计中国电子商务市场的利润将在2016年增长至3.79万亿元,高于瑞典或者瑞士2013年的GDP。（　　）
3. 目前,阿里巴巴公司的在线销售额已经高于埃及或芬兰的GDP。（　　）
4. 尽管中国目前拥有6.18亿网民,其中只有不到50%的人在网上购物。（　　）
5. 阿里巴巴预计,虽然内陆小城市的实体商店发展很快,提供丰富的商品,人们还是更喜欢方便的网购。（　　）
6. 从活跃买家的订单数量可以看出,阿里巴巴客户的人均花费在稳步增加。（　　）

 阅读二

日本万名主妇"临时工"送快递

日经中文网 2014年06月20日

日本的物流业界面临严重的人手不足,从事快递业务的日本佐川急便将录用家庭主妇,作为该公司的非正式快递员。佐川急便此前主要由被称为"sales driver"（即收件也派件,并同时担任货车司机的派送员）的正式员工负责快递派送。

这些主妇派送员无须前往营业网点上班。佐川急便的正式员工会将需要派送的快递送至其家中,可以利用家务或育儿的间隙进行派送。每天送货件数在30个左右。

佐川急便计划首先于2014年度录用5千名家庭主妇,并在2年内增加至1万人。目前佐川急便拥有3万8千名派送员,新招的主妇派送员在人数比例上将超过整体的20%。佐川急便也期待在"中元节"或"岁暮"(日本盛行互赠礼品的节日)等送货旺季让主妇派送员能够成为重要的补充。

主妇派送员的派送范围一般限定在以其住处为中心,1公里至3公里的范围内。工资原则上计件支付,据称,一周干满5个工作日的话,月收入可达5万至8万日元。佐川急便会对主妇派送员进行业务培训,并提供制服、小车等必要的物资设备。因为主妇派送员一般步行或是骑自行车派送快递,因此公司将为其选定体积不大且重量较轻的物件,以减轻负担。同时主妇可以自由选择工作日。

佐川急便承接的快递派送件数在10年间增长了30%,2014年度预计将达12亿3千万件。预计快递业务将增加。

生　词

1.	主妇	zhǔfù	(名)	housewife
2.	物流	wùliú	(名)	the interflow of goods and materials
3.	人手	rénshǒu	(名)	manpower
4.	录用	lùyòng	(动)	to hire
5.	收件	shōu jiàn		to collect (a package)
6.	派件	pài jiàn		to send (a package)

7. 派送	pàisòng		to send; to delivery
8. 育儿	yù ér		to raise children
9. 间隙	jiànxì	（名）	interval
10. 计件	jì jiàn		to count (the piece)
11. 制服	zhìfú	（名）	uniform

专有名词

| 佐川急便 | Zuǒchuān Jíbiàn | Sagawa Express |

选择正确答案

1. 佐川急便公司录用家庭主妇的主要原因是：
   1) 劳动力不足
   2) 家庭主妇更熟悉自己周围的环境
   3) 家庭主妇在家务和育儿的间隙有很多时间
   4) 公司希望派送员和家庭主妇合作，效率更高

2. 被称为"sales driver"的正式员工需要承担哪些工作？请指出错误的答案：
   1) 收快递
   2) 送快递
   3) 开车
   4) 对家庭主妇进行业务培训

3. 佐川急便公司关于录用家庭主妇的计划是：
   1）将录用家庭主妇，作为该公司的正式快递员
   2）首先于2014年度录用5千名家庭主妇，并在2年内增加至1万人
   3）家庭主妇只需要在"中元节"或"岁暮"等送货旺季工作
   4）家庭主妇不用每天去公司，但是应该一周工作5天
4. 本篇课文没有提到的内容是：
   1）家庭主妇们的工作量
   2）家庭主妇可以从公司得到哪些物资设备
   3）家庭主妇可以得到的收入
   4）家庭主妇对这个录用计划的看法

阿里巴巴与中国邮政达成战略合作

新华网 2014年06月12日

新华网北京6月12日电（记者常志鹏、张遥）12日，阿里巴巴集团与中国邮政集团公司在京签署战略合作框架协议，双方将在物流、电商、金融、信息安全等领域全面开展合作，建设中国物流骨干网络。

在双方合作签约仪式上，中国邮政集团负责人李国华、阿里巴巴集团董事局主席马云一致认为，借助中国邮政遍布城乡的网络，双方合作将为更多人群的网上购物提供方便，让中国任何一个地方网购实现24小时送货必达，将进一步促进社会商贸流通发展，让物流业支持零售业发展。

基于阿里巴巴的电子商务数据、互联网技术和中国邮政遍布全国的村邮站、三农服务站、社区服务点等网点，双方将帮助中国三四线城市网购业务和农产品进城业务的发展。中国邮政将挖掘网点资源支持阿里巴巴电商平台的网上销售业务向三四线城市及农村市场延伸，将优质的网购体验从城市带到农村。

 生　词

1. 邮政	yóuzhèng	（名）	post; postal service
2. 三农	sānnóng	（名）	agriculture, countryside and farmer
3. 社区	shèqū	（名）	community

 专有名词

中国邮政	Zhōngguó Yóuzhèng	China Post

简要回答

1. 阿里巴巴集团与中国邮政集团公司合作的目的是什么？
2. 阿里巴巴和中国邮政集团各自的优势是什么？
3. "三四线城市"的意思是什么？

第三十课

和平与正义的象征：曼德拉

华尔街日报中文网 2013年12月06日

南非总统祖马当地时间5日深夜宣布，纳尔逊·曼德拉在位于约翰内斯堡的家中去世，享年95岁。祖马在电视台发表讲话说："他平静地走了，我们的国家失去了它最伟大的儿子。"

曼德拉出生于1918年7月18日，他在一个小村子里长大，这里女人在家种玉米、南瓜和豆子，男人在外面为白人拥有的农场或矿山打工。那时南非黑人几乎没有权利可言。

曼德拉是他的家庭中第一个有机会上学的人，并最终在南非繁华的商业中心约翰内斯堡开始攻读法学学位。他曾希望在南非的本地事务部（Native Affairs Department）找到一个公务员的工作，这在当时差不多是一个黑人可能怀有的最大梦想。

他说："我一生专注于非洲人民的斗争。我反抗白人统治，也反抗黑人统治。我怀着能让所有人和谐平等的民主自由社会的理想。我希望活着看到它实现；但是如果需要的话，这也是我愿意为之献出生命的理想。"

曼德拉有二十七年的时间是在监狱中度过的，其中包括在戒备森严的罗本岛监狱度过的十八年，该岛曾经是隔离麻风病人的地方。

曼德拉最伟大的贡献是在他入狱期间决定开始与种族隔离政府谈判。当时南非政府在国际上越来越孤立，正在寻求出路。在历时五年的秘密谈判中,曼德拉面对众多官员,最终与南非总统德克勒克进行了谈判。德克勒克当时称,靠暴力解决问题的时代已经一去不复返,重建国家以及和解的大幕正在拉开。

许多白人也支持曼德拉,加入了要求政府释放曼德拉的抗议活动。

1990年2月11日是一个晴朗的日子,曼德拉在这天重获自由。他走出监狱大门,向聚集在门外欢呼迎接他的民众举起拳头。

在被囚禁将近三十年后,曼德拉通过与德克勒克达成妥协,从而和平终结了白人统治,曼德拉为解决南非之外其他地区的冲突树立了新的榜样。他向世人展示出,一个因人种、种族、宗教、暴力和仇恨而分裂的国家也可以团结起来,即使斗争进程比大多数人期望的更为痛苦,也耗费了更长时间。

1993年,德克勒克与曼德拉因促成南非的民主转型共享了诺贝尔和平奖。德克勒克在2012年的一次演讲中说,这位身高六英尺四英寸(约1.83米)的前拳击手有名望和力量将那些倔强的支持者团结在一起,哪怕是处于最困难的关头。

与许多被誉为英雄和自由斗士的非洲领导人不同,曼德拉只担任了一届总统便急流勇退。他以自己的名义成立了三个基金会,致力于保留南非反种族隔离斗争的历史。人生中的最后几年曼德拉基本退出了公众视野,和孩子住在一起,那里离他出生的地方不远。

曼德拉改变了世界看待南非的方式,也扭转了南非人对自身的看法。

生 词

1. 正义	zhèngyì	（名）	justice
2. 象征	xiàngzhēng	（名）	symbol
3. 南瓜	nánguā	（名）	pumpkin
4. 矿山	kuàngshān	（名）	mine
5. 法学	fǎxué	（名）	the science of law
6. 公务员	gōngwùyuán	（名）	civil servant
7. 专注	zhuānzhù	（动）	to concentrate on
8. 反抗	fǎnkàng	（动）	to fight against
9. 戒备森严	jièbèi sēnyán		heavily guarded
10. 隔离	gélí	（动）	to segregate
11. 麻风病	máfēngbìng	（名）	lepriasis
12. 种族	zhǒngzú	（名）	race
13. 孤立	gūlì	（动）	to isolate
14. 暴力	bàolì	（名）	violence
15. 和解	héjiě	（动）	to reconcile
16. 大幕	dàmù	（名）	curtain
17. 释放	shìfàng	（动）	to set free
18. 囚禁	qiújìn	（动）	to imprison
19. 妥协	tuǒxié	（动）	to compromise
20. 人种	rénzhǒng	（名）	ethnic group
21. 拳击手	quánjīshǒu	（名）	boxer
22. 急流勇退	jíliú-yǒngtuì		to retire at the height of one's official career

第三十课　和平与正义的象征：曼德拉

 **专有名词**

1. 曼德拉　　Màndélā　　　Nelson Mandela (1918-2013)
2. 罗本岛　　Luóběn Dǎo　　Robben Island, SA
3. 德克勒克　Dékèlèkè　　　Frederik Willem de Klerk (1936-)
4. 诺贝尔　　Nuòbèi'ěr　　　Nobel Peace Prize
   和平奖　　Hépíng Jiǎng

 **练　习**

一、画线连接具有相同特点的词语

　　曼德拉　　　　仇恨
　　黑人　　　　　白人
　　谈判　　　　　团结
　　释放　　　　　妥协
　　暴力　　　　　囚禁
　　分裂　　　　　德克勒克

二、画线搭配动词和名词

　1. 攻读　　　　生命
　　 反抗　　　　统治
　　 献出　　　　病人
　　 隔离　　　　学位

2. 达成　　　妥协
   树立　　　视野
   担任　　　总统
   退出　　　榜样

三、指出画线动词的宾语中心词

1. 他在一个小村子里长大,这里女人在家<u>种</u>玉米、南瓜和豆子。
2. 那时南非黑人几乎<u>没有</u>权利可言。
3. 他曾希望在南非的本地事务部(Native Affairs Department)<u>找到</u>一个公务员的工作。
4. 我<u>怀着</u>能让所有人和谐平等的民主自由社会的理想。
5. 许多白人也支持曼德拉,<u>加入</u>了要求政府释放曼德拉的抗议活动。
6. 1993年,德克勒克与曼德拉因<u>促成</u>南非的民主转型共享了诺贝尔和平奖。

四、判断正误

1. 曼德拉的家人于当地时间5日深夜在电视台发表讲话宣布,曼德拉在位于约翰内斯堡的家中去世,享年95岁。　　　　　(　　)
2. 曼德拉的家人虽然都接受过良好的教育,不过只有他自己学习了法律专业,希望将来成为公务员。　　　　　　　　(　　)
3. 曼德拉说,他关心和参与非洲人民的斗争,不是为了实现白人统治或者黑人统治,而是为了实现所有人和谐平等。　(　　)
4. 由于和南非的种族隔离政府谈判失败,曼德拉被囚禁了二十七年。　　　　　　　　　　　　　　　　　　　　　(　　)
5. 南非种族隔离政府选择和监狱中的曼德拉谈判,部分原因是他们受到的国际压力越来越大。　　　　　　　　　　(　　)
6. 很多白人也反对囚禁曼德拉,希望种族隔离政府释放曼德拉。
　　　　　　　　　　　　　　　　　　　　　　　　　　　　(　　)

7. 曼德拉因促成南非和解获得了1993年的诺贝尔和平奖。前总统德克勒克没有获得这一荣誉,他向曼德拉表示了祝贺。（　　）

8. 曼德拉虽然只担任了一届南非总统,但是他以自己的名义成立了三个基金会,积极参加政治活动,一直到生命的最后时刻。（　　）

9. 曼德拉改变了世界看待南非的方式,也改变了南非人自己对自己的看法。（　　）

 快速阅读

联合国设立纳尔逊·曼德拉奖

新华网 2014年06月07日

新华网联合国6月6日电（记者王雷、裴蕾）第68届联合国大会6日一致通过决议,决定设立纳尔逊·曼德拉奖,向曼德拉和那些取得出色成就并对联合国宗旨和原则做出巨大贡献的个人致以敬意。

联大在当天通过的决议中指出,曼德拉不仅在非洲争取解放和团结的斗争中发挥了领导作用,也在解决冲突、改善种族关系、促进和保护人权、和解、性别平等、儿童和其他弱势群体的权利以及改善穷困和不发达社区状况等领域做出了贡献。

联合国秘书长潘基文在决议通过后发表讲话,对联大一致通过该决议表示热烈祝贺。他说,当今世界依然存在种族主义和不平等现象,民众、社区以及国家依然饱受仇恨、分裂和战争

之苦。潘基文还说:"向曼德拉致以敬意的最佳方式不是言语和仪式,而是用行动接过他传递给我们的火炬。"

2009年11月,联大通过决议,决定从2010年起将每年7月18日定为"纳尔逊·曼德拉国际日"。

《百年孤独》作者马尔克斯逝世 曾获诺贝尔文学奖

新华网 2014年04月18日

新华网墨西哥城4月17日电(记者陈寅)哥伦比亚著名作家、1982年诺贝尔文学奖得主加西亚·马尔克斯17日下午(北京时间18日凌晨)在墨西哥因病去世,享年87岁。

哥伦比亚总统曼努埃尔·桑托斯当天在其个人微博上说,马尔克斯是历史上最伟大的哥伦比亚人,伟人永远不会与世长辞。墨西哥总统培尼亚·涅托当天表示,他以国家名义向当今最伟大作家的去世表示哀悼和惋惜,马尔克斯使拉美文学走向了全世界。

1927年3月6日,马尔克斯生于哥伦比亚。8岁前,马尔克斯一直居住在外祖父家,他的外祖父是上校,曾经两次参加哥伦比亚内战,外祖母是一个勤劳的农妇,对拉美传统神话故事非常熟悉。1947年,马尔克斯进入波哥大大学攻读法律,并开始文学创作,在大学期间,马尔克斯如饥似渴地阅读西班牙黄金时代的诗歌,这为他以后的文学创作打下了坚实的基础。

1948年,马尔克斯因哥伦比亚内战中途辍学,不久进入新闻界,任《观察家报》记者。1955年,他出版了第一本小说《枯枝败叶》,他花了7年时间才找到愿意出版它的人。1961年至1967年,他主要居住在墨西哥和欧洲,继续其文学创作。1982年,马尔克斯获诺贝尔文学奖,同年,他回到祖国。

1999年以后直到逝世,由于健康原因,他的写作能力受到很大影响。

生　词

1.	得主	dézhǔ	(名)	winner
2.	伟人	wěirén	(名)	great man
3.	与世长辞	yǔshì-chángcí		to pass away
4.	哀悼	āidào	(动)	to mourn
5.	上校	shàngxiào	(名)	colonel
6.	农妇	nóngfù	(名)	farm woman
7.	如饥似渴	rújī-sìkě		thirsty
8.	辍学	chuò xué		to drop off school
9.	创作	chuàngzuò	(动)	to create

专有名词

1. 《百年孤独》　　Bǎinián Gūdú
   One Hundred Years of Solitude,
   Cien años de soledad
2. 马尔克斯　　　Mǎ'ěrkèsī
   Gabriel García Márquez (1927-2014)
3. 墨西哥城　　　Mòxīgē Chéng
   Mexico City, Mexico
4. 曼努埃尔·桑托斯　Mànnǔ'āi'ěr Sāngtuōsī
   Juan Manuel Santos Calderón (1951-)
5. 培尼亚·涅托　Péiníyà Nièltuō
   Enrique Peña Nieto (1966-)
6. 波哥大　　　　Bōgēdà
   Bogotá, Columbia

选择正确答案

1. 马尔克斯是在什么地方逝世的：
   1）墨西哥
   2）哥伦比亚
   3）西班牙
   4）课文没有提到
2. 哥伦比亚总统曼努埃尔·桑托斯对马尔克斯的评价是：
   1）哥伦比亚著名作家，1982年诺贝尔文学奖得主
   2）历史上最伟大的哥伦比亚人

3) 优秀的学者、记者

4) 当今世界最伟大的作家

3. 墨西哥总统培尼亚·涅托对马尔克斯的评价是:

1) 伟人永远不会与世长辞,永远和我们在一起

2) 他的文学成就超过了西班牙黄金时代的诗歌,是当今世界最伟大的作家

3) 马尔克斯让全世界看到了、了解了拉美文学

4) 1999年以后没有继续写作,非常可惜

4. 以下对马尔克斯的介绍中,哪一个是正确的:

1) 1927年马尔克斯生于哥伦比亚,8岁前一直和爸爸妈妈住在一起

2) 他的外祖父是上校,参加过哥伦比亚内战,外祖母熟悉拉美传统神话故事

3) 马尔克斯毕业于波哥大大学,在学校阅读了大量西班牙黄金时代的诗歌

4) 1955年,他顺利出版了第一本小说《枯枝败叶》

5. 课文没有提到以下哪个方面:

1) 家庭:马尔克斯的家人和他们的特点

2) 经历:马尔克斯接受的教育和离开学校以后的职业

3) 健康:马尔克斯身体情况对工作的影响

4) 评价:其他人的支持和反对对马尔克斯的写作有哪些影响

阅读二

特蕾莎修女获得诺贝尔和平奖

人民网 2004 年 08 月 26 日

1979年的诺贝尔和平奖授予了特蕾莎修女,以表彰她"为克服贫穷所做的工作"。获奖后,特蕾莎修女卖掉了奖章,连同19万美元的奖金,全部捐赠给贫民和麻风病患者。她拒绝了仪式以后奢华的晚宴。

1910年8月27日,特蕾莎出生于马其顿,家境并不富足。她在温馨的家庭生活中成长起来,7岁时进入一所公立学校读书。善良博爱的天性使她对慈善事业着迷。她回忆说:"在12岁时,我就意识到我有一个使命,就是去帮助穷人。"

18岁那年,特蕾莎加入修女团体。她说:"要爱穷人,了解穷人,我们自己也必须是穷人。"她的慈善机构所有的药品都是捐赠的,并无偿提供给贫病交加的穷人。如今,这个机构已国际化:3500名修女管理着115个国家的543个收容所、孤儿院和艾滋病中心。

特蕾莎的事业得到印度政府的支持,从1962年开始,印度航空公司免费向她提供各条航线的机票,铁路亦如此。特蕾莎总是对记者说,她的成绩是微不足道的。她喜欢说,为一个目的去工作就是幸福。

特蕾莎修女曾于1985年访问中国。当她了解到中国的慈善事业都由政府负责,特蕾莎满意地说:"中国给我的印象很好。"

1997年9月5日,特蕾莎修女因心脏病发作在印度加尔各答逝世,终年87岁。

第三十课　和平与正义的象征：曼德拉

 生　词

1. 表彰	biǎozhāng	（动）	to honour
2. 奢华	shēhuá	（形）	luxury
3. 温馨	wēnxīn	（形）	warm and sweet
4. 公立	gōnglì	（形）	publicly funded
5. 博爱	bó'ài	（动）	universal love
6. 慈善	císhàn	（名）	charity
7. 使命	shǐmìng	（名）	mission
8. 修女	xiūnǚ	（名）	nun; sister
9. 收容所	shōuróngsuǒ	（名）	shelter
10. 孤儿院	gū'éryuàn	（名）	orphanage

 专有名词

1. 特蕾莎修女	Tèléishā Xiūnǚ	Mother Teresa (1910-1997)
2. 马其顿	Mǎqídùn	Macedonia
3. 加尔各答	Jiā'ěrgèdá	Calcutta, India

判断正误

1. 1979年的诺贝尔和平奖授予了特蕾莎修女，她拒绝了参加仪式并且卖掉了奖章，连同奖金，全部捐赠出去。　　　　　　（　　）

2. 1901年8月27日，特蕾莎出生于马其顿的一个富裕家庭。（ ）
3. 特蕾莎12岁的时候说："我意识到我有一个使命，就是去帮助穷人。"（ ）
4. 在特蕾莎管理的慈善机构，所有的药品都是捐赠的，免费提供给需要的穷人。（ ）
5. 特蕾莎的事业得到印度政府的支持，从1962年开始，她可以得到印度航空公司免费的机票。（ ）
6. 特蕾莎曾访问中国，目的是和中国政府合作，建立更多的收容所、孤儿院和艾滋病中心。（ ）

甘地部分骨灰将在逝世纪念日被撒入大海

新华网 2010年01月30日

新华网北京1月30日电 据英国广播公司网站29日报道，在1月30日印度国父圣雄甘地逝世62周年之际，曾由甘地家族一位友人保留了数十年的甘地部分骨灰将在南非附近被撒入大海。

报道援引现居住在南非的甘地孙女埃拉·甘地的话说，这位友人不知道依照印度教传统，死者的骨灰应撒入河流或大海。这位友人在临终前将甘地的骨灰交给自己的儿媳保管，后者在去年把甘地骨灰交还给了甘地家族。

埃拉说，30日当天南非海军将派几艘船在德班附近海域举行甘地骨灰抛撒仪式，约200名甘地家族成员及友人将参加仪式。

印度独立运动领袖甘地曾于1893年至1914年作为律师和政治活动家在南非生活过21年。1948年1月30日，甘地在印度新德里遭一名狂热分子枪击身亡。在他的遗体火化后，其骨灰由家族成员、生前友人和追随者分别保存。人们至今难以确认究竟有多少人得到了甘地的骨灰。据认为，甘地的大部分骨灰在他去世后已被撒入了河流或大海。

2008年，之前不为人知的一部分甘地骨灰被移交给印度孟买甘地博物馆。当年，在甘地家人的要求下，博物馆在甘地逝世60周年纪念日将这部分甘地骨灰撒入了阿拉伯海。

 生　词

1.	骨灰	gǔhuī	（名）	ashes
2.	撒	sǎ	（动）	to scatter
3.	国父	guófù	（名）	father of a nation; Bapu in India
4.	圣雄	shèngxióng	（名）	Mahatma; hero
5.	儿媳	érxí	（名）	daughter-in-law
6.	狂热	kuángrè	（形）	fanatic
7.	枪击	qiāngjī	（动）	to shoot
8.	身亡	shēn wáng		to be killed
9.	遗体	yítǐ	（名）	body; remains
10.	火化	huǒhuà	（动）	to cremate

 **专有名词**

1. 甘地　　　Gāndì　　　Mohandas Karamchand Gandhi (1869-1948)
2. 印度教　　Yìndùjiào　　Hinduism
3. 德班　　　Débān　　　Durban, South Africa
4. 新德里　　Xīndélǐ　　　New Delhi, India
5. 孟买　　　Mèngmǎi　　Bombay, India

简要回答

1. 甘地在印度的地位是什么样的？为什么他受到大家的尊重？
2. 为什么他的骨灰要撒入大海？

生词索引

A

挨骂	ái mà		to be criticized	12
艾滋病	àizībìng	（名）	Aids	19

B

白领	báilǐng	（名）	the white collar	9
百万富翁	bǎiwàn fùwēng		millionaire	6
颁奖	bān jiǎng		prize-giving	11
办案	bàn àn		to handle a case	10
包裹	bāoguǒ	（名）	parcel	29
保护站	bǎohùzhàn	（名）	protection station	14
暴力	bàolì	（名）	violence	30
抱怨	bàoyuàn	（动）	to complain	6
背景	bèijǐng	（名）	background	6
本土化	běntǔhuà	（动）	to localize	9
笔者	bǐzhě	（名）	author of this article	13
比重	bǐzhòng	（名）	proportion	7
弊	bì	（名）	disadvantage	22
避讳	bìhuì	（动）	to avoid the topic	11
闭幕	bì mù		to close	8
边缘	biānyuán	（形）	marginal	1
冰川	bīngchuān	（名）	glacier	14
病毒	bìngdú	（名）	virus	19
博览会	bólǎnhuì	（名）	expo	13

捕捞	bǔlāo	（动）	to fish	28
捕鱼	bǔ yú		fishing	15
布丁	bùdīng	（名）	pudding	3
不假思索	bùjiǎ-sīsuǒ		to think little of	24
不朽	bùxiǔ	（动）	enduring	17

C

操纵	cāozòng	（动）	to operate	5
草原	cǎoyuán	（名）	prairie	14
策划	cèhuà	（动）	to plan	17
测控站	cèkòngzhàn	（名）	control station	16
测算	cèsuàn	（动）	measure	23
茶枝柑	cházhīgān	（名）	Citrus reticulata "Chachi"	15
柴油	cháiyóu	（名）	diesel	23
产能	chǎnnéng	（名）	producing capacity	23
倡导	chàngdǎo	（动）	to advocate	10
潮流	cháoliú	（名）	trend	22
陈皮	chénpí	（名）	dried peels of citrus	15
城际	chéngjì	（形）	intercity	26
持股	chí gǔ		share-holding	13
出路	chūlù	（名）	ways and means for survival or making progress	7
初期	chūqī	（名）	early stage	19
出土	chū tǔ		to be unearthed	9
出席	chūxí	（动）	to attend	8
厨师	chúshī	（名）	cook	15
储量	chǔliàng	（名）	storage	23
矗立	chùlì	（动）	to stand tall and upright	14
触礁	chù jiāo		to be on the rocks	22
传播	chuánbō	（动）	to spread	12
传输	chuánshū	（动）	to transfer; transmission	16
创业	chuàng yè		business-starting	13

辞职	cí zhí		to resign	2
刺激	cìjī	（动）	to stimulate	4
从容	cóngróng	（形）	calm	5
存活	cúnhuó	（动）	to survive	19
错综复杂	cuòzōng-fùzá		complicated	28

D

打拼	dǎpīn	（动）	to fight	25
大案	dà'àn	（名）	major crime	10
大幕	dàmù	（名）	curtain	30
大师	dàshī	（名）	master	17
代表团	dàibiǎotuán	（名）	delegation	22
单摆	dānbǎi	（名）	simple pendulum	16
单身	dānshēn	（形）	single	3
当选	dāngxuǎn	（动）	to be elected	11
导航	dǎoháng	（动）	to navigate	16
稻谷	dàogǔ	（名）	rice	28
低谷	dīgǔ	（名）	bottom	8
低脂	dīzhī	（形）	low-fat	9
典礼	diǎnlǐ	（名）	ceremony	2
电工	diàngōng	（名）	electrical technician	15
电教	diànjiào	（名）	multi-media teaching	2
雕塑	diāosù	（名）	sculpture	14
掉头	diào tóu		to make a U-turn	5
定位	dìng wèi		to locate position	12
动车组	dòngchēzǔ	（名）	bullet train; multiple train units	26
动力	dònglì	（名）	driving force	5
动脉	dòngmài	（名）	driven force	26
动情	dòng qíng		to become excited	24
逗	dòu	（形）	funny	17
斗士	dòushì	（名）	fighter	14

毒枭	dúxiāo	（名）	drug lord/baron	10
独占鳌头	dúzhàn-áotóu		to take the first place	9
锻炼	duànliàn	（动）	to take exercise	16
对手	duìshǒu	（名）	rival; opponent	11

E

鳄鱼	èyú	（名）	crocodile	29
遏制	èzhì	（动）	to keep within limits	19

F

发动机	fādòngjī	（名）	engine	5
法学	fǎxué	（名）	the science of law	30
翻番	fān fān		to double	4
繁忙	fánmáng	（形）	busy	3
繁荣	fánróng	（形）	prosperous	6
反抗	fǎnkàng	（动）	to fight against	30
返销	fǎnxiāo	（动）	to sell back to the place of production	10
防治	fángzhì	（动）	to prevent and cure	19
放手	fàng shǒu		to let go	6
肺腑之言	fèifǔzhīyán		words from the bottom of one's heart	24
芬芳	fēnfāng	（形）	fragrant	15
分流	fēnliú	（动）	to diverge	26
粉丝	fěnsī	（名）	follower; fans	12
份额	fèn'é	（名）	share	9
风电	fēngdiàn	（名）	wind power	23
峰会	fēnghuì	（名）	summit	8
丰收	fēngshōu	（动）	to harvest	28
讽刺	fěngcì	（动）	to satire	17
奉献	fèngxiàn	（动）	to dedicate	15
福音	fúyīn	（名）	good news	7
幅员辽阔	fúyuán liáokuò		to have a vast territory	9

抚养	fǔyǎng	（动）	to raise	25
覆盖	fùgài	（动）	to cover	16
妇孺	fùrú	（名）	women and children	5
复苏	fùsū	（动）	to revive	8
赴宴	fù yàn		to attend a banquet, dinner	24

G

感动	gǎndòng	（动）	to move; touching	5
感慨	gǎnkǎi	（动）	to sigh with emotion	24
感染	gǎnrǎn	（动）	to infect; to be infected with	19
高端	gāoduān	（形）	high-level	9
高铁	gāotiě	（名）	high-speed train	26
高血压	gāoxuèyā	（名）	hypertension; high blood pressure	19
隔离	gélí	（动）	to segregate	30
公关	gōngguān	（名）	public relations	6
供过于求	gōng guò yú qiú		over-produced	23
公交	gōngjiāo	（名）	bus; public transportation	26
工科	gōngkē	（名）	engineering course	27
公务员	gōngwùyuán	（名）	civil servant	30
公信力	gōngxìnlì	（名）	public trust	12
公益	gōngyì	（名）	charity; public welfare	2
公约	gōngyuē	（名）	convention; agreement	10
巩固	gǒnggù	（动）	to reinforce	10
共享	gòngxiǎng	（动）	to share	13
孤立	gūlì	（形）	to isolate	30
古城	gǔchéng	（名）	ancient city	18
骨干	gǔgàn	（名）	core member; backbone	10
骨架	gǔjià	（名）	framework	26
雇主	gùzhǔ	（名）	employer	25
关键	guānjiàn	（形）	key; crucial	8
关注	guānzhù	（动）	to pay close attention to	12

光伏	guāngfú	（名）	photo-voltaic	23
光环	guānghuán	（名）	halo	11
轨	guǐ	（名）	orbit	16
贵宾	guìbīn	（名）	distinguished guest	8
国会	guóhuì	（名）	congress	20
国内生产总值	guónèi shēngchǎn zǒngzhí		gross domestic product, GDP	8
国情	guóqíng	（名）	national conditions	26

H

海拔	hǎibá	（名）	altitude	14
含金量	hánjīnliàng	（名）	real worth	11
罕见	hǎnjiàn	（形）	infrequent; unusual	24
航天飞机	hángtiān fēijī		space shuttle	16
航天器	hángtiānqì	（名）	spacecraft	16
和解	héjiě	（动）	to reconcile	30
核算	hésuàn	（动）	to account	28
和谐	héxié	（形）	harmonious	12
红包	hóngbāo	（名）	red paper bag containing money as a gift	3
红利	hónglì	（名）	bonus	22
呼应	hūyìng	（动）	to echo	14
华人	huárén	（名）	Chinese people who live abroad	3
滑梯	huátī	（名）	slide	5
滑翔	huáxiáng	（动）	to glide	5
化解	huàjiě	（动）	to resolve	22
画质	huàzhì	（名）	image quality	16
环保	huánbǎo	（名）	environmental protection	14
缓解	huǎnjiě	（动）	to ease; to relieve	23
患者	huànzhě	（名）	patient	19
回报	huíbào	（动）	to pay back	21
回避	huíbì	（动）	to avoid	6

回首	huíshǒu	（动）	to review	22
毁	huǐ	（动）	to destroy; to damage	17
贿赂	huìlù	（动）	to bribe; bribery	18
汇集	huìjí	（动）	to gather together	12
会晤	huìwù	（动）	to meet	10
婚恋观	hūnliànguān	（名）	attitude towards love and marriage	27

J

缉毒	jīdú	（动）	anti-narcotics	10
机腹	jīfù	（名）	belly of an aircraft	5
激励	jīlì	（动）	to encourage	6
跻身	jīshēn	（动）	to enter	13
激情	jīqíng	（名）	passion	20
机尾	jīwěi	（名）	tail of an aircraft	5
机翼	jīyì	（名）	wing of an aircraft	5
基于	jīyú	（动）	to base on	19
机遇	jīyù	（名）	opportunity	6
机长	jīzhǎng	（名）	captain of a plane	5
机智	jīzhì	（形）	quick-witted	24
机组	jīzǔ	（名）	aircrew	5
籍	jí		nationality	13
急流勇退	jíliú-yǒngtuì		to retire at the height of one's official career	30
纪录	jìlù	（名）	record	11
季军	jìjūn	（名）	third place in a contest	11
纪念币	jìniànbì	（名）	commemorative coin	3
祭祀	jìsì	（动）	to offer sacrifices to gods or ancestors	3
机械厂	jīxièchǎng	（名）	machinery plant	21
加入	jiārù	（动）	to join	13
坚持不懈	jiānchí bú xiè		to be persistent	6

检测	jiǎncè	（动）	to check; to detect	19
减产	jiǎn chǎn		reduction of output	28
奖牌	jiǎngpái	（名）	medal	6
焦煳	jiāohú	（形）	burnt; charred	5
交会对接	jiāohuì duìjiē		rendezvous and docking, RVD	16
教材	jiàocái	（名）	teaching material	1
接力	jiēlì	（动）	medley relay	11
解说员	jiěshuōyuán	（名）	commentator	11
戒备森严	jièbèi sēnyán		heavily guarded	30
金融	jīnróng	（名）	finance	4
禁毒	jìn dú		anti-drug; to curtail drug	10
近郊	jìnjiāo	（名）	suburb	24
经典	jīngdiǎn	（形）	classical	17
精神	jīngshén	（名）	spirit	3
景点	jǐngdiǎn	（名）	tourist attraction	18
警务	jǐngwù	（名）	police affairs	12
境地	jìngdì	（名）	condition	23
境界	jìngjiè	（名）	state	15
决策	juécè	（名）	decision	22
崛起	juéqǐ	（动）	to rise sharply	6

K

开采	kāicǎi	（动）	exploit	23
抗病毒	kàng bìngdú		antiviral; antivirus	19
考研	kǎo yán		to take postgraduate entrance examination	27
客舱	kècāng	（名）	passenger cabin	5
客户	kèhù	（名）	customer	1
课件	kèjiàn	（名）	courseware	2
课题组	kètízǔ	（名）	research group	27
空间站	kōngjiānzhàn	（名）	space station	16
苦尽甘来	kǔjìn-gānlái		deferred satisfaction	15

跨国公司	kuàguó gōngsī		transnational corporation	2
会计师事务所	kuàijìshī shìwùsuǒ		accounting firm	4
矿山	kuàngshān	（名）	mine	30

L

劳动力	láodònglì	（名）	labor force	7
老化	lǎohuà	（动）	to become old	7
乐于助人	lèyú-zhùrén		to be eager to help people	1
类似	lèisì	（动）	to be similar with	24
冷落	lěngluò	（动）	to be left out	17
里程	lǐchéng	（名）	mileage	26
里程碑	lǐchéngbēi	（名）	milepost; milestone	16
理科	lǐkē	（名）	science	27
理念	lǐniàn	（名）	idea	20
利	lì	（名）	advantage	22
例	lì	（量）	case	19
力度	lìdù	（名）	strength; force	10
利率	lìlǜ	（名）	interest rate	4
利润	lìrùn	（名）	profit	9
历史性	lìshǐxìng	（形）	historical	7
两极分化	liǎngjí fēnhuà		to polarize	12
临床	línchuáng	（动）	clinical	19
流利	liúlì	（形）	fluent	1
流失	liúshī	（动）	to run off	17
录取	lùqǔ	（动）	to enroll	7
路人	lùrén	（名）	stranger; passerby	20
陆续	lùxù	（副）	successively	14
论坛	lùntán	（名）	forum	4
落泪	luò lèi		to drop tears	11
驴友	lǘyǒu	（名）	tourist, tour pal	18
履历	lǚlì	（名）	resume; CV	25
履行	lǚxíng	（动）	to carry out	10

M

麻风病	máfēngbìng	（名）	lepriasis	30
马年	mǎ nián		Year of Horse	3
漫画	mànhuà	（名）	cartoon	2
慢性疾病	mànxìng jíbìng		chronic disease	19
贸易保护	màoyì bǎohù		trade protection	8
门户网站	ménhù wǎngzhàn		web portals	29
门类	ménlèi	（名）	kind; sort	17
美味佳肴	měiwèi jiāyáo		delicious food	3
密集	mìjí	（形）	intensive	8
面试	miànshì	（名）	interview	2
民航	mínháng	（名）	civil aviation	26
民间	mínjiān	（名）	non-government	14
民生	mínshēng	（名）	people's well-being	26
民俗	mínsú	（名）	folk-custom	21
民营	mínyíng	（形）	privately owned	13
鸣笛	míng dí		to whistle; to blow	18
名将	míngjiàng	（名）	famous player	11
摩擦	mócā	（动）	to rub; friction	22
默认	mòrèn	（动）	to tacitly approve	27
亩	mǔ	（量）	mu, a unit of area（=667㎡）	10
目的地	mùdìdì	（名）	destination	4
目光	mùguāng	（名）	sight	16

N

纳入	nàrù	（动）	to be included	13
南瓜	nánguā	（名）	pumpkin	30
逆转	nìzhuǎn	（动）	to reverse	6
年鉴	niánjiàn	（名）	year book	23
鸟群	niǎoqún		flocks of birds	5
牛仔	niúzǎi	（名）	cowboy	24
农药	nóngyào	（名）	pesticide; farm chemical	20

农作物	nòngzuòwù	（名）	crop	10
女性	nǚxìng	（名）	woman	6

P

抨击	pēngjī	（动）	to attack (in speech or writing)	20
烹饪	pēngrèn	（动）	to cook	15
飘	piāo	（动）	to float	16
品尝	pǐncháng	（动）	to taste	3
聘用	pìnyòng	（动）	to employ	25
平方米	píngfāngmǐ	（量）	square meter(s), ㎡	13
平衡	pínghéng	（形）	balanced	6
平民	píngmín	（名）	civilian	17
颇	pō	（副）	very	11
泼辣	pōlà	（形）	bold and vigorous	15
破产	pò chǎn		to go bankrupt	23
破获	pòhuò	（动）	to detect; to uncover (a criminal plot)	10
迫降	pòjiàng	（动）	emergency landing	5

Q

祈福	qí fú		to ask for blessings	15
奇迹	qíjì	（名）	miracle	5
歧视	qíshì	（动）	to discriminate	6
齐心协力	qíxīn-xiélì		together	28
企业	qǐyè	（名）	enterprise	4
气氛	qìfēn	（名）	atmosphere	3
汽油	qìyóu	（名）	gasoline	23
迁居	qiān jū		to move	25
前列	qiánliè	（名）	front row; front rank	19
前往	qiánwǎng	（动）	to go to	2
强劲	qiángjìng	（形）	strong	9
亲临	qīnlín	（动）	to attend personally	18
禽蛋	qíndàn	（名）	egg	28

禽肉	qínròu	（名）	meat	28
青	qīng	（形）	green	15
青春	qīngchūn	（名）	youth	2
青睐	qīnglài	（动）	to win sb's favor	4
清单	qīngdān	（名）	detailed list	18
清爽	qīngshuǎng	（形）	fresh and cool	27
情报	qíngbào	（名）	intelligence; information	10
情侣	qínglǚ	（名）	couple	27
囚禁	qiújìn	（动）	to imprison	30
趋势	qūshì	（名）	trend	1
取证	qǔ zhèng		to obtain evidence; to take the evidence	20
权力	quánlì	（名）	power	6
拳击手	quánjīshǒu	（名）	boxer	30
全球	quánqiú	（形）	global	4
全球化	quánqiúhuà	（名）	globalization	22

R

人口	rénkǒu	（名）	population	7
人满为患	rén mǎn wéi huàn		too crowded	18
人气	rénqì	（名）	popularity; public support	11
人种	rénzhǒng	（名）	ethnic group	30
认同	rèntóng	（动）	to approve	27
融入	róngrù	（动）	to integrate into	17
入行	rù háng		to enter the field	25
入乡随俗	rùxiāng-suísú		to do in Rome as Rome does	24
若干	ruògān	（代）	some	13

S

骚扰	sāorǎo	（动）	to harass	6
鲨鱼	shāyú	（名）	shark	29
晒盐	shài yán		to produce salt form evaporation of seawater	15

闪电	shǎndiàn	（名）	lightning	27
赡养	shànyǎng	（动）	to support; to provide for	7
商家	shāngjiā	（名）	seller; merchant	18
商务	shāngwù	（名）	business affairs	1
上班族	shàngbānzú	（名）	wage earners	6
上进心	shàngjìnxīn	（名）	desire to advance	27
上市	shàng shì		to be listed; to appear on the market	29
上游	shàngyóu	（名）	upstream	14
舌头	shétou	（名）	tongue	15
设备	shèbèi	（名）	equipment	2
射击	shèjī	（动）	to shoot	14
生活方式	shēnghuó fāngshì		life style	1
声明	shēngmíng	（名）	statement	8
生物多样性	shēngwù duōyàngxìng		biodiversity	18
生涯	shēngyá	（名）	career	11
升职	shēng zhí		to promote	6
石碑	shíbēi	（名）	stone monument	14
食材	shícái	（名）	cooking material	15
实地	shídì	（名）	on the spot	20
食欲	shíyù	（名）	appetite	15
史无前例	shǐwúqiánlì		unprecedented	7
适得其反	shìdé-qífǎn		just the opposite to what one wishes	17
释放	shìfàng	（动）	to set free	30
世锦赛	shìjǐnsài	（名）	the world championships	11
世面	shìmiàn	（名）	world; various aspects of society	21
视为	shìwéi	（动）	to regard as	4
市值	shìzhí	（名）	market value	29
首次公开募股	shǒucì gōngkāi mùgǔ		initial public offering, IPO	29

首席执行官	shǒuxí zhíxíng guān		chief executive officer, CEO	4
授课	shòu kè		teaching	16
寿命	shòumìng	（名）	life span	7
书写	shūxiě	（动）	to write	2
书展	shūzhǎn	（名）	book fair	1
曙光	shǔguāng	（名）	first light of morning; dawn	19
数据库	shùjùkù	（名）	data base; data bank	20
衰退	shuāituì	（动）	to recess	8
双边	shuāngbiān	（形）	bilateral	8
私营企业	sīyíng qǐyè		private business; private enterprise	28
苏醒	sūxǐng	（动）	to wake up	14
素面朝天	sùmiàn cháo tiān		without make-up	15

T

太空	tàikōng	（名）	outer space	6
坦言	tǎnyán	（动）	to speak honestly	22
探明	tànmíng	（动）	to be measured	23
探险	tàn xiǎn		to explore	14
糖料	tángliào	（名）	sugar	28
糖尿病	tángniàobìng	（名）	diabetes mellitus	19
腾飞	téngfēi	（动）	to develop rapidly	7
提案	tí'àn	（名）	bill	22
提纲	tígāng	（名）	outline	18
提及	tíjí	（动）	to mention	27
体验	tǐyàn	（动）	to experience	18
甜品	tiánpǐn	（名）	desert	15
调和	tiáohé	（动）	to blend	15
听证会	tīngzhènghuì	（名）	hearing	20
通信	tōngxìn	（动）	communication	13
统计公报	tǒngjì gōngbào		statistical bulletin	28
偷猎	tōu liè		to hunt illegally	14

投递	tóudì	（动）	to deliver	29
头像	tóuxiàng	（名）	head portrait	20
投资	tóu zī		to invest	4
突飞猛进	tūfēi-měngjìn		grow rapidly	13
突破	tūpò	（动）	to break through	19
凸显	tūxiǎn	（动）	to highlight	25
团伙	tuánhuǒ	（名）	gang; drug cartel	10
团聚	tuánjù	（动）	to reunite	3
陀螺	tuóluó	（名）	top	16
妥协	tuǒxié	（动）	to compromise	30

W

弯路	wānlù	（名）	crooked road	21
完整	wánzhěng	（形）	complete	5
外汇	wàihuì	（名）	foreign currency	4
外貌	wàimào	（名）	appearance	27
外商直接投资	wàishāng zhíjiē tóuzī		foreign direct investment, FDI	4
微博	wēibó	（名）	microblog	12
微薄	wēibó	（形）	not very much	14
微不足道	wēibùzúdào		unimportant	25
维护	wéihù	（动）	to maintain	10
为人处世	wéirén-chǔshì		to conduct oneself	15
文科	wénkē	（名）	liberal arts	27
文献	wénxiàn	（名）	document	20
物质	wùzhì	（名）	material	3

X

喜剧	xǐjù	（名）	comedy	17
下滑	xiàhuá	（动）	to decline	23
嫌	xián	（动）	to mind; to dislike	21
显著	xiǎnzhù	（形）	significant	22
乡村	xiāngcūn	（名）	countryside	2
翔实	xiángshí	（形）	detailed ; informative	18

响应	xiǎngyìng	（动）	to response	12
相声	xiàngsheng	（名）	comic dialogue	17
象征	xiàngzhēng	（名）	symbol	30
消费	xiāofèi	（动）	to consume	4
销售额	xiāoshòu'é	（名）	sales volume	13
小麦	xiǎomài	（名）	wheat	28
效率	xiàolǜ	（名）	efficiency	6
孝心	xiàoxīn	（名）	filial piety	27
协调	xiétiáo	（动）	to coordinate	8
心思	xīnsi	（名）	thoughts	18
新兴	xīnxīng	（形）	newly emerging	8
新意	xīnyì	（名）	fresh idea	18
信誉	xìnyù	（名）	credit; reputation	29
心愿	xīnyuàn	（名）	wish	2
雄心勃勃	xióngxīn bóbó		to be very ambitious	6
修成正果	xiūchéng zhèngguǒ		to get true love	6
喧宾夺主	xuānbīn-duózhǔ		a presumptuous guest usurps the host's	17
宣言	xuānyán	（名）	manifesto; declaration	8
巡视	xúnshì	（动）	to make an inspection tour	5

Y

亚军	yàjūn	（名）	second place in a contest	11
延长	yáncháng	（动）	to extend	7
研发	yánfā	（动）	to research and develop	13
严峻	yánjùn	（形）	severe	7
演示	yǎnshì	（动）	to demonstrate	16
养殖	yǎngzhí	（动）	to cultivate; to breed	28
遥感监测	yáogǎn jiāncè		to monitor by remote sensing	10
要案	yào'àn	（名）	important case	10
要道	yàodào	（名）	main drag; vital communications line	21

野生动物	yěshēng dòngwù		wild animal	14
仪式	yíshì	（名）	ceremony	8
疫苗	yìmiáo	（名）	vaccine	19
疫情	yìqíng	（名）	epidemic situation	19
一席之地	yìxízhīdì		a space for one	25
音量	yīnliàng	（名）	volume	11
引入	yǐnrù	（动）	to introduce; to include	13
饮食	yǐnshí	（名）	food and drink	1
罂粟	yīngsù	（名）	opium poppy	10
营销	yíngxiāo	（动）	marketing	9
营业	yíngyè	（动）	to open	26
影响力	yǐngxiǎng lì	（名）	influence	6
硬币	yìngbì	（名）	coin	3
应对	yìngduì	（动）	to cope	20
应届	yìngjiè		this year's (graduate)	25
涌进	yǒngjìn	（动）	to flood into	21
幽默	yōumò	（形）	humorous	18
悠久	yōujiǔ	（形）	time-honored; long-standing	9
优势	yōushì	（名）	advantage	1
油料	yóuliào	（名）	oil	28
油田	yóutián	（名）	oil mine	23
游泳	yóu yǒng		to swim	11
油炸	yóu zhá		to fry	9
有望	yǒuwàng	（动）	likely; expected	13
有限公司	yǒuxiàn gōngsī		limited company	9
有序	yǒuxù	（形）	orderly	5
逾	yú	（动）	over	26
娱乐	yúlè	（名）	entertainment	18
舆情	yúqíng	（名）	public sentiment	12
预防	yùfáng	（动）	to prevent	19
玉米	yùmǐ	（名）	corn	28

遇难	yù nàn		to die in an accident	5
预言	yùyán	（动）	to predict	20
员工	yuángōng	（名）	employee	13
源头	yuántóu	（名）	origin	14
圆周	yuánzhōu	（名）	circle	16
约束	yuēshù	（动）	to restrain; to restrict	18
运载火箭	yùnzài huǒjiàn		carrier rocket	16

Z

载人	zài rén		manned	16
藏羚羊	zànglíngyáng	（名）	Tibetan antelope	14
遭遇	zāoyù	（动）	to meet with; to encounter	5
造就	zàojiù	（动）	to create	9
择偶	zé'ǒu	（动）	to choose partner	27
增产	zēng chǎn		to increase production	28
增加值	zēngjiāzhí	（名）	value added	28
展示	zhǎnshì	（动）	to show	1
招牌菜	zhāopái cài		special dish	15
针对性	zhēnduìxìng	（名）	featured	25
珍稀	zhēnxī	（形）	rare	14
诊断	zhěnduàn	（动）	to diagnose; diagnosis	19
震撼	zhènhàn	（动）	to shock	20
震慑	zhènshè	（动）	to frighten	10
征途	zhēngtú	（名）	journey	29
争议	zhēngyì	（动）	to dispute	9
政务	zhèngwù	（名）	government affairs	12
正义	zhèngyì	（名）	justice	30
支教	zhī jiào		to support local education, especially in porverty-stricken area	2
支配	zhīpèi	（动）	to dominate	28
知情权	zhīqíngquán	（名）	right to know	20

执法	zhífǎ	(动)	to enforce the law	10
直观	zhíguān	(形)	visual	24
职能	zhínéng	(名)	function	12
职位	zhíwèi	(名)	position	25
纸板	zhǐbǎn	(名)	cardboard	2
指标	zhǐbiāo	(名)	index; indicator	12
指南	zhǐnán	(名)	guide; handbook	18
治疗	zhìliáo	(动)	to treat; to cure	19
秩序	zhìxù	(名)	order	22
志愿者	zhìyuànzhě	(名)	volunteer	2
中产阶级	zhōngchǎn jiējí		middle class	29
中医	zhōngyī	(名)	traditional Chinese medicine	15
种族	zhǒngzú	(名)	race	30
众口难调	zhòngkǒu-nántiáo		It difficult to make everyone feel satisfied	9
种田	zhòng tián		farming	21
逐步	zhúbù	(副)	gradually	8
主导	zhǔdǎo	(动)	to be dominant	29
主流	zhǔliú	(名)	mainstream	22
主角	zhǔjué	(名)	leading role	1
主席	zhǔxí	(名)	president	8
注册	zhùcè	(动)	to register	29
抓获	zhuāhuò	(动)	to capture; to apprehend	10
专利	zhuānlì	(名)	patent	13
专机	zhuānjī	(名)	special plane	8
专注	zhuānzhù	(动)	to concentrate on	30
赚	zhuàn	(动)	to earn	6
追捧	zhuīpěng	(动)	to pursue and admire	23
资本	zīběn	(名)	capital	13
资深	zīshēn	(形)	senior	18
姿态	zītài	(名)	position	14

咨询	zīxún	（动）	to consult	9
自由泳	zìyóuyǒng	（名）	freestyle swimming	11
自主	zìzhǔ	（动）	to act on one's own; to be one's own master	19
总部	zǒngbù	（名）	headquarter	2
总和	zǒnghé	（名）	total	29
走红	zǒuhóng	（动）	to become popular	9
祖先	zǔxiān	（名）	ancestor	3
祖宗	zǔzōng	（名）	ancestor	17
最佳	zuìjiā	（形）	the most valuable	11

练习参考答案

扫描下方二维码,获取本书练习参考答案